평범한 사람이 탁월함을 얻는 방법을 풍부한 사례와 증거 자료를 통해 알려 주는 책. 운동선수는 최고의 기량을 보이기 위해 자신의 하이라이트 순간을 되뇌며 훈련한다. 저자는 이 훈련이 모두에게 활용될 수 있으며 과학적으로 매우 타당한 것이라 말한다.

_애덤 그랜트, 《오리지널스》 저자, TED 차트 1위 팟캐스트 'WorkLife' 진행자

한마디로 대담한 책이다. 자신의 강점과 재능을 강화함으로써 성과를 개선할 뿐 아니라 우리 삶의 진정한 의미를 깨닫게 하는 새로운 접근법이 담겼다. 나는 저자의 주장에 완전히 매료당했다.

_다니엘 핑크, 《파는 것이 인간이다》, 《드라이브》 저자

최고의 자신을 만나고 싶다면 이 책을 반드시 집어삼켜라! 누구나 고유의 재능을 타고난다. 이 책에서 대니얼 케이블은 자신을 특별하게 만들어주는 그 재능을 가꾸고 기르는 방법을 제시한다. 우리가 우리 스스로를 사랑할 수 있게 만드는 위대한 책.

_마커스 버킹엄, 《위대한 나의 발견 강점 혁명》 저자

성공으로 가는 가장 빠른 길이 무엇일까? 강점을 살리는 것이다. 우리 주변에는 가능성보다 문제점에 집중하다 시간을 허비하고 잠재력을 가두는 일이 비일비재하다. 이 책은 자기 안의 잠재력을 캐낼 수 있는 진짜 방법을 다양한 사

례들을 통해 생생하고 적용 가능한 방식으로 들려준다.

_캐럴 드웩, 스탠퍼드 대학교 교수, 《마인드셋》 저자

이 책은 재미있고 유용할 뿐 아니라 무언가를 해낼 자신감과 용기를 북돋아준다. 수많은 학생과 기업 임원을 대상으로 한 연구와 조사를 통해 단점 극복에 집중하고, 성공한 사람을 좇아 모방하는 방식이 왜 잘못된 것인지 설명한다. 성공과 변화를 위한 노력은 참고 고되야 하는 일이 아니며, 그 과정에서 우리 주변에도 좋은 영향을 줄 수 있다는 것을 보여주어 틀에 박힌 우리의 생각을 깨뜨려준다.

_로버트 서튼, 스탠퍼드 대학교 교수, 《성공을 퍼트려라》 저자

진정으로 원하는 삶 앞에서 머뭇거리는 이들이 얼마나 많은가? 저자는 매혹적인 이야기들과 흥미진진한 연구로 가치 있는 삶을 사는 방법을 제시한다. 이 책은 당신이 정말로 특별한 삶을 살도록 도와줄 것이다.

_프란체스카 지노, 하버드 경영대학원 교수, 《긍정적 일탈주의자》 저자

누구나 주어진 시간을 최대한 활용하는 삶을 살 수 있다. 하지만 대부분은 어디서 어떻게 그 과정을 시작해야 하는지 모른다. 이 책은 바로 그 시작을 할 수 있도록, 우리 안에 잠들어 있는 원초적 잠재력을 끌어낸다.

_게리 해멀, 《경영의 미래》 저자

저자는 우리가 관성대로 살고 있는 지금의 환경과 역량을 넘어, 새로운 습관을 몸에 익히고 영향력을 확대하는 방법을 알려준다.

_허미니아 아이바라, 런던 경영대학원 교수, 《아웃사이트》 저자

대니얼 케이블은 진정한 자기 모습과 최대 역량을 끌어내는 습관들을 과학적으로 조목조목 분석한다. 이 책에 담긴 빛나는 통찰력과 인상적인 연구들이 건네는 지혜는 명료하고도 매혹적이다. 아마 이 책을 읽는 모두가 더 빨리 그 지혜를 발견하지 못한 걸 아쉬워할 것이다.

_윌리엄 로더, 에스티로더 회장

인생 전환 프로젝트

Activate Your

BEST

인생 전환 프로젝트

무엇이 당신을 당신답게 만드는가

SELF

대니얼 케이블 지음
박여진 옮김

and Improve Your Life

더퀘스트

삶의 유한성을 깨달았을 때 얻게 된 것들

어느 날 노스캐롤라이나 대학교 수영장에 들어가 수영을 할 때였다. 팔을 뻗치며 물살을 가르는 동작을 할 때마다 이상한 기분이 들었다. 뭔가 왼팔을 잡아당기는 것 같았다. 수영을 마치고 거울을 보니 쇄골 부근에 혹이 보였다. 혹은 꽤 컸고 팔을 뻗을 때마다 불편했다. 이렇게 큰 혹이 있었는데 왜 알아차리지 못했는지 의아했다. 처음에는 림프가 좀 부어올랐으려니 하고 생각했다. 몸살을 앓고 나면 몸이 좀 붓기 마련이니까 이번에도 그런 경우려니 생각했다.

그날 저녁 친구들과 식사를 하는데 마침 친구 중에 간호사가 있어서 혹을 보여주었다.

"림프가 부은 증상은 아닌 것 같은데."

그녀는 다소 심각한 말투로 말했다. 나는 걱정이 되어 그 주에 병원에 가서 검사를 받았다. 몇 주 후 검사 결과를 듣기 위해 다시 병원을 찾았다. 의사가 내 팔에 손을 가만히 얹는 걸 보고 심장이 철렁했다.

'뭔가 심각한가 보군.'

"림프종입니다."

의사가 말했다. 의사의 입에서 나온 단어들이 내 몸을 때리는 것 같았다.

"암입니다."

충격이었다. 그 뒤에 이어진 "암 4기입니다"라는 말이 마치 메아리처럼 들렸다. 갑자기 마룻바닥이 벌떡 일어나더니 정신이 아득해졌고 그대로 풀썩 쓰러졌다. 깊은 구덩이로 추락하는 느낌이었다. 아직도 그때의 느낌이 생생하게 기억난다.

이후 6개월 동안 죽음의 공포에 사로잡혀 공황 상태로 지냈다. 물론 인간의 삶은 유한하며 누구나 언젠가는 죽는다는 사실을 잘 알고 있었다. 하지만 이렇게 갑작스럽게 들이닥친 죽음이란 단어는 철학적 관념 그 이상이었다. 당시 한 살 그리고 세 살 된 딸들이 있었다. 아이들이 자라는 모습을 볼 수 없다는 사실이 가장 고통스러웠다. 분노가 미친 듯이 일었다.

시간이 정신없이 지나갔다. 다행히 화학요법이 성과가 있어 종양이 사라졌다. 나는 운이 좋았다. 인류가 항암 화학요법을 발명한 이후에 태어났기 때문이다. 20년 전에 태어났다면 아마 아이들이 자라는 모습을 보지 못했을 것이다. 운명이 어떻게 비틀릴지는 아무도 모른다. 치료 과정은 공포스러웠지만 놀랍게도 그 트라우마가 내 삶에서 불필요한 더께를 거둬갔다. 주어진 시간이 얼마 남지 않으면 중요한 것들이 더 선명히 보이는 법이다.

당시 서류상 내 삶은 아주 근사했다. 경영대학교 교수에 컨설턴트라는 좋은 직업도 있었고 돈도 많이 벌었다. 멋진 집과 가족도 있었다. 하지만 그 삶에는 내가 보여주지 않으려 기를 쓰고 감춘 균열들이 무척 많았다. 남부럽지 않은 삶을 살고 있었지만 내가 일군 삶에서 정작 나는 행복하지 않았다. 하루하루가 지루했고 삶이 끝나기까지 천년만년 기다리는 듯한 기분이었다.

그런데 죽음의 문턱 앞에서 눈이 번쩍 뜨였다. 아니, 그동안 인생을 몽유병 환자처럼 몽롱하게 보내왔다는 걸 깨달았다고 말하는 편이 더 정확할지 모른다. 겉으로 보면 성공한 삶처럼 보였지만 실상 내 삶은 정해진 항로를 벗어나지 않는 배와 같았다. 나는 가장 중요한 '나'에 전혀 집중하지 않고 살아왔다. 심지어 때때로 어렴풋이 '균열'을 느꼈지만 그것으로부터 빠져나가려는 시도조차 하지 않았다. 결과적으로 내 인생을, 내 잠재력을 낭비하고 있었다. 외부의 기준들만 효율적으로 충족시키며 살았고, 그런 삶이 괜찮다고 합리화하며 나를 속이고 있었다.

승진? 오케이.

가족? 오케이.

별장? 오케이.

하지만 이런 지표들은 누구의 기준이었던가? 새로운 눈으로 삶을 바라보니 나는 더 강력한 영향력, 더 나은 삶, 최고의 나로 살 수 있음에도 불구하고 그런 기회를 무시하며 살아온 것처럼 보였다. 오랜 세월 동안 나는 내 능력을 적당한 선에서 발휘하며 살아온 것이다. 그러나 암 선고를 계기로 나는 비로소 삶이 유한하다는 사실을 깨달았고, 그 후부터 '지금', '최고의 모습'으로 살아가는 방법을 고민하기 시작했다. 그렇게 내 삶은 중대한 변화를 맞이했다. 진정으로 내가 원하는 삶, 만족하는 삶을 위해 나는 어떻게 변화해야 하는가.

⋮ 평균의 삶은 행복한가

열아홉 살인 레베카는 일상생활에 서툴렀다. 신경학자인 올리버 색스Oliver Sacks의 책에 소개된 그녀는 옷을 갈아입고 외출을 하는 데만 한 시간이 넘게 걸렸다.[1] 장갑의 오른쪽과 왼쪽을 구분하지 못해 낑낑대기 일쑤였고 현관문도 열지 못했다. 레베카를 세 살 때부터 키운 할머니는 그녀가 여러 가지 면에서 '어린애 같다'고 말했다. 레베카는 그런 자신이 부끄러웠고 사람들이 자기를 보며 비웃는다고 생각했다. 그래서 애처로울 정도로 몹시 수줍어했다.

색스는 레베카를 보고 처음에는 장애가 있는 사람이라고만 생각했다. 치료 프로그램으로 진행한 임상 테스트에서 그녀는 결과가 좋지 않았다. 색스는 동료 신경학자들과 똑같이 레베카의 신경학적 손상과 낮은 지능 수준을 문제 삼았다.

그런데 두 번째 만남은 달랐다. 그는 레베카에게서 뜻밖의 모습을 발견했다. 테스트에 앞서 색스는 레베카와 함께 따스한 봄날의 공원을 함께 산책했다. 그런데 공원 벤치에 앉아 4월의 연둣빛 잎사귀를 바라보는 레베카의 표정은 전과 달리 여유롭고 즐거워 보였다. 그는 당시의 그녀에 대해 이렇게 적었다. "이전에 봤던 서투름이 전혀 느껴지지 않는다. 가벼운 옷차림을 하고 의자에 앉아 있는 레베카의 얼굴에 잔잔한 미소가 번졌다. … 그녀는 아름다운 봄볕을 즐기는 평범한 젊은이였다."

그가 말을 걸자 레베카는 함박웃음을 지었다. 그리고 시적인 언어들을 말하기 시작했다. '봄', '탄생', '계절', '만물이 때를 만났네' 등 특별하고 놀라운 말들이었다.

앞서 임상 테스트는 그녀의 결함만을 측정해서 보여주었을 뿐 그녀 안에 있는 놀라운 능력에 대해서는 어떤 결과도 보여주지 않았다. 이날 이후 색스는 레베카를 더 잘 이해하게 되었고 그녀의 내면에 있는 강점을 발견했다.

이따금 레베카는 아주 특별하고 비범한 능력을 보여주었다. 가령 춤을 출 때는 전혀 서투른 모습이 없었다. 또 테스트를 받는 동안에는 감정이 메마른 듯 보였지만 테스트를 마치고 나온 후에는 할머니에게 깊은 애정을 드러냈다. 그녀는 자연을 무척 사랑했으며 공원과 식물원에서 많은 시간을 보냈다. 글을 읽고 쓰지는 못해도 누군가 글을 읽어주면 시적으로 대답했다. 날씨 좋은 봄날에는 아름답고 창의적인 언어를 구사했다. 겉으로 보기에 그녀는 아무 능력이 없는 것 같았지만 깊은 내면에 차분하고 온전한 감각, 깊은 인식과 생기가 있었다.

수치와 범주로 사람을 분류하는 병원 프로그램은 그녀에게 맞지 않앗다. 그녀와 비슷한 처지의 환자들이 일상에서 좀 더 효율적으로 생활할 수 있도록 돕는 프로그램이었지만 색스는 생각이 달랐다. "환자들을 한계 상황까지 밀어붙였으며, 더러는 잔혹할 정도로 환자들에게 무거운 과제를 부과했다." 그의 말대로 지난 수십 년간 심리학과 신경학은 환자들의 부족한 부분을 찾고 이를 보완하는 데만 지나치게 집중했다. 이를 위해 레베카 역시 열아홉 살까지 한계에 내몰리며 살았다. 그러나 이런 테스트와 교육은 그녀가 사회적 기준에 도달하지 못한다는 사실만 확인해줄 뿐이었다.

할머니가 돌아가신 후 레베카는 더 이상 교육을 받지 않겠다고 말했다. "그 수업들은 이상하기만 하고 아무 의미도 없어요." 색스가 무엇을 하고 싶으냐고 묻자 그녀는 연극을 좋아한다고 답했다. 그는 교육 프로그램을 중단하고 그녀가 연극 단체에 들어가도록 도와주었다. 그곳에서 그녀는 날개를 펼치기 시작했다. "연극은 레베카에게 있는 다른 모습을 이끌어냈다."

⋮ 최고의 나로 산다는 것

누구에게나 한계가 있다. 우리 역시 레베카처럼 신체적, 정신적 혹은 감정적으로 완벽하지 않다. 그런데 많은 사람이 자신의 한계와 결함만 본다. 사실 비판적인 자기 평가는 인간의 본능이다. 자신이 부족한 점, 약점을 어느 정도라도 개선해야 '평균치'에 가까워지기 때문이다. 이 평균치에 도달하기 위해 수많은 사람이 자신을 한계까지 밀어붙이고 더러는 가혹할 정도로 스스로를 채찍질한다.

《위대한 나의 발견 강점 혁명》의 저자 마커스 버킹엄은 이런 접근 방식을 '교정remediation'이라고 부른다.[2] 여기서 교정이란 온갖 노력을 기울여 '지독히도 형편없는 상태'를 '그럭저럭 나쁘지 않은 상태'로 끌어올리는 것을 말한다. 물론 어떤 부분은 열심히 노력해서 더 나아지도록 해야 한다. 하지만 모든 자원과 시간을 오직 자신을 교정하는 데 쏟아붓다 보면 애초에 관심조차 없었던 것들이 뒤죽박죽 섞여 결국은 평범한 결과를 내고 만다.

어떤 일을 뛰어나게 잘 해냈다면 이는 단점을 교정했기 때문이 아니라 강점을 빼어나게 잘 운용했기 때문이다. 오직 실패하지 않기 위해, 지지 않기 위해 모든 에너지를 쏟아붓고 아등바등한다면 좋은 결과를 얻기는 어렵다.

레베카의 사례처럼 각자에게 있는 최고의 능력을 찾으려면, 흠뻑 몰두할 뭔가를 찾으려면 일단 잘할 수 있는 일부터 시작해야 하고 그 역량을 더 많이 발휘할 방법을 찾아야 한다. 인간에게 무한한 시간이 주어졌다면 누구나 약점을 극복하겠지만 시간은 유한하다. 그렇다면 이렇게 유한한 삶에서 내가 가장 잘할 수 있는 일은 무엇일까?

이 책은 오로지 자기에게만 있는 특별한 능력을 발견하고 활용할 때 원하는 것을 이룰 수 있다는 사실에 집중한다. 바로 그런 능력으로 세상에 영향력을 미치고 소중한 관계를 탄탄히 다질 때 완전하고 의미 있고 생기 넘치는 삶을 살 수 있다. 누구나 가장 특별하게 빛나는 나를 끌어낼 수 있으며 그런 모습은 이미 내 안에 있다. 해야 할 일은 그런 나 자신을 좀 더 자주 활용하는 것이다.

⋮ 인생의 가장 빛나는 순간, 하이라이트처럼

아침에 일어나 TV를 켜고 어제 하루 동안 일어났던 최고의 순간들을 시청한다고 상상해보자. 과연 어떤 장면들이 나올까? 멋진 프레젠테이션으로 회의실에 앉아 있던 모든 사람에게 영감을 주었던 장면인가? 중요한 첫 발표를 앞둔 딸을 학교에 바래다주면서 나눈 감동적인 대화 장면인가? 동료의 의견을 비난하지 않고 자칫 다툼으로 번질 수 있었던 분위기를 건전한 대화로 이끌었던 순간인가?

그런 순간들을 보다 보면 나의 풍부한 잠재력과 긍정적 감정에 바짝 다가섰던 순간들을 다시 경험하는 기분이 들 것이다. 그러면서 내가 가장 빛났던 순간으로 돌아가는 법을 깨닫는다. 이것이 바로 내 인생의 명장면, 하이라이트 릴highlight reel이다.

하이라이트 릴 하면 주로 스포츠 경기가 떠오른다. 운동선수가 최고의 역량을 발휘한 순간들을 편집해 보여주는 하이라이트 장면 말이다. 아쉽게도 스포츠 채널에서 우리 개개인의 하이라이트 장면을 편집해 보여주지는 않는다. 그렇지만 이 책의 각 단계들을 따라가다 보면 내게 맞는 하이라이트 릴 만드는 법을 배울 수 있다.

하이라이트 릴에는 크건 작건 내가 가장 빛났던 순간들, 소중한 기억과 소중한 이들과의 추억이 담긴다. 다양한 출처에서 재료와 증거를 모은 이 명장면 모음집을 통해 나만의 강점을 발견하고 이를 중심으로 삶을 재구성해서 새로운 습관을 만들어보자. 이 강점과 습관은 당신의 인생에서 하이라이트 릴이 더 자주 등장하도록 도와줄 것이다.

그동안 나는 내가 공동 설립한 컨설팅 회사 에센틱Essentic의 프로그램을 통해 수만 명이 하이라이트 릴을 만들 수 있도록 도왔다. 또 조직행동학 교수로 지내면서 하이라이트 릴이 사람들의 삶을 어떻게 변화시키는지 약 10년 동안 연구했다. 하버드 대학교의 프란체스카 지노Francesca Gino, 노스캐롤라이나 대학교의 브래드 스타츠Brad Staats와 함께 수행한 연구를 잠시 설명하자면 다음과 같다.[3]

우리는 하버드 연구실에서 실험 참가자들에게 우리 연구의 문화적 배경과 목표를 알렸다. 그리고 본격적으로 실험에 들어가기에 앞서 한 집단에게는 이 연구에 대해 알고 있는 내용을 아는 대로 적어보라고 했다. 두 번째 집단에게는 자신이 최고로 빛났던 순간들, 즉 하이라이트 릴을 적어보라고 하면서 직장에서든 집에서든 타고난 장점을 발휘했던 구체적인 순간을 떠올려보라고 했다.

하이라이트 릴을 적은 집단은 연구에 대해 아는 내용을 적은 집단보다 자신의 독창성과 진정성을 더욱 강하게 느꼈다. 이런 감정은 행동에도 영향을 미쳐 이 집단은 연구 집단보다 지구력에서 더 좋은 결과를 보였다. 이들은 과제를 더 끈기 있게 했고 실수도 적었다.

인도에 있는 기술 업체 위프로Wipro에서도 같은 실험을 했다. 6개월 동안 관찰한 결과 자신의 하이라이트 릴을 기록한 집단은 다른 집단보다 퇴사율이 32퍼센트 낮았으며, 고객 만족도를 높이는 방법을 찾는데도 훨씬 더 적극적이었다. 요컨대 하이라이트 릴에 집중하면 진정한 자신을 찾고 회복력과 만족도가 커진다.

또한 하이라이트 릴은 생산성과 효율성을 높일 뿐 아니라 자신 있게 꿈을 실현하도록 돕는다. 자신이 어떤 면에서 가장 뛰어난지 자각하기 때문이다. 이런 이유로 세계적인 운동선수들도 이 방법을 사용한다.[4] 우리도 그들처럼 최고의 기량을 발휘했던 기억을 편집해두었다가 필요할 때면 언제든 그 순간을 재생할 수 있다. 스포츠 방송의 하이라이트 장면을 보면 아무리 뛰어난 선수라도 항상 최고의 기량을 발휘하는 건 아니라는 사실을 알 수 있다. 누구나 약점과 한계가 있다. 하지만 무엇을 잘못하는지가 아니라 무엇을 잘하는지에 집중하는 게 중요하다.

하이라이트 릴이 지닌 힘은 실로 강력하다. 마음속에 각인된 최고의 자기 모습을 실제 행동과 연결해 이야기를 현실로 만들어주기 때문이다. '골든 베어Golden Bear'로도 불리는 잭 니클라우스는 저서《GOLF MY WAY(골프 마이웨이)》에서 이렇게 말했다.

> 샷을 하기 전 머릿속에 아주 정교하고 명확한 그림을 그린다. 연습 때도 마찬가지다. 그 이미지는 영화의 한 장면처럼 생생하다. 먼저 나는 공이 떨어지는 지점을 본다. 멋지게 날아가 그린 위 정확한 지점에 떨어지는 흰 공을 응시한다. 그런 다음에는 공이 가는 길을 본다. 방향과 탄도, 떨어지는 지점을 본다. 그다음에는 스윙 장면을 본다. 이렇게 머릿속에서 본 이미지들은 곧 현실이 된다.[5]

니클라우스는 이미지를 활용해 집중력을 유지하고 최고 기량을 발휘하는 자기 모습을 그린다. 마찬가지로 올림픽에 출전한 미국 국가대표 선수들 86퍼센트가 이렇게 이미지를 그리는 훈련을 하는데 정신력 단련에 크게 도움이 된다고 한다.[6] 이미지 훈련의 목표는 머릿속에서 성공의 경험을 떠올려 모든 감각으로 순간순간을 생생히 느끼는 것이다. 가령 축구 선수라면 자신을 향해 오는 축구공을 멋지게 찰 기회를 보고, 그 공을 걷어찰 때 사용되는 다리 근육의 감각을 느끼고, 완벽하게 슛한 후 터져 나오는 관중의 함성을 듣는 식이다.

이는 단순히 희망하는 장면 그 이상이다. 이런 장면을 생각할 때 운동선수는 자신의 강점에 최적화된 행동을 실제로 구체화하기 때문이다. 하이라이트 릴을 만들 때도 정확히 이런 방식을 적용한다. 이 기억을 통해 우리는 최선을 다할 때 무엇을 할 수 있는지 기억하고 자신감을 얻어 바라던 목표에 몇 번이고 도달할 로드맵을 갖게 된다.

⋮ 최고의 나에 이르는 3단계 접근법

이 책에는 내가 10년간 연구하고 개발한 '긍정적 방식positive method'에 접근하는 법이 담겨 있다. 과학적 자료와 개인적 연구를 토대로 한 이 방법은 다음 세 단계를 통해 우리 안에 숨은 잠재력을 끄집어내 활용하도록 해준다. 런던 경영대학원 학생들을 대상으로 실험한 결과 이 방법은 효력이 있었고, 나 역시 개인적인 삶에 적용해 늘 성과를 냈다.

1단계

최고의 나를 활성화하는 방법을 과학적으로 분석한다. 현재의 나에 관한 이야기를 모으고, 그 이야기를 어떻게 편집하면 최고가 될 수 있는지 배운다. 이 단계를 밟다 보면 하이라이트 릴을 만드는 데 필요한 자신감이 생긴다. 물론 이따금 이 새로운 방식이 어색하고 낯설게 느껴져 잠재력에서 멀어질 때도 있다. 그러나 중요한 점은 이런 느낌에 굴하지 않고 자신감을 갖는 것이다.

2단계

여기서는 하이라이트 릴을 만들기 위한 세 가지 활동을 살펴본다.

첫째, 성찰한다. 이야기를 만들려면 먼저 내 마음을 성찰하고 샅샅이 들여다봐야 한다. 가장 자랑스러운 나의 모습, 뛰어난 나의 모습을 보여주는 이야기들을 찾아 풀어내야 한다.

둘째, 감사한다. 내가 속한 집단의 구성원들과 좋은 시간을 누렸다면 감사한 마음을 표현하라. 이는 과학적인 접근 방식으로서 소중한 관계를 돈독히 하고 유대감을 쌓도록 해준다.

셋째, 증거를 수집한다. 가족과 지인들로부터 내가 가장 빛났던 순간, 가장 두드러졌던 순간들에 관한 이야기와 기억을 증거로 수집하라. 핵심 역량의 증거가 될 것이다.

3단계

이 단계에서는 고유의 강점을 더 자주 활용하는 법을 배운다. 가장 뛰어난 기질을 활용하는 인생 습관을 만드는 법과 가장 잘하는 일을 중심으로 삶을 재편성하는 법을 배울 것이다.

어떤 환경이 내 삶에 힘을 주는지, 어떤 인간관계가 나의 강점을 더욱 빛나게 하는지, 어떤 강점이 세상을 변화시키는지 발견할 때 모든 분야에서 더 많은 에너지와 성취감, 자신감을 얻는다. 이미 수만 명이 경험한 사실이다. 실은 모두가 이런 삶을 원한다. 하지만 똑같은 일상에 고여 있다 보면 힘을 잃고 정체되기 쉽다. 누구나 그런 경험이 있을 것이다. 나 역시도 그랬다. 이 책을 통해 그런 무력한 상태에서 벗어나기를 바란다.

앞서 레베카에게 레베카만의 기준이 적용될 때 삶이 의미 있었듯 우리도 각자 행복한 삶의 모습과 느낌에 대한 기준을 만들어야 한다. 어떤 강점이 나의 기운을 북돋고 삶에 생기를 불어넣는지 알고 있다면, 그래서 내가 정한 기준대로 살 수 있다면 매일 특별한 삶이 이어질 것이다.

· · ·

차례

─┤ **STEP 1** ├─

무력한 삶에서 어떻게 벗어날 것인가

── STEP 2 ──
하이라이트 릴 프로젝트 : 내 안의 가능성을 깨워라

| STEP 3 |

매일 최고의 자신으로 사는 법

STEP 1

**무력한 삶에서
어떻게 벗어날 것인가**

CHAPTER 1

잘하는 일에서 시작하라

자기계발에서 핵심은 자신의 부족한 점을 파악하고 분석하는 것이라고 생각하는 사람이 많다. 비판이야말로 적극적인 변화에 가장 효과적인 수단이라고 믿기 때문이다. 그래서 대부분 사람은 부족한 점을 개선하고 싶어 하며 강점을 더욱 강화하는 긍정적인 방식은 거부하는 경향이 있다.

런던 경영대학원에서 조직행동학 교수로 강의하면서 리더십을 극대화하는 법을 배우려는 학생과 기업인을 많이 만났다. 이들 역시 자신의 부족한 점, 개선할 점을 발견하길 기대했다. 즉 내가 리더십의 기준을 제시하면 여기서 자신이 가장 부족한 부분을 찾아 이를 극복하려고 노력하기를 바라는 것이다.

하지만 신경과학자들의 연구에 따르면 부정적 피드백은 정반대 결과로 이어지는 경우가 많다. 자신을 향한 날 선 비판은 불안을 증폭시켜 뇌의 편도체를 자극하고 스트레스 호르몬인 코르티솔을 분비한다. 가장 흔한 결과는 몸이 자극을 방어하기 위해 긴장하고 위축되는 것이다. 최악의 경우 부정적 감정에 압도되어 무력해질 수도 있다. 따라서 부정적 피드백은 변화의 가장 효과적인 도구가 될 수 없다.

인간은 어떤 자극에 위협을 느끼고 방어적 상태가 되면 새로운 습관을 시도하기보다는 기존의 오래된 습관으로 되돌아간다.[1] 반대로 자기 탐구를 할 수 있는 안전한 공간이 확보되면 스스로 학습하고 발전하기 시작한다. 이때 못하는 것보다는 잘하는 것으로 시선을 돌려 여기서 생겨나는 긍정적 힘을 발휘하면 새로운 시도를 하고 변화로 나아갈 의욕이 생긴다. 바로 이런 역할을 하는 것이 하이라이트 릴이다. 하이라이트 릴은 내가 가장 빛났던 모습의 원동력인 나의 강점을 증언해주는 이야기이기 때문이다.

오클랜드 대학교의 정신의학과 교수 피터 다우릭Peter Dowrick 은 신체장애로 취업이 어려운 청년들과 워크숍을 진행하며 이 하이라이트 릴의 효과를 확인했다. 워크숍에 참가한 청년들은 2주 안에 조립 작업을 완수해야 했다. 그중 한 집단은 작업하는 모습을 녹화해 영상으로 봤는데 이때 작업 속도가 현저히 더디거나 실수를 저지르는 장면은 모두 삭제했다. 다른 집단은 조립 작업 결과가 10퍼센트 늘어날 때마다 인센티브를 받았다. 2주 후 실수가 삭제된 작업 영상을 본 집단은 생산성이 15퍼센트 증가했고, 인센티브를 받은 집단은 3퍼센트 증가했다. 이런 결과는 4개월 후 다시 평가했을 때도 마찬가지였다.

이 워크숍 결과에서 볼 수 있듯이 사람은 자신이 실수하는 모습보다 최고의 기량을 발휘하는 모습을 볼 때 동기부여가 된다. 이것이 반복되면 자신감이 쌓여 더 좋은 기량을 발휘하고, 자신의 정체성에 깊은 만족감을 느끼고 그동안 모르고 있었던 잠재력에 한 걸음 더 다가서게 된다.

핵심 가치와 역량에 집중하면 뇌에서 강력한 동기부여 호르몬이 분비된다. 약점이 아닌 강점을 우선시하는 태도로 바뀌려면 먼저 긍정적 피드백을 주고받는 것이 얼마나 큰 힘을 발휘하는지 이해해야 한다.

⋮ 긍정의 힘이 더 강력한 이유

많은 사람이 고마운 마음을 표현하는 데 서툴다. 고마운 사람을 곁에서 떠나보내고서야 그가 어떤 의미였는지 깨닫는 경우가 많다. 이는 우리가 평소 서로에게 미치는 긍정적인 영향에 귀를 기울이지도, 이해하려들지도 않는다는 의미다.

네덜란드에 있는 장례보험회사 델라Dela는 사람들의 이런 태도, 즉 '누군가 세상을 떠난 후에야 그 사람에 대한 가장 아름다운 말들을 한다'는 사실에 주목했다. 그래서 소중한 사람이 살아 있을 때 감사의 마음을 전하는 장면을 촬영해서 TV 광고로 만들었다(광고는 카메라를 미리 숨겨두어 감사를 받는 이들은 상황을 알지 못하는 방식으로 촬영되었다 ─ 옮긴이).

그중 스무 살의 한 젊은 여성이 경기장에서 부모님에게 감사를 전하는 장면도 있었다. 그녀는 자녀의 교육을 위해 이란에서 네덜란드로 온 부모님에게 감사를 전하고 싶었다. 그래서 부모님과 함께 관중석에 앉아 있다가 꿈을 이루게 해주어 감사하다고 말했다. 이를 들은 부모는 깜짝 놀랐고 그녀는 이렇게 말했다. "부모님의 용기와 헌신에 그리고 저를 위해 해주신 모든 일에 감사해요."

이 영상은 인터넷에서 찾아볼 수 있는데, 고마움을 전하는 사람과 받는 사람 모두 어색해하면서도 감정이 북받친 모습을 볼 수 있다. 가족이나 친구에게 고마움을 표현하는 장면은 그 자체로도 큰 감동을 준다. 고마움을 말하는 이들의 얼굴은 먹먹하고 울컥한 감정을 감출 수 없어 일그러진다. 흘러내리는 눈물을 닦아내느라 손도 부지런히 움직인다. 이벤트가 진행되는 내내 이들은 무척이나 힘들어 보인다.

내가 누군가의 삶에 어떤 영향을 미쳤는지, 내 인생 최고의 순간에 누가 함께 있었는지를 알게 된다는 것은 대단히 강렬한 경험이다. 그렇지만 고마움을 표현하는 사람이나 받아들이는 사람 모두 그런 감정을 드러내면 상대에게 나약한 모습을 보인다고 생각한다.

델라의 광고에서 사람들은 진심으로 그 마음을 드러내고 싶어 했다. 그들은 몇 년 동안 혹은 수십 년 동안 간직해온 마음을 입 밖으로 꺼냈다. 그리고 그 말을 듣는 사람들 역시 그 언어들을 간절히 듣고 싶어

했다. 말하는 이의 한 마디 한 마디에 귀를 기울였고 깊은 감동을 받았다. 델라의 광고가 아니었다면 그들은 그런 마음을 전하지도, 듣지도 못했을 것이다.

델라의 아이디어는 펜실베이니아 대학교의 심리학과 교수이자 긍정심리학을 창시한 마틴 셀리그만이 말한 '감사 방문gratitude visit' 개념과 비슷하다. 나는 인생에서 아주 특별한 시기에, 막 항암 화학요법을 마친후에 이 감사 방문 개념을 접했다. 당시 나는 삶이 아직 남아 있다는 사실을 진심으로 받아들이고 있었고 그의 연구는 내 정체성에 엄청난 영향을 미쳤다. 이 시기의 셀리그만의 연구와 나의 변화는 이 책에서 제시할 긍정적 방식의 토대가 되었다.

셀리그만의 감사 방문 프로젝트 참가자들은 삶에 의미 있는 영향을 준 사람들에게 감사의 마음을 상세히 담은 편지를 썼다. 셀리그만은 편지를 받는 이들에게 그 안에 담긴 글쓴이의 마음을 충분히 헤아리도록 천천히 읽으라고 당부했다. 그리고 이 경험이 양쪽 모두의 마음에 큰 감동을 선사할 것이라고 했다. "감사 방문을 한 사람도, 받은 사람도 모두 눈물을 터뜨립니다."

이 실증적 연구는 감사 방문을 통해 양 당사자 모두의 삶이 향상되었음을 보여준다. 감사 방문 한 달 후에도 모두가 삶의 기쁨을 넘치도록 느끼고 있었기 때문이다. 또한 참가자들은 감사 방문을 하지 않고 평소처럼 산 집단에 비해 우울감이 현저히 줄어들었다.[2]

무엇보다도 감사 방문을 한 사람과 방문을 받은 사람 사이의 유대감이 더욱 깊어졌다. 그리고 이를 계기로 다른 사람에게 감사를 직접 표현하는 빈도가 훨씬 늘어났다. 결과적으로 점점 더 많은 사람이 자발적으로 감사한 마음을 표현하고 긍정적 기억을 공유하게 되었다.

그러나 대부분 사람은 타인이 자신의 삶에 기여한 부분을 인정하거나 밝혀 긍정적 피드백을 자유롭게 주고받는 습관을 갖고 있지 않다. 이 책 후반부에서는 이 아름다운 행위가 왜 불편하고 서먹한지, 왜 어색한 분위기가 되는지 그리고 어떻게 하면 이런 불편한 감정을 극복할 수 있는지 과학적 연구를 통해 살펴볼 것이다.

셀리그만의 감사 방문을 알게 되었을 즈음 나는 로라 모건 로버츠 Laura Morgan Roberts가 미시간 대학교 동료들과 연구한 또 다른 긍정심리학 책을 읽었다. 로버츠의 연구 방식은 타인에게 미칠 수 있는 가장 좋은 영향력을 깨닫게 해준다는 점에서 셀리그만의 연구와 비슷하다.[3] 하지만 로버츠는 감사 방문을 수동적으로 기다릴 것이 아니라 먼저 찾아가야 한다고 말했다. 현실적으로 생각하면 아무리 기다려도 감사 방문을 하는 이가 없을 가능성이 크기 때문이다. 로버츠는 친구, 가족, 동료를 직접 찾아가서 가장 좋았던 기억을 적어달라고 부탁하는 방법을 추천했다.

로버츠와 연구팀은 이런 접근 방식을 '타인의 눈에 비친 최고의 내 모습 훈련법'이라고 불렀다. 내 삶에서 중요한 사람들이 써준 글은 마치 거울처럼 긍정적 효과를 반사해서 보여준다. 만일 10명 남짓한 사람들에게서 20~25개 정도의 이야기를 모았다면 그 긍정적 효과는 어마어마할 것이다. 이 이야기들 모두 자신에 관한 칭찬이기 때문이다. 장례식 추도사와 다른 점이 있다면 살아서 들을 수 있다는 점이다.

나는 타인의 눈을 통해 자아를 성찰한다는 로버츠의 접근 방식에 매료되었다. 더군다나 신뢰하고 존경하는 이들이 들려준 이야기들은 인생에서 가장 눈부셨던 순간들을 다시 떠올리고 체험하게 해준다. 자신을 믿고 자기 능력을 확인하는 가장 확실한 방법이다.

서론에서 언급한 레베카와 마찬가지로 누구에게나 약점과 한계가 있다. 하지만 누구에게나 빛나는 순간도 있다. 누구나 살면서 다른 사람에게 좋은 영향력을 미칠 때가 있다. 누구나 특별한 존재가 되는 순간이 있다. 특별한 내가 되는 그 순간 나도 모르는 잠재력에 다가설 수 있다. 이런 순간을 어떤 이들은 '몰입' 혹은 '집중'이라고 부른다.

물론 항상 이런 순간을 경험하는 것은 아니다. 한 번도 경험하지 못하는 경우도 허다하며 대부분은 그저 평범한 모습과 능력으로 살아간다. 그렇다고 해서 잘못된 것은 아니다. 어쩌면 당신의 평범한 모습이 내 모습보다 훨씬 더 나은 모습인지도 모른다. 하지만 이따금 누구나 아주 특별해지는 순간이 있다.

로버츠의 훈련 방식은 사회 각계각층에 있는 다수의 사람에 집중한다. 반면 셀리그만은 일대일로 만나는 방식이다. 하지만 두 방식 모두 소중한 사람에게 자신에 관한 소중한 기억을 듣는다는 공통점이 있다. 두 방식 모두 감사의 말과 칭찬을 듣고 힘을 얻는다.

그러나 지나치게 긍정적인 면에만 집중한다는 생각이 들 수도 있다. 이 훈련 방식을 처음 접한 사람들은 대부분 이렇게 묻는다. "최고의 이야기와 최악의 이야기가 균형을 이뤄야 하는 것 아닌가요?" 즉 강점뿐 아니라 단점도 이야기해줘야 하는 것 아니냐는 말이다. 하지만 그렇지 않다. 바로 뇌의 작동 방식 때문이다. 만일 강점과 단점을 모두 이야기하면 그 사람은 오직 단점에만 집중한다.

왜 그럴까? 인간의 뇌는 부정적인 정보에 우선 집중하게 되어 있다. 가령 돈을 벌었다든지, 새 친구를 사귀었다든지, 칭찬을 받았다든지 같은 긍정적 사건보다 돈을 잃어버렸다든지, 친구에게 절교를 당했다든지, 비난을 들었다든지 같은 부정적 사건에 훨씬 더 집중한다.[4] 좋은 감정과 좋은 피드백보다 나쁜 감정과 나쁜 피드백에 집착하는 것이다. 우리는 긍정적 정보보다 부정적 정보에 더 민감하게 반응한다.

물론 단점과 한계를 말해야 할 때도 있다. 하지만 어떤 태도나 방식을 교정하는 것과 일을 잘되게 하는 것은 다르다. 단점을 개선해 실패를 막는다고 해서 그 일이 갑자기 잘 되는 경우는 거의 없다. 최고의 모습을 더 자주 발휘하고 싶어서 하이라이트 릴을 활용할 때는 결점과 잘못에 집중하면 안 된다.

셀리그만의 감사 방문과 로버츠의 '타인에게 비친 최고의 내 모습 훈련'은 나의 삶과 연구에 엄청난 영향을 미쳤다. 이 두 가지는 특별한 자신이 되기 위한 핵심 요소다. 이 책에서 다룰 긍정적 접근 방식은 셀리그만과 로버츠의 연구를 통합한 것이다. 일단은 이 긍정적 방식이 사람의 마음에 어떤 변화를 일으키는지 살펴보고 그런 다음 하이라이트 릴을 만드는 방법을 제시하고자 한다.

하이라이트 릴은 잠재력을 한껏 발휘했던 그 순간들을 다시 체험하여 정신적 행복을 느끼고 꿈과 목표에 다가서도록 도와준다. 하지만 여기서 얻은 결과를 만끽하는 것으로 끝나는 건 아니다. 나의 가장 뛰어난 점, 가장 특별한 강점을 깨달아 내가 속한 사회와 소중한 사람들에게 최고의 영향력을 미치는 것이 궁극적인 목표다. 타인에게 긍정적 영향을 미치기 위해 나의 강점을 활용하는 방식은 큰 만족감뿐 아니라 경제적 보상까지 얻을 수 있어 화려한 순간이 끝나도 오래도록 여운이 남는다.[5]

이 방식이 매력적인 것도 바로 이런 이유다. 긍정심리학은 단순히 밝아지거나 기분을 좋게 해주는 게 아니라 훨씬 큰 가치를 제공한다. 긍정적인 마음을 경험하면 뇌는 다르게 작동하기 시작하고 새로운 경로를 탐색해 문제를 창의적으로 해결하는 방법을 찾는다. 심지어 몸에도 활력이 솟아나 더 건강해지는, 전과는 완전히 다른 결과를 경험하게 된다. 이 긍정심리학과 우리 뇌에 관한 놀라운 사실에 대해 좀 더 자세히 살펴보자.

⫶ 지각력과 창의력이 향상된다

UCLA의 심리학과 교수 재닌 더처Janine Dutcher 는 연구를 진행하며 실험 참가자들의 뇌 활성화 과정을 fMRI(기능적 자기공명영상)로 촬영했다. 그는 참가자들 절반에게는 일상생활 도구(예를 들면 토스터 같은)에 대해 종이에 적게 했다. 그리고 다른 절반에게는 자신만의 독보적 가치에 대해 적도록 했다. 그 결과 자신의 독보적 가치를 적은 이들에게서 뇌의 탐색 시스템이 활성화되는 것을 발견했다.[6]

탐색 시스템이 활성화되면 도파민이 분비된다. 도파민은 의욕이나 쾌락과 연관이 있는 신경전달물질로 이것이 몸에서 분비되면 우리는 열정, 흥분, 자극 같은 감정을 느끼면서 일에 더욱 몰두하게 된다.[7] 열정이나 흥분과 같은 감정은 기분을 좋게 해주기도 하지만 창의력을 발휘해 더 나은 의사결정을 내리게 해준다.

1990년대에 미국의 심리학자 앨리스 아이센Alice Isen, 마틴 셀리그만, 바버라 프레드릭슨Barbara Fredrickson은 긍정적 감정이 뇌의 잠재력을 활성화한다는 사실을 밝혀 심리학계를 뒤흔들었다. 30년 후에는 관련 증거들이 속속 나왔다. 긍정적 감정은 정신적 기능을 향상시키는 반면[8] 불안, 걱정, 두려움 같은 부정적 감정은 투쟁 - 도피 반응fight or flight response(긴박한 위협 앞에서 자동으로 나타나는 생리적 각성 상태로 스트레스 상황에 맞서 싸우거나 회피하기 위한 신체적 준비를 한다—옮긴이)을 활성화하고 지각 능력을 떨어뜨린다. 당연히 창의적 문제 해결 능력도 저하될 수밖에 없다.

예를 들어 하버드 대학교 연구실에서 어떤 창의적인 실험을 하기로 했다고 상상해보자. 연구실에 들어가니 탁자가 있고 그 위에 초 한 자루와 성냥 한 갑, 압정 10개가 든 상자가 있다. 3분 안에 불 붙인 양초를 벽에 붙여야 한다. 자, 어떻게 하겠는가?

정답은 상자에 든 압정을 꺼내 상자를 벽에 고정한 후 상자 안에 초를 넣어 상자를 초 받침으로 사용하는 것이다. 이 해결책은 창의력과 비선형적 사고방식을 요구한다. 마음속에서 상자의 개념을 재구성해 새로운 용도로 사용해야 하기 때문이다.

나는 미시간 대학교의 줄리아 리Julia Lee 교수, 하버드 경영대학원의 프란 지노 교수와 함께 이 실험과 하이라이트 릴을 결합시킨 연구를 진행했다. 먼저 통제 집단에게는 가족이나 친구가 적어준 하이라이트 릴을 읽기 전에 양초 문제를 해결하게 했다. 이들은 19퍼센트만이 문제의 의도를 파악해 해결했다. 다른 집단에게는 하이라이트 릴을 읽고 난 후 문제를 풀게 했다. 그 결과 51퍼센트가 문제를 해결했다. 단순히 자신의 최고 모습에 관한 글을 읽기만 했는데 그렇지 않은 사람들보다 두 배 더 많은 사람이 문제를 해결한 것이다.

스트레스 상황에서 긍정적 감정은 인지 능력을 높인다. 불안과 공포는 이성을 수렁에 빠트리지만 긍정적 감정은 당면한 과제를 해결하기 위해 정보를 찾고 새로운 사고방식을 하게 해준다. 긍정적 감정을 느낀 의사가 더 정밀하게 진단하고, 긍정적 감정에 고무된 영업사원이 더 많은 실적을 올리는 것도 이 때문이다.[9] 중립적 감정이나 부정적 감정을 느낄 때와는 전혀 다른 결과를 낸다.

⋮ 팀 전체의 성과가 높아진다

하이라이트 릴은 나만의 독창적인 관점과 강점을 활용하는 순간을 포착해서 나의 가장 고유한 역량이 무엇인지 조명한다. 이렇게 나의 역량을 발견하면 팀의 성과에 기여할 방법을 찾을 수 있다.

줄리아 리, 프란 지노와 함께 나는 미국 공군사관학교 생도 330명을 대상으로 이 개념과 관련된 실험을 했다.[10] 생도들은 다섯 명씩 한 팀을 이뤄 온라인 시뮬레이션으로 에베레스트산을 등반하며 여러 가지 어려운 상황에서 결정을 내리는 과제를 부여받았다. 그리고 팀별로 각각 다른 정보를 받았다.

현실에서도 그렇지만 팀을 이뤄 함께 좋은 성과를 내려면 반드시 서로의 지식을 공유해야 한다. 예컨대 다음 캠프로 이동할 때 날씨 전문 팀원이 예상 기온을 계산해서 풍속냉각 그래프를 만들고 이를 팀원들과 공유하지 않으면 그 팀은 좋은 결과를 낼 수 없다. 기온이 내려가는 등 날씨 악화가 예상될 경우 일단 캠프 이동을 유보해서 동상을 피하는 등의 대처가 불가능하기 때문이다.

실험에 참여한 생도들은 모두 에센틱에서 진행한 하이라이트 릴 자료를 받았다. 하지만 절반은 시뮬레이션을 시작하기 전에 그 자료를 받았고, 다른 절반은 시뮬레이션을 마친 후 자료를 받았다. 시뮬레이션에 앞서 하이라이트 릴을 받은 팀은 나중에 받은 팀에 비해 결단력이 더 확고했으며 자신의 정보와 의견을 적극적으로 공유했다.

하버드 케네디스쿨에서 기업 임원 246명을 대상으로 진행한 7일간의 집중 시뮬레이션 프로그램에서도 같은 결과를 얻었다. 이 시뮬레이션 프로그램에 참여한 임원들 역시 먼저 하이라이트 릴을 읽은 팀이 그렇지 않은 팀보다 훨씬 좋은 성적을 받았다.

자신이 잘하는 것에 집중하면 결단력이 강해질 뿐 아니라 독창적인 관점과 아이디어를 다른 사람들과 적극적으로 공유해서 더 좋은 결과를 얻을 수 있다.

∶ 삶에 진정성과 회복력을 불어넣어준다

사만다라는 여성을 인터뷰했을 때 일이다. 사만다는 다른 이가 써준 자신의 하이라이트 릴을 읽고 무척 행복해했다. 그녀가 기뻐하는 모습을 보며 누군가가 내 모습을 나와 같은 방식으로 봐준다는 것이 얼마나 행복한 일인지 새삼 깨달았다. 사만다는 이렇게 말했다. "가면을 쓰고 싶지는 않아요. 진정한 저의 모습으로 존재하려고 노력하고 있죠. 제가 노력하는 모습을 누군가 그대로 봐주면 무척 기뻐요."

진정성은 내면의 상태와 겉으로 드러난 행동이 일치할 때 느껴진다. 이제까지 연구를 통해 만난 수많은 이들이 하이라이트 릴을 읽은 후 더 깊은 진정성을 느꼈다. 이런 결과는 앞서 언급한 하버드 대학교의 실험과 인도 위프로의 반복 연구에서도 볼 수 있었다.

진정성은 우리에게 깊은 만족감을 주며 회복력을 더한다. 그래서 꾸준히 목표를 향해 나아가게 해주고 스트레스 상황을 건강하게 견디도록 도와준다. 왜 그럴까? 마음을 감추고 사는 것이 솔직하게 사는 것보다 더 많은 에너지가 들기 때문이다. 펜실베이니아 주립대학교의 심리학 교수 얼리샤 그랜디Alicia Grandey는 이를 '감정 노동'이라 부른다.[11] 진짜 자신의 모습을 숨기는 것은 대가 없는 노동을 한 것과 비슷하다. 그랜디는 노동자들이 일터에서 자신의 감정에 솔직할 때 번아웃 증상이 줄어든다는 사실을 발견했다.

줄리아 리와 우리 연구팀도 하이라이트 릴이 스트레스와 질병을 극복하도록 돕는지 확인하는 실험을 진행했다. 우리는 실험 참가자들을 작은 칸막이들이 있는 방에 앉게 한 다음 불안한 감정을 측정하는 센서를 몸에 부착했다. 그리고 사람들의 면역력을 측정하기 위해 타액 검사를 했다. 참가자 절반에게는 실험에 앞서 하이라이트 릴을 읽게 했다. 그런 다음 모든 참가자가 스트레스를 받을 만한 환경, 즉 디지털로 공을 잡는 게임인 '사이버 볼' 시뮬레이션에서 참가자들이 소외감을 느끼도록 유도했다.

다른 플레이어들에게 무시당한 참가자들은 좌절감을 느꼈다. 20번 연속으로 공을 던지는 게임에서 단 한 번도 공을 잡지 못하고 무시당했다고 생각해보라! 사람들은 처음에는 재미있다는 표정을 짓다가 당황해하고 좌절하는 등 다양한 반응을 보였다. 우리는 이들에게 부착한 센서를 통해 게임에서 소외당했을 때는 모두 스트레스가 커진다는 사실을 알 수 있었다. 그렇지만 시뮬레이션을 시작하기 전에 하이라이트 릴을 읽은 참가자들은 달랐다. 그들은 스트레스를 느끼자마자 금방 회복하는 모습을 보였고 신체 면역력 또한 증가했다. 이는 하이라이트 릴은 읽는 것만으로도 사회적 스트레스와 신체적 질병에 맞서는 회복력을 높일 수 있음을 보여주는 증거다.

⠸ 인생의 의미를 발견한다

사람들은 주어진 삶이 자신의 가치관과 일맥상통하고 그 가치관을 선명하게 드러낼 때 목적의식을 느낀다.[12] 당연한 말이지만 특별한 역량을 발휘해 가족이나 친구, 동료를 도울 때 그런 목적의식이 매우 강해진다. 또한 타고난 강점을 발휘해 어떤 일에 성공했을 때도 목적의식을 느낀다. 목적의식은 인간이 느끼는 최고의 감정으로서 주로 이상적으로만 경험한다.

하이라이트 릴은 이런 목적의식을 높여준다. 누군가 나의 능력을 알아주고 인정해주면 기분이 좋아지고 그 능력은 더욱 강해진다. 자신의 하이라이트 릴을 읽고 목적의식을 강하게 느낀 마크의 이야기를 들어보자. "이혼한 친구를 도와주었을 때나 시험 준비하는 친구를 도와주었을 때는 그 순간들이 그토록 가치 있다고 생각하지 못했어요. 그저 단순한 우정이라고만 생각했죠. 그런데 그들이 쓴 이야기를 읽고 나니 사랑과 목적의식이 강하게 느껴졌어요."

목적의식은 단순히 좋은 감정, 그 이상이다. 목적의식은 다른 사람에게도 막대한 영향을 미친다. 가령 부모라면 목적의식을 가짐으로써 자신의 잠재력은 물론 자녀의 잠재력까지도 끌어올릴 수 있다. 부모가 삶을 변화시킬 수 없다고 생각하거나 살아가는 의미를 느끼지 못하면 자녀에게 본보기가 되기 어렵다.[13] 그러나 매일 주어진 하루와 일상에 소중한 의미를 부여하면 자녀들은 이런 태도를 금방 배운다. 자녀들은 부모가 오늘 하루에 대해 무엇이라고 말하는지 아주 잘 알고 있다.

교사도 목적의식을 가짐으로써 학생들에게 학교생활에 최선을 다하도록 영향을 미칠 수 있다. 기업이나 조직의 리더도 마찬가지다. 스스로 삶의 목적을 깨닫고 긍정적인 태도를 갖지 않으면 타인에게도 영향을 미칠 수 없다.[14]

나는 내 모든 연구가 사람들이 느끼고 행동하는 것 사이의 연결 고리를 보여주는 실마리가 되길 바란다. 긍정적 감정을 느끼면 창의력이 왕성해지고 이로써 긍정적 감정이 더욱 강해져서 더 큰 창의력을 발휘하게 된다. 선순환이 이뤄지는 것이다. 목적의식도 마찬가지다. 누군가에게 좋은 영향력을 미치면 그 모습에 스스로 고무되어 목적의식이 더욱 강해지며 결과적으로 더 많은 이에게 영향력을 미치는 상승작용이 일어난다. 이 역시 지속 가능한 선순환을 이룬다.

하지만 하이라이트 릴을 만드는 과정이 늘 쉽고 편하지는 않다. 왜 그럴까? 이 부분에 대해서는 다음 장에서 언급하도록 하겠다. 앞서 델라의 광고 영상에서 봤듯이 사람들은 인생 최고의 순간들을 기억해내고 공유하는 것을 낯설어하고 힘들어한다. 엄숙한 사회적 분위기 때문에 상대의 장점을 솔직하게 칭찬하지 못하는 것이다. 그리고 우리의 뇌는 누군가에게 고마움을 표현할 날들이 아주 많다고, 최고의 모습을 발휘할 날쯤은 넘치게 많다고 우리를 속인다. 이 때문에 우리의 잠재력은 억압되어 규범과 관습 앞에 웅크리고 만다. 이런 억압에는 구체적으로 무엇이 있는지, 극복하는 방법은 무엇인지 알아보도록 하자.

CHAPTER 2

무엇이 우리 자신을
가로막는가

서른 중반의 코미디언이자 배우인 데이브 마허는 수년간 몸을 혹사했다. 식사는 부실했고 늘 술에 절어 있었다. 그는 제1형 당뇨병 환자이기도 했다. 그러던 어느 날 마리화나를 사려고 가지고 있던 당뇨 검사 용지를 모두 팔아버렸고 혈당을 확인하지 못했다. 그러다가 혈당이 급격히 치솟으면서 신장이 기능을 멈췄고 다른 신체 기능까지 멈췄다. 그는 그렇게 코마 상태에 빠졌다.

3주 후 의사들은 데이브의 가족에게 그가 회생할 가능성이 없으니 집으로 데려가 여생을 보내도록 하라고 말했다. 절망에 빠진 부모는 데이브의 친구들을 병원으로 불러 마지막 인사를 하게 했다. 그중 절친한 친구였던 블레이크는 데이브의 생명 유지 장치가 제거된다는 소식을 듣고 차마 병원에 가지 못했다. 훗날 그는 인터뷰에서 당시 친구에게 더는 말할 기회가 없다는 걸 알고 있었음에도 차마 친구의 그런 모습을 볼 수 없었다고 말했다.

병원을 찾아온 다른 친구들은 데이브에게 마지막 인사를 건넸다. 그날 밤 데이브의 부모는 그의 생명 유지 장치를 떼어낼 예정이었다. 다음 날 페이스북에 블레이크가 그토록 두려워했던 게시글이 올라왔다. '데이브 마허의 명복을 빕니다.' 슬픔에 휩싸인 블레이크는 넋이 나간 기분이었다. 잠시 후 그는 데이브의 추모 게시판에 글을 썼다. '사랑한다, 친구야.'[1] 데이브에게 그 말을 직접 한 적이 있느냐는 질문에 블레이크는 이렇게 대답했다. "없어요. 친구를 잃고 나니 비로소 그 감정이 생생하게 느껴지는 것 같아요. 안타깝게도 늘 그렇더라고요."

블레이크의 말처럼 많은 이가 비슷한 경험을 한다. 데이브의 추모 게시판에 100여 명의 지인이 추모의 글을 올렸다. 추모의 글이 올라온 지 약 2주가 지났을 때 데이브의 페이스북 피드에 이런 글이 올라왔다. '나, 데이브 마허야. 스포일러 주의: 나 살아 있음.'

추수감사절에 올라온 그 글은 그날을 데이브의 부활절로 바꿔버렸다. 그의 부모는 생명 유지 장치를 제거하지 않았다. 그저 그런 소문이 돌았을 뿐이었다. 사실 그날 그는 다른 병원으로 옮겨졌다. 새 병실에서 그의 아버지가 혼수상태인 데이브를 보며 이런저런 말을 하고 있는데 그가 눈을 뜬 것이다. 얼굴에는 온통 여러 가닥의 호스와 선투성이

였지만 데이브는 입을 열어 이렇게 말했다. "젠장, 이게 다 뭐야!"

그렇게 데이브는 한 달간의 코마에서 빠져나왔다. 의식을 찾은 데이브는 한 달가량 더 입원해 있다가 퇴원했다. 퇴원한 다음 날 밤, 그는 부모님의 집 지하실에 있는 작은 식탁에서 노트북을 켰고 자신의 추모 게시판에 올라온 글들을 보게 되었다.

그는 외부에서 본 자신의 모습을 천천히 들여다봤다. 게시판 글들은 삶을 조금 비딱하게 비틀어 사람들에게 웃음을 선사했던 데이브의 인생관에 관한 내용이 많았다. 그는 그 글들을 읽으며 크게 감동했다. 하지만 글을 읽으면 읽을수록 자신이 생각한 모습과 사람들이 보는 자신의 모습 사이에 괴리감이 느껴졌다. 나중에 그는 〈디스 아메리칸 라이프 This American Life〉에 출연해서 추모 글들을 회상하다 울컥하며 말했다. "제가 기억조차 못 했던 무수한 일들이 있더군요. 친구들이 기억하는 제 모습은 그때까지 제가 알던 제 모습과 무척 달랐어요."

그중에서도 그가 가장 놀랐던 글은 자신이 타인에게 베풀고 배려하는 사람이었다는 내용이었다. 대학 후배였던 더퍼는 데이브가 신입생인 자신을 격의 없이 친구처럼 대해주었다고 이야기하며 이렇게 썼다. "내게 너무 자책하지 말라고 말해줘서 고마워. 자책하는 내 모습이 얼마나 우스운지 웃어줘서 정말 고마워. 집에 바래다줘서 고마워. 내 친구가 되어줘서 고마워."

데이브는 자신이 성격이 좋지 않다고, 평소 둔감하고 이기적인 사람이라고 여겼다. 하지만 친구들이 적은 추모 글에는 유머 감각부터 굳건한 우정에 이르기까지, 그가 다른 이들을 보며 가장 고귀하다고 여겼던 모습들이 고스란히 담겨 있었다. 그 귀한 모습이 데이브 자신의 모습이었다. 친구들의 이야기를 통해 그는 자신이 생각보다 사람들을 많이 생각하고 배려했다는 사실을 깨달았다. 그 글들은 그의 자존감을 한껏 높였다.

우리는 다른 사람을 통해 듣기 전까지는 자신을 특별하게 만들어주는 것이 무엇인지, 자신이 얼마나 특별한 존재인지 모르고 사는 경우가 많다. 이 책에서는 그 이유를 파헤칠 것이다. 데이브는 살아서 자신의 추모 글을 봤다. 그리고 오랜 세월 알고 지낸 이들의 눈을 통해 자신의 강점을 발견했다. 정말로 운 좋은 사람이다. 코마에서 가까스로 회생한 그를 운이 좋다고 하는 게 이상하게 들릴지도 모르겠다. 하지만 이 특별한 경험으로 데이브의 인생은 놀랍게 바뀌었다. 죽음에 가까이 간 경험, 살아서 추도사를 들은 경험은 그가 자신을 바라보는 관점을 통째로 바꿔놓았다. 그는 그동안 자기 안의 잠재력을 억누르고 있던, 숨겨진 두 개의 힘을 비로소 볼 수 있었다.

⫶ 첫 번째 억압, 칭찬 미루기

첫 번째 숨겨진 억압은 '칭찬 미루기eulogy delay'다. 상대의 특별한 장점을 인정하지도, 고마움을 표현하지도 않는 문화적 저항감을 표현한 말이다. 우리는 상대에게 고마운 점을 잘 말하지 않으며, 자신에게 고마운 점이 무엇인지 말해달라고 부탁하지도 않는다. 이렇게 칭찬을 미루는 습관 때문에 점점 더 자신과 타인의 긍정적 행동과 자질에 관심을 기울이지 않게 된다.

결국 어느 한쪽이 세상을 떠난 후에야 그 저항감이 해소되고 칭찬 미루기도 끝난다. 이때부터는 고인의 좋은 점들과 추억을 공유하는 것이 용인된다. 하지만 살아 있는 동안에도 얼마든지 이런 이야기들을 공유할 수 있다.

스물한 살인 론의 이야기를 들어보자. 미시간 대학교에서 저널리즘을 전공하는 론은 긍정심리학 수업을 들었다. 로라 모건 로버츠의 '타인의 눈에 비친 최고의 내 모습 훈련법'도 이 수업의 한 과정이었다. 가족이나 친구에게 자신의 최고 모습에 얽힌 추억을 말해달라고 부탁해야 했다. 론은 다른 사람에게 이런 부탁을 한다는 것이 무척이나 낯설게 느껴졌다. 살면서 그런 피드백을 받아본 적도, 부탁한 적도 없었기 때문이다.

그는 과제가 너무 어려워서 수업을 포기할까도 생각했다. 결국 여자 친구인 칼라에게 고민을 털어놓았다. "부모님과 디트로이트에 있는 고등학교 친구들에게 나에 관해 말해달라고 할 자신이 없어. 아마 다들 내가 미쳤다고 생각할 거야."

하지만 칼라는 살면서 뭔가를 배우는 유일한 방법은 새로운 것을 시도할 때뿐이라며 한번 해보라고 그를 독려했다. 여자 친구의 지혜로운 조언에 론은 두려움을 떨치고 가족과 친구, 스승 등에게 연락했다. 그들에게 하이라이트 릴을 받고서 론은 펑펑 울었다. 글을 몇 줄도 채 읽지 못했고 눈물이 뺨을 타고 하염없이 흘러내렸다. "정말 큰 충격을 받앉어요. 제 가족, 친구들이 저를 그토록 깊이 생각하고 있는 줄 몰랐거든요. 읽으면서 눈물이 그치질 않았죠." 특히 아버지가 보내준 글에 목이 메었는데, 그의 이야기를 들어보자.

아버지는 그렇게 다정다감한 사람도, 감정을 풍부하게 표현하는 사람도 아니었습니다. 그런 아버지가 꽤 긴 글을 보내왔어요. 지식에 대한 저의 열정과 다른 사람을 이해하는 능력에 관한 내용이었습니다. 아버지가 저를 그렇게 생각하고 있는 줄은 꿈에도 몰랐어요. 아버지와 개인적인 이야기를 나눠본 적이 한 번도 없었거든요.

론은 하이라이트 릴 덕분에 넘치는 자긍심을 갖게 되었고 이전에는 느껴보지 못한 힘을 얻었다. "제가 이토록 사랑받고 인정받는 존재라는 사실을 이전에는 알지 못했습니다. 늘 자신을 폄하하며 살았거든요."

칭찬 미루기는 진정한 자신을 깨닫지 못하도록 거세게 짓누른다. 하지만 론과 데이브의 사례에서 보듯 내 안의 독창적 재능과 가치를 타인이 알아봐주는 것은 그동안 내가 나에 대해 내린 평가를 검증해준다. 무엇보다도 제3자의 입장에서 나의 강점을 정확히 짚어주기 때문에 이전에는 미처 알지 못했던 점들도 알게 된다.

다음 장에서는 나 자신에 관한 이야기가 행동에 미치는 영향을 살펴볼 것이다.[2] 나에 대해 말해주는 서사가 좋아지면 행동 방식도 개선된다. 하지만 칭찬 미루기 습관이 숨은 잠재력을 보지 못하도록 눈을 가리기 때문에 우리는 늘 결점과 한계가 드러나는 이야기에만 골몰한다.

칭찬 미루기는 인간관계를 돈독히 맺지 못하게 방해하고, 누군가에게 그의 가장 귀한 모습을 말해주는 일을 어색하게 만든다. 하지만 연구에 따르면 좋은 인간관계를 맺는 가장 좋은 방법은 상대에게 고마움을 표현하는 것이다.[3] 인간관계가 좋아야 인생이 즐겁다.[4] 이미 여러 연구 결과에서 건강하고 행복한 삶의 핵심은 좋은 인간관계에 있다고 말하고 있다.

견실한 인간관계를 위해 노력하지 않는 것은 담배를 피우는 것만큼이나 해롭고 위험하다. 인간관계가 위태로우면 상대적으로 일찍 사망할 위험이 크고 그 위험도는 음주, 비만, 환경오염 등으로 인한 사망보다 훨씬 더 크다.[5] 다행히 사람들 사이에 존재하는, 보이지 않는 벽을 허물 방법이 있다. 5장에서 칭찬 미루기의 기원을 더 깊숙하게 들여다보고 이를 극복할 방법에 대해 논의하도록 하겠다.

⋮ 두 번째 억압, 죽음에 대한 거부감

데이브가 자신의 추도사를 읽으며 극복한 두 번째 억압은 '삶의 유한성에 대한 거부감'이다. 이 억압은 우리가 죽음에 품는 막연한 거부감으로서 영원히 살지 못한다는 사실을 상기할 때마다 마음 깊숙한 곳에서 느끼는 불편한 감정이다. 과학 연구에 따르면 대부분 사람이 이 사실을 애써 외면하려 한다.[6] 아마 이 글을 읽는 순간에도 인생이 짧다는 말에 거부감을 느끼는 이들이 있을 것이다. 안타까운 일이다. 우리는 삶이 언젠가 끝난다는 사실을 떠올리고 싶어 하지 않는다.

물론 마음 한편으로는 우리 모두 언젠가는 죽는다는 사실을 알고 있다. 하지만 마치 죽음이 선택인 것처럼, 지금의 삶과 상관없는 개념인 것처럼 살아간다. 나 역시 암 진단을 받기 전까지는 그랬다. 내 삶에 끝이 있다는 사실을 받아들이기가 무척 힘들었다. 그래서 꿈을 추구하며 살기보다는 삶이 영원한 것처럼 살았다. 죽음에 대한 불쾌감 때문에 많은 이가 삶을 무대 리허설처럼 취급한다.

하지만 우리의 잠재의식은 우리가 게으름을 피우고 있다는 사실을 잘 알고 있다.[7] 또한 잠재력을 쓰지 않아 점점 줄어들고 굳어진다는 사실도 알고 있다. 그래서 결국은 '존재론적 후회existential regret'를 한다.[8] 존재론적 후회란 자신이 세상에서 버려졌으며 잠재력을 모두 상실했다고 생각하는 것이다. 더 잘할 수 있었는데 그러지 못했을 때, 진짜 자신으로 살지 못했을 때 주로 이런 감정을 느낀다.

데이브는 특별한 경험 덕분에 두 번째 숨겨진 억압을 극복할 수 있었다. 시간이 얼마나 쏜살같이 흘러가는지, 원하는 것만 추구하며 살기에도 인생이 얼마나 짧은지를 깨달았다. 그는 이전보다 더 나은 모습으로 살기 시작했다.[9]

정신이 맑아지고 몸도 회복했어요. 사랑하는 여자와 건강하고 성숙한 관계를 맺었고 전보다 책임감도 훨씬 강해졌죠. 그리고 더 좋은 코미디언이 되려고 노력하고 있어요. 모든 면에서 저는 점점 더 좋아지고 있어요.

알프레드 노벨도 비슷한 경험을 했다. 흔히들 그를 노벨상의 이름으로만 생각하는데, 원래 그는 유명한 폭탄 제조업자였다. 다이너마이트를 발명했고 니트로글리세린 기폭장치, 폭파용 뇌관, 무연화약 등과 관련해 355개의 특허를 보유했다.[10] 수많은 발명품 덕분에 그는 부자가 되었고 그가 소유한 폭발물과 군수용품 제조 공장만 해도 100개 가까이 되었다.

여기서 이런 의문이 든다. 도대체 왜 무기 업체의 거물이 세계적인 자선가가 되었을까? 왜 폭탄의 제왕이 막대한 재산을 세계 평화와 문학, 의학, 화학, 물리학에 기부했을까? 어쩌면 그건 노벨이 인생의 무상함을 받아들이고 인정했기 때문인지도 모른다.

1888년 노벨의 형 루드비히 노벨이 심장마비로 프랑스에서 사망했다. 그런데 한 프랑스 일간지에서 알프레드 노벨이 사망했다고 착각해 그의 부고 기사를 냈다. 부고 기사에서 노벨은 '전쟁 장사꾼'으로 묘사되었다.[11] 그는 이 기사에 큰 충격을 받았고 이후 삶이 송두리째 바뀌었다. 어쩌면 그는 칭송을 받거나 세상에 이로운 영향을 미치기보다는 경력 쌓기에만 급급한 삶을 살았음을 깨달았는지도 모른다. 아무튼 부고 기사 사건 이후 노벨은 자신의 재산을 더 나은 세상을 만드는 데 쏟아부었다.[12]

삶의 유한성에 대한 거부감은 극복해야 할 억압이다. 우리가 이곳에 영원히 살지 않으리라는 사실을 기억해야만 삶의 가치들을 다시 조정하게 된다. 그리고 가치를 조정하고 나면 잠재력을 발휘하는 것이 얼마나 시급한 일인지 깨닫는다.

칭찬 미루기와 삶의 유한성에 품는 거부감은 매우 자연스럽게 느껴지기 때문에 숨겨진 억압이라는 사실을 알아차리기 어렵다. 삶이 언젠가는 끝난다는 사실을 알면서 모른 척하는 것도, 누군가에게 고마운 마음을 표현하기를 꺼리는 것도 다 자연스럽게 느껴진다. 이 책에서는 이렇게 자연스럽게 느껴지는 장애물을 극복하는 법을 살펴볼 것이다. 운이 좋으면 훨씬 더 충만한 삶을 시작할 수 있기 때문이다.

그 시작의 문을 열어주는 열쇠가 하이라이트 릴이다. 지난 10년간 나는 하이라이트 릴의 효과에 관한 실증적 연구와 실험을 했다. 연구 동료들과 함께 긍정심리학 수업을 들은 학생들로부터 방대한 데이터를 수집했고 이제 막 새로운 일을 시작한 사람들에게서도 자료를 얻었다. 또한 글로벌 컨설팅 기업에서 일하는 사람들을 인터뷰해 연구 자료를 얻었다. 이 귀한 자료들을 통해 우리는 남녀노소와 국적을 막론하고 공통으로 나타나는 사실을 발견했다. 대부분이 하이라이트 릴을 통해 칭찬 미루기와 삶의 유한성에 대한 거부감을 극복할 수 있었던 것이다.

이 숨겨진 억압에서 벗어나는 것이 얼마나 강력한 힘을 발휘하는지, 삶을 얼마나 크게 바꿔놓는지 살펴보자.

⋮ 타인의 눈을 통해 나의 가치를 발견하는 일

다시 데이브의 이야기로 돌아가자. 데이브의 친구들은 그가 세상을 떠났다고 여기고 생전에 그가 그들에게 어떤 의미였는지 이야기했다.

물론 그동안은 데이브가 그들의 삶에 미친 좋은 점들을 말하지 않고 살아왔다. 그중에는 데이브가 코마 상태에 빠지기 훨씬 전인 대학 시절과 그 이전에 있었던 일도 있었다. 하지만 친구들은 칭찬을 미루는 습관 때문에 마음속에 있던 고마움을 한 번도 꺼내지 못했다.

결과적으로 데이브는 주변 사람들에게 자신이 어떻게 긍정적 영향을 미치고 있었는지 깨닫지 못했다. 그는 부정적인 자기 모습에만 골몰했고, 결점에 집착하다 보니 자존감은 낮아지고 삶은 힘들었다. 더러는 고통스럽기도 했다.

안타깝게도 많은 사람이 데이브처럼 부정적 측면에 돋보기를 들이대고 산다. 긍정적 측면과 부정적 측면 둘 다 살펴보는 방식이 유용할 수는 있어도 오직 약점에만 집착하는 건 동기부여에 전혀 도움이 되지 않는다. 인생을 살면서 원하는 방향으로 나아가는 데 걸림돌만 될 뿐이다.

그러나 타인으로부터 자신의 가치를 듣게 되면 자신을 바라보는 방식이 개선된다. 스스로 약점이라 여겼던 점들이 남들의 눈에는 가장 존경스러운 모습일 때도 있다. 앞서 언급한 미시간 대학교의 론은 하이라이트 릴을 읽기 전까지만 해도 늘 신중하게 계획을 세우는 성격이 결점이라 생각했다.

저는 일을 체계적으로 관리하는 편이고 그런 능력이 주어진 일을 완수하는 데 도움이 된다는 점을 잘 알고 있었지만 그런 제 모습이 좋지는 않았어요. 빈틈없이 계획을 세워야 한다는 의무감이 자연스럽고 즉흥적인 사고를 가로막고 새로운 탐구나 지적인 발견도 방해한다고 생각했죠.

론의 이 말은 누구에게나 강점과 약점이 있다는 걸 잘 보여준다. 때론 이 강점과 약점이 동전의 양면 같을 때도 있다. 철저히 계획을 세우는 사람은 즉흥적 사고에 거부감을 느끼기도 하지만 그렇다고 해서 꼼꼼한 계획성을 존중하지 말아야 한다는 의미는 아니다.

하이라이트 릴을 읽고 난 후 론은 칭찬 미루기 습관을 버리고 단점이라고 여겼던 모습을 받아들여 이를 가치 있는 강점으로 변화시켰다. 그는 지인들이 들려준 이야기를 통해 체계적인 관리 능력이 얼마나 중요한 장점인지 알게 되었다.

사소한 것 하나도 지나치지 못하고 치밀하게 계획을 세우는 제 습관을 인정해주는 이야기들을 읽고 나니 내적 갈등이 해소되었습니다. 저는 꼼꼼하게 준비해서 사람들이 각자 제 역할을 하도록 돕고 싶어요. 그런데 이런 제 노력을 사람들이 알아준다고 생각하니 제 일상에 새로운 의미가 부여되는 기분이었어요.

숨겨진 억압을 극복하고 죽은 후가 아니라 살아 있을 때 칭찬을 듣는 경험은 자신을 있는 그대로 받아들이고 상처를 치유하는 데 도움이 된다. 그 경험을 통해 진정한 삶을 살 용기를 얻고 사랑하는 이들을 최고의 내 모습으로 대하려고 노력하게 된다.

론과 같은 수업을 듣는 미트 트레이시는 배우이자 경제학도로 그녀 역시 자신의 단점에만 집착하는 편이었다. "늘 제가 부족하고 이기적인 사람이라고 생각했어요. 다른 사람을 위해 충분히 애쓰지 않는 제 모습이 콤플렉스였죠."

미트는 가족과 친구들에게 최고의 자기 모습에 관한 이야기를 들려달라고 부탁하면서도 몹시 회의적이었다. 오로지 긍정적인 면만 말해달라는 부탁이 지나친 욕심이자 이기심처럼 생각되었기 때문이다. 그녀는 이런 방법이 인간관계를 개선하고 주변 사람에게 도움을 주는 방법이라는 교수의 말이 이해되지 않았다.

하지만 하이라이트 릴 훈련은 그녀의 생각에 큰 변화를 가져왔다. 이 훈련의 본질이 '내가 얼마나 좋은 사람인지 말해줘'가 아니라 '어떻게 하면 내가 당신들에게 가장 좋은 사람이 될 수 있는지 깨닫도록 도와줘'임을 알게 된 것이다. 미트는 비로소 어색한 감정을 떨치고 하이라이트 릴의 본질에 집중했다.

사람들이 들려준 이야기는 대부분 인정 많은 제 모습에 관한 것이었어요. 유치원에서 바지에 실수한 동생을 도와준 일, 수업에 늦을 뻔한 친구를 학교까지 태워준 일, 내 연극 무대를 보러 와준 모든 이를 한 명 한 명 반갑게 맞아준 일 등이죠. 그동안 전 제가 무척 이기적이라고 폄하하기 바빴는데, 사람들은 제가 베푼 지극히 사소한 친절 하나도 놓치지 않고 있었어요. 그들의 이야기를 들으며 자신감이 생겼죠.

이처럼 타인의 눈을 통해 최고의 내 모습을 발견한다는 것은 기존의 흐름을 뒤집는 중요한 일이 될 수 있다. 당신은 누군가에게 그 사람이 지닌 장점 또는 최고의 모습을 이야기해준 적이 있는가? 그게 언제인가? 5장에서는 친구나 가족, 동료 등 소중한 사람들과 기억을 공유하는 방법을 구체적으로 살펴볼 것이다. 우리에게 주어진 시간은 짧다. 너무 오래 기다리지는 말자.

불편하고 어색하더라도

인생 전환을 위한 에센틱의 프로그램을 통해 수만 명이 하이라이트 릴을 읽고 자신감을 갖게 되었다. 그 과정에서 나는 많은 사람이 주변에 하이라이트 릴을 써달라고 부탁하기 어려워한다는 사실을 알게 되었다. 이 거부감은 불법적, 비윤리적 행위를 저지르는 것에 버금가는 수준이었다. 심지어 지인이 기꺼이 써준 하이라이트 릴 읽기를 주저하거나 불편해하는 경우도 많았다.

이런 불편한 감정은 칭찬 미루기 때문이다. 평소에 서로의 좋은 점을 주제로 대화하거나 장점에 집중하는 경우가 많지 않다 보니 자신의 좋은 점을 말해달라고 부탁하기가 처음에는 어색하고 서툴다. 설령 그 이야기를 듣게 되었다 해도 몹시 쑥스럽고 불편하게 느껴질 수 있다. 앞서 사례에 등장한 미트 트레이시도 하이라이트 릴을 읽기 전에는 이 불편한 감정을 느꼈다.

이전에는 전혀 느껴보지 못한 종류의 위축감이었습니다. 제 관점이 아닌 다른 사람의 관점으로 저를 들여다본다는 것이 무척 어색했어요. 모두 긍정적인 내용이라는 사실은 알고 있었지만 막상 친구와 가족이 저를 어떻게 생각하는지 들려준다고 생각하니 잔뜩 긴장되더군요.

하지만 최고의 자기 모습에 관한 이야기를 읽고 나면 처음의 거부감이 사라진다. 칭찬 미루기 관습을 깨면 그런 피드백이 오히려 고맙게 느껴진다. 미트는 이렇게 말했다. "사람들이 써준 이야기를 읽다 보니 가슴이 따뜻해졌어요. 소중한 이야기를 들려준 이들에게 깊은 사랑과 고마움이 느껴졌고 저를 존중하는 마음과 자신감이 생겼어요."

시카고에 있는 컨설팅 업체의 파트너인 52세의 톰 역시 처음에는 강한 거부감을 느꼈다. 그는 하이라이트 릴을 만들어야 한다는 이야기를 듣고 오래 망설였다. 사회적으로 거의 금기시되는 부탁을 한다는 것이 몹시 부담스러웠다. 나는 톰을 인터뷰하며 처음 하이라이트 릴을 시작했을 때 느낌을 말해달라고 했다.

사람들에게 제 이야기를 해달라고 부탁하는 것도 일반적이지 않은데 긍정적 이야기만 들려달라고 부탁해야 하는 게 몹시 낯설고 어렵게 느껴졌어요. "자, 정치 얘기나 사는 얘기는 이제 그만하고 다같이 서로의 좋은 점들을 이야기해보자." 이런 식의 대화는 좀처럼 하지 않으니까요.

당시 톰은 런던 경영대학원에서 임원 과정 수업을 듣고 있었다. 수업 프로그램에서 하이라이트 릴을 접한 그는 칭찬 미루기 억압에서 벗어날 수 있었고 몰랐던 사실을 알게 되었다. "대부분 자신이 하는 일의 깊이나 진가를 모르고 살아요. 대단한 일이 아니더라도 소소하고 일상적인 행동들이 얼마나 가치가 있는지, 그 행동이 다른 사람에게 어떤 영향을 주는지 알지 못하죠."

하이라이트 릴을 경험한 사람들과 대화를 나누다 보면 대부분 그렇게 사소한 일들을 다른 사람들이 기억한다는 사실에 감동한다. 영화 〈멋진 인생 It's a Wonderful Life〉처럼 무심결에 했던 작은 행동들, 일상적인 행동들이 다른 이에게 얼마나 귀중한 가치가 있는 일인지 잊고 살 때가 많다. "하루하루 정신없이 살다 보니 제가 사람들에게 어떤 영향을 주고 있었는지 뒤돌아볼 여유조차 없었습니다." 톰의 말이다.

그는 특히 뇌전증을 앓는 딸 리나가 써준 이야기에 크게 감동했다. 리나는 건강 문제로 힘들어하던 시절 아버지가 자신에게 얼마나 큰 힘이 되어주었는지에 대해 썼다. 살면서 가장 괴로웠던 순간 아버지 덕분에 성장할 수 있었고 어려움을 극복했다는 이야기였다. "지금도 늘 그 이야기를 생각해요."

생각해보면 누군가에게 그 사람의 좋은 모습, 강점에 대해 말해주지 않는 게 오히려 몹시 이상하게 느껴진다. 좋은 추억은 오래도록 소중히 간직하며 다른 무수한 일들은 다 잊어도 종종 기억의 서랍에서 꺼내보기도 하는데, 왜 누군가와 얽힌 소중한 추억들은 왜 그들이 죽은 후에만 꺼내는 걸까?

누구에게나 눈부시게 밝은 면이 있고 가시 돋치고 그늘진 면도 있다. 지금까지의 삶에서 한 단계 더 나아가도록 집중해야 할 때도 많은 사람이 그늘지고 부정적인 부분에만 집중한다. 새해 다짐들을 생각해보라. 대부분 가장 잘할 수 있는 일보다는 단점을 없애거나 나쁜 습관을 극복하는 다짐을 하곤 한다.

사람을 대할 때도 마찬가지다. 누군가 때문에 화가 나면 보통 화난 감정을 드러내 상대에게 알린다. 하지만 누군가 큰 기쁨이나 행복감을 주었을 때는 좋은 감정을 적극적으로 드러내지 않는다. 그저 누군가의 문제점을 고치는 데 급급해할 뿐이다. 이는 그 사람의 가장 특별한 장점을 지워버리는 행위다.

공항이 없는 작고 아름다운 섬을 떠올려보자. 고립되었기 때문에 이 섬에서 지내는 것이 고통스러울 수도 있지만 사람들의 접근이 어렵다는 점이 이 섬을 아름답게 만드는 매력일 수도 있다. 그런데 접근성이 떨어진다는 점이 문제라고만 생각해서 공항을 짓는다면 어떻게 될까? 머지않아 섬은 관광객으로 붐비고, 그렇게 되면 처음 그 섬이 지녔던 매력도 사라질 것이다.

데이브는 친구들이 써준 추도사를 읽으며 그들이 가시투성이인 자신의 모습을 그대로 받아들였으며 심지어 그 모습을 존중해주었음을 알게 되었다. 친구들은 논쟁을 즐기고 강한 결속력을 좋아하는 그의 성격을 존중하고 좋아했다. "저의 가장 본질적인 모습을 누군가에게 이해받았다는 구체적이고 확실한 증거들이었습니다. 저도 모르게 이런 생각이 들더군요. '흠, 나도 꽤 좋은 녀석이었군. 인생 잘살았어.'"

바로 이것이 하이라이트 릴의 핵심이다. 이 프로그램은 단점에 집착하기보다는 긍정적 강점을 인식하고 공유하게 해준다. 론은 이렇게 말했다. "살면서 제가 사람들에게 어떤 영향을 주었는지 알게 되었습니다. 제가 누군가에게 소중한 사람이라는 걸, 존중받고 이해받는 존재라는 걸 깨달았어요. 살면서 한 번도 느껴보지 못한 감정이었어요. 모든 사람에게 이런 감정을 느낄 기회가 있어야 한다고 생각해요."

이렇게 느끼려면 앞서 언급했던 억압들을 벗어나 긍정적 사고의 힘을 깨닫고 자신에게 맞는 훈련을 해야 한다. 미리 경고하지만 이 훈련은 불편한 느낌을 줄 수 있다. 하지만 그 불편함이 바로 핵심이다. 거부감을 극복해야 한다. 살면서 칭찬을 나누는 일이 얼마나 중요한지 이해했다면 이제는 자신을 위한 칭찬을 만들어야 한다. 다만 이 과정은 이력서를 채우듯 칭찬을 모으는 것이 아니다. 충만함을 느끼는 좋은 삶을 만들어가는 과정이다.

· 하이라이트 릴 훈련법 ·

숨겨진 억압 극복하기

만일 자신의 추도사를 들을 수 있다면 어떤 말을 듣고 싶은가? 빈 종이나 컴퓨터로 새 문서를 열어 듣고 싶은 말을 적어보라. 그리고 시작하기 전 15분 정도 아래 질문들에 대해 생각해보라.

· 나는 어떤 사람이었는가?
· 나는 무엇을 가장 잘했는가?

- 나를 나답게 만드는 것은 무엇이었는가?
- 나는 다른 사람에게 어떤 감정을 느끼게 했는가?

이제 하이라이트 릴 폴더를 만들어보자. 아날로그 방식이든 디지털 방식이든 상관없다. 이 과정을 진행하며 드는 생각을 적어 하이라이트 릴 폴더에 넣으면 된다. 앞으로 더 많은 과정을 진행할 것이다. 한 단계, 한 단계 과정을 마친 후 그 결과를 하이라이트 릴 폴더에 담는다. 가장 행복했던 추억이나 눈부신 성과, 이루고 싶은 꿈, 용기 등으로 하이라이트 릴 폴더를 채워도 좋다. 무엇을 넣든 그때그때 기록하고 돌아보면 목표와 원칙을 기억할 수 있고 바라던 삶을 구체적으로 그릴 수 있다.

지금까지 칭찬 미루기와 자신의 강점을 공유하는 것에 관한 거부감을 살펴봤다. 이제 두 번째 숨겨진 억압을 좀 더 깊이 들여다보자.

⋮ 삶의 마지막을 떠올려라

죽음을 떠올리며 즐거워하는 사람은 없다. 삶의 마지막은 누구에게나 달갑지 않은 일이며 대부분 그 생각을 애써 하지 않으려 한다. 그래서 인생의 황금기가 다 저물도록 유언장을 정리해두지 않는 경우가 대부분이다.[13] 유언장을 남기지 않고 세상을 떠나면 남은 이들이 큰 혼란을 겪게 된다고 해도 그냥 떠나는 경우가 허다하다.

하지만 삶이 덧없다는 사실을 분명히 인지하면 큰 도움이 된다. 우리는 인간의 유한함을 인정할 때 더 좋은 삶의 계획들을 세울 수 있다. 자신의 부고 기사에 정신이 번쩍 들었던 알프레드 노벨처럼 삶을 변화시키기 위한 강점을 활용할 시간이 아직 남아 있음을 기억하자. 언젠가는 모두 죽는다는 사실에 대한 거부감을 극복하고 죽음을 좀 더 깊이 성찰한다면 삶을 더욱 견실하고 풍성하게 꾸릴 수 있다.

삶이 얼마나 섬세한지 알게 되면 하루하루가 더욱 감사하다. 삶의 작고 소중한 순간들, 가령 해 저무는 저녁이나 내 손을 꼭 잡은 딸의 손 같은 아름다운 순간들을 더 깊이 음미하게 된다. 또한 주어진 일상에 더 깊이 만족하고 감사하게 된다.

역설적이지만 죽음에 가까이 다녀왔던 이들 대다수가 이렇게 느낀다. 자동차 사고나 암, 혼수상태 등을 경험했다 살아난 이들은 이전보다 훨씬 적극적인 태도로 삶을 대하는 경우가 많다. 그들은 더 나은 삶에 필요한 것들, 알고는 있었지만 하지 않았던 일들을 시작한다. 이런 현상을 전문 용어로 '외상 후 성장_{post-traumatic growth}'이라고 한다.

데이브가 칭찬 미루기와 삶의 유한함에 대한 거부감을 극복한 것도 바로 그런 경험 때문이었다. 코마에 빠진 데이브는 소설 속 톰 소여처럼 자신의 장례식을 살아서 체험하는 정말 드문 경험을 했다. 친구들은 그의 가장 좋은 모습을 기억하며 추모했다. 친구들의 사려 깊은 추도사 덕분에 데이브는 마음이 열렸고 자신을 더욱 잘 이해하게 되었다. 또한 죽음이 삶의 어느 순간 불쑥 찾아올 수 있다는 사실을 직접 체험했기에 이제 그는 인간관계와 건강, 직업을 더욱 좋은 방향으로 발전시키려고 노력한다.

한마디로 데이브는 숨겨진 억압에서 해방되어 '특별한' 사람이 되었다. 여기서 특별한 사람이 되었다는 건 완벽한 사람이 되었다는 의미가 아니다. 세계 최고의 코미디언이 되었다거나 겉보기에 엄청난 성공을 거뒀다는 말이 아니라 자신의 잠재력에 더 바짝 다가섰다는 의미다. 그는 자기만의 방식으로 특별한 존재가 되었으며 살면서 자신이 특별해지는 순간들을 더욱 자주 만들게 되었다.

그렇다면 삶의 덧없음을 받아들이고 지혜를 얻으려면 반드시 죽음에 가까운 체험을 해야 할까? 4장에서 살펴보겠지만 외상 후 성장은 신체적 위기를 겪은 이후에만 오는 것이 아니다. 이 변화의 에너지는 지금껏 당연시했던 삶의 전제들을 의심할 정도로 큰 정신적 충격이나 사건을 겪은 후에 나타난다. 정말 다행인 점은 이 에너지가 긍정적인 일을 겪을 때도 나올 수 있다는 사실이다. 하이라이트 릴이 목표하는 바도 이것이다.

하이라이트 릴은 긍정적이고 변혁적인 사건이다. 우리를 짓누르는 억압을 딛고 나아가게 해주며, 우리 자신과 삶에 관한 이야기들을 처음부터 다시 쓰도록 해준다. 다음 장에서는 이 이야기들을 살펴보고 잠재력을 끄집어내는 서사로 발전시키는 방법을 다룰 것이다.

CHAPTER 3

나는 무엇이
될 수 있는가

"이야기의 물레는 끝도 없이 돌아간다. 하지만 대부분
우리가 물레를 돌리는 것이 아니다. 이야기가 우리의 물레를 돌린다."

_대니얼 데닛

가장 최근에 산 옷이나 장신구를 떠올려보자. 바삭한 느낌의 흰 셔
츠였는가? 밝은색 양말이었는가? 군화 느낌의 운동화였는가? 어떤 물
건을 샀든 자신에 관한 어떤 느낌이나 메시지를 전달해줄 물건을 골랐
을 것이다. 인간은 자의식을 타고난 존재이기 때문이다. 트위드 재킷이
건 찢어진 청바지건 그 선택에는 다른 사람들이 알아주었으면 하는 자
신의 모습이 담겨 있다.

인간과 동물이 가장 다른 점도 이런 면인지 모른다. 여기서 말하는
것은 찢어진 청바지를 사는 행위가 아니라 고차원적인 자의식이다. 지

난 5만 년 동안 인류는 자신이 이 세상에 얼마나 잘 적응했는지에 관한 이야기를 만들어낼 정도로 유연하게 진화했다.[1] 인간은 올바르게 살아가는 방식, 존재 이유, 인류의 기원 등에 관한 이야기를 만든다. 그중에서도 가장 중요한 이야기는 자신에 관한 이야기다. 무엇이 나를 나답게 하는가, 무엇이 당신을 당신답게 하는가에 관한 이야기가 가장 중요하다.

이 책의 주된 목표 중 하나는 당신의 자아가 어째서 하나의 이야기에 불과한지 가르쳐주는 것이다. 이상하게 들릴지 모른다. 대부분 자신이 '실제'라고 생각하며 '어떤 이야기'가 아니라 객관적이고 확립된, 대처해야 할 실체적 존재라고 생각한다. 하지만 이 장에서 소개하는 관점은 완전히 다르다. 이 과학적 관점은 오히려 자기 자신을 하나의 이야기로 보라고 한다. 이 사실을 이해하면 자신의 이야기를 얼마든지 수정하고 바꿀 수도 있다. 궁극적으로 하이라이트 릴이 중요한 것도 이 때문이다. 하이라이트 릴은 특별한 버전의 나를 보여주고 나 자신을 바라보는 방식을 바꿔준다.

하이라이트 릴을 통해 우리는 태어나면서부터 고정된 존재가 아니라 역동적으로 변화하는 존재임을 깨닫는다. 그 사실을 인식하는 순간 자신도 변할 수 있는 존재로 본다. 물론 태어난 지역이나 시간, 나이 등은 고정된 것이기에 바꿀 수 없다. 하지만 나 자신은 얼마든지 바꿀 수 있다. 우리의 삶은 유전자처럼 태어날 때부터 고정된 것이 아니다. 인생은 만드는 대로 만들어지는 이야기다.

여섯 살 난 아이를 생각해보라. 하는 일이라고는 오직 세상을 배우고 경험하는 것뿐이다. 어리다 보니 배우면서 실수도 한다. 어린아이들은 뭐든 직접 해보려고 하고, 물건을 망가뜨리거나 부수고, 종종 잘못도 저지른다. 부모로서는 성가실 때도 많지만 그런 시도들 자체가 아이들이 자라는 방식이다.

만일 실수를 저지를 때마다 부모가 지적하며 멍청하다고 말한다면 아이는 어떻게 될까? 아이가 새로운 시도를 할 때마다 "정말 한심하구나!"라든지 "넌 왜 맨날 이렇게 집을 어지럽혀!"라고 윽박지른다면? 에일린은 바로 그런 환경에서 자랐다. 그녀는 어린 시절 내내 매사에 화를 내는 어머니 밑에서 부정적인 피드백을 받으며 자랐다.

당연한 말이지만 에일린이 여느 아이들보다 부족해서 그런 게 아니었다. 세상의 모든 아이가 그렇듯 장점이 많았으나 아직 어리기에 한창 세상을 배우는 중이었을 뿐이다. 하지만 어머니로부터 매번 부정적인 피드백을 받은 어린 에일린의 마음속에는 어떤 이야기가 자리 잡았을까? 그녀는 자신이 늘 실패하고, 일을 망치고, 쓸모없는 존재라고 생각했다. 시간이 흐르면서 자신에 관한 부정적인 이야기를 내면화했고 그 이야기는 점점 커졌다.

에일린은 어머니와의 관계를 이렇게 설명했다. "어머니는 끊임없이 지적하며 야단을 쳤어요. 저는 한없이 움츠러드는 기분이었죠. 어머니를 기쁘게 해드리려고 두 배로 더 노력했어요. 그러다 서른 즈음에서야 깨달았어요. 어머니가 했던 말 중 그저 평범한 말은 한마디도 없었다는 사실을 말이에요."[2]

여기서 가장 큰 문제는 진실이 아닌 이야기도 진실이 될 수 있다는 점이다. 에일린의 마음속에 자리 잡은 이야기는 걷잡을 수 없이 부정적으로 변했고 그녀가 세상을 바라보고 이해하는 관점에도 영향을 미쳤다. 주어진 상황에 대한 반응과 결정도 바꿔놓았다. 예컨대 어떤 일에 실패하면 그녀는 인내하거나 극복하려고 노력하기보다는 이런 생각이 먼저 들었다. '내가 뭐 그렇지. 나처럼 멍청하고 뭐 하나 제대로 하는 게 없는 쓸모없는 인간이 뭘 하겠어.'

새로운 활동이나 뭔가를 배우고 도전하려는 마음이 점점 줄어들었다. 사람들을 만나면 늘 위축되었고 그러다 보니 사람들도 그녀에게 그다지 호의적이지 않았다. 연애를 해도 늘 그녀를 함부로 대하는 사람을 만났다. 그녀는 자신이 그런 대접을 받아 마땅하다고 생각했고 그런 대접이 익숙했기 때문이다.

나에 대한 어떤 이야기를 갖고 있느냐에 따라 행동도 달라진다. 이야기가 바뀌면 삶이 바뀐다.

⋮ 가능한 자아

가령 오래된 친구와 주말에 베를린으로 여행을 가는 나 그리고 가족들과 저녁 식사를 하는 나는 같은 사람이지만 다르게 보일 수 있다. 같은 군인이라도 집에 있을 때와 전투에 투입되었을 때는 완전히 다르다. 우리는 변하지 않는 단 하나의 얼굴만 있는 게 아니라 무수히 많은 얼굴이 있다.

최근 과학 연구는 자아를 다면적 개념으로 본다. 자아를 구성하는 여러 요소가 있으며 이 요소들은 상황과 의도에 따라 활성화된다.[3] 여러 자아 중 하나가 활성화되어 행동을 지시하면 다른 자아들은 조용히 따르는 것이다.

그렇다면 당신은 누구인가? 내면의 다양한 자아와 정체성을 파악하는 짧은 실험을 하나 해보자. 빈 종이를 준비하거나 컴퓨터에서 새 문서를 열자. 공책도 괜찮다. 거기에 '나는 누구인가'라는 질문을 적고 머릿속에 떠오르는 대답들을 적어보자. 여러 관계에 얽힌 내 위치를 적어도 좋다. '나는 아버지, 남편, 교수, 친구다'와 같이 적는 것이다.

나는 누구인가?[4]	나는 누가 될 수 있는가?

당신이 앞으로 되고 싶고 본받고 싶은 사람이 있는가? 마라톤을 하는 사람, 세계를 여행하는 사람, 자신감에 가득 차 눈부시게 빛나는 사람, 높은 지위에 오른 사람, 늘 바라던 일을 하고 있거나 그 분야에서 큰 성취를 이룬 사람을 볼 때면 우리는 이렇게 생각한다. '나도 저렇게

될 수 있다면.' 그러고는 미래에 가능한 자기 모습을 그리며 삶을 조각한다. 그렇게 그린 미래에 맞춰 행동하고 선택한다. 찢어진 청바지를 사는 것은 그런 옷을 입는 내가 되고 싶기 때문이다.

자기 자신에 대해 알고 있는 정보는 현재 자신의 모습보다 훨씬 더 크고 넓다. 거기에는 과거와 현재 그리고 미래의 내 모습이 포함되어 있기 때문이다. 미래의 나에게는 되고 싶은 모습과 되기 싫은 모습이 모두 있다. 아마도 대부분은 성공한 나, 창의적인 나, 부유한 나, 사랑받는 나의 모습을 그리며 그렇게 되길 원할 것이다. 그리고 외로운 나, 아픈 나, 실직한 나는 되고 싶지 않을 것이다.[5]

앞서 쓴 질문 옆에 두 번째 질문 '나는 누가 될 수 있는가?'를 적고 가능한 나의 모습을 생각해보자. 간절히 되고 싶은 나는 어떤 모습인가? 조심하지 않으면 자칫 그렇게 될 수 있는, 하지만 정말 그렇게는 되기 싫은 나는 어떤 모습인가? 답을 적는다고 해서 이뤄지는 건 아니니 겁낼 필요는 없다. 오히려 두려운 나의 모습을 똑바로 바라보면 그런 미래를 피할 수 있다.

이 훈련들은 뇌에서 벌어지는 일을 보여주는 첫 단계일 뿐이다. 뒤에서 살펴보겠지만 뇌에서 자신에 관한 생각을 저장하고 그 생각에 접근하는 방식에 따라 상황별 행동 방식과 대응이 달라진다.

'나는 누구인가?' 그리고 '나는 누가 될 수 있는가?'의 대답을 모두 썼다면 사진을 찍어두거나 파일로 저장해 하이라이트 릴 폴더에 넣자. 이는 훈련을 하는 내내 내가 어디에서 왔고 어떤 사람이 되려고 노력하는지 계속 떠올리게 해줄 것이다.

⋮ 사람은 자기가 생각한 대로 된다

나의 이야기를 어떻게 편집하느냐에 따라 행동이 달라지고 그 행동에 따라 세상에 미치는 영향력이 달라진다.[6] 다음에 소개할 연구는 디트로이트 지역의 고등학생들을 대상으로 한 것으로, 개인의 이야기를 편집하는 방법을 보여준다.

미국에서 제때 졸업을 하는 사람의 비율은 75퍼센트다. 하지만 아프리카계 미국인이 제 나이에 졸업하는 경우는 50퍼센트 정도이며 라틴아메리카계 미국인은 53퍼센트다. 그중에서도 디트로이트 지역은 제때 졸업을 하는 사람의 비율이 현저히 낮아서 약 40퍼센트를 조금 웃도는 수준이다.

미시간 대학교의 대프너 오이저먼Daphna Oyserman과 동료들은 디트로이트 지역의 낮은 졸업 비율이 학생들의 '가능한 나', 즉 미래에 되고 싶은 모습과 되고 싶지 않은 모습이 영향을 미쳤을지도 모른다고 생각했다. 그 이유는 다음과 같다.

오늘날 미국에서는 사회적 성취도가 낮은 저소득층의 소수민족 청소년들 이야기가 넘쳐난다.[7] 〈소시오로지컬 포럼Sociological Forum〉에 소개된 연구에 따르면 대다수 고등학생, 심지어 같은 라틴아메리카계 학생이나 아프리카계 학생들까지도 라틴아메리카계 학생들이 육체노동자가 될 가능성이 크다고 생각한다.[8] 그리고 아프리카계 학생들은 성적이 좋지 않을 것으로 생각한다. 대체로 저소득층에 속하는 아이들은 학업 성취도가 낮고 전문직이 아닌 어른들을 자주 접한다. 물론 육체노동은 가치 있는 일이지만 육체노동 혹은 실업만이 그들의 미래라고 생각하거나 불필요하게 꿈이 억압된 경우가 많다.

이 학생들은 무의식적으로 미래의 자신을 제한한다. 그리고 이렇게 편협하고 부정적인 모습은 뇌에 쉽게 자리 잡는다. 오이저먼의 말대로 이 학생들은 교사에게 학업에 도움이 되는 방법이나 습관을 묻고 도움을 요청해야 한다. 하지만 이들은 종종 그런 행동이 인종 정체성과 모순된다고 느끼며 선생님께 도움을 요청하는 일은 백인 아이들이나 하는 짓이라고 생각한다. 심지어 학업 성취도가 높은 학생들조차 미래에 가능한 자신의 모습이 인종 정체성과 모순된다고 생각하는 경향이 있다. 원래 자신은 성적이 낮은 부류 혹은 자퇴하는 부류에 어울린다고 생각하는 것이다.

오이저먼과 동료들은 이 문제를 연구하기 시작했다. 이들은 디트로이트 지역의 저소득층에 속하는 8학년(한국의 경우 중학교 2학년) 학생들의 학업 성취에 도움이 되는 교육 프로그램을 만들었다. 프로그램은 총 11회차로 구성되었고 각 회차는 조회 시간에 약 한 시간씩 진행되었다. 실험 대상 중 통제집단 학생들은 조회만 참석하게 했다.

이 프로그램의 구체적인 사례를 몇 가지 소개하자면, 일단 첫 시간에 학생들은 서로 대화를 나눈 뒤 다른 학생들에게 자신과 대화한 학생을 소개한다. 소개는 주로 우수한 성적으로 졸업할 수 있는 능력과 기술에 초점을 둔다. 예를 들면 이런 식이다. "이 친구는 마누엘이라고 해. 마누엘은 매우 계획적이고 매사에 긍정적이야."

두 번째 시간에는 학생들이 미래의 자기 모습을 닮은 어른의 사진을 골라 성공한 자신의 모습을 직접 설명했다. 세 번째, 네 번째 시간에는 미래의 자신이 되는 데 동기부여가 되는 롤모델과 보기만 해도 주눅 들고 기운 빠지는 사람들을 각각 묘사하게 했다. 다섯 번째부터 일곱 번째 시간에는 학업 중인 자기 모습을 표현했다. 표현 수단으로는 도화지나 스티커, 마커 등을 이용해 미술적으로 표현했다. 여덟 번째부터 열 번째 시간에는 사회적 문제, 학업 문제, 고등학교 졸업 과정에 초점을 두었다. 마지막 열한 번째 시간은 최종 검토였다.

학생들은 7주 동안 약 12시간가량을 할애해 저마다 자신의 이야기를 만들고 수정했다. 어떤 결과가 나왔을까? 학생들의 학업 자존감을 높여주는 프로그램이 정말 뭔가를 변화시킬 수 있었을까?

결론부터 말하자면, 실험 결과 이런 개입이 학생들의 '가능한 나'에 실질적 영향을 미쳤으며 그 영향력은 실험을 마치고 그다음 해까지 이어졌다. 반면 이 프로그램에 참여하지 않았던 통제집단 학생들은 아무런 변화가 없었다. 프로그램에 참여한 학생들은 그렇지 않은 학생들보다 결석 일수가 평균 이틀 적었으며 내신 성적이 뚜렷하게 향상되었고 시험 점수도 올랐다. 무엇보다 프로그램에 참여하지 않은 학생들보다 자퇴율이 두 배 적었다.

1장에서 언급한 '선순환'을 기억하는가? 오이저먼의 프로그램은 결과적으로 장기적인 선순환을 이뤄냈다. 이 프로그램에 참여한 학생들은 2년 후에도 학업 기량이 향상되었고 통제집단 학생들보다 일주일 중 과제에 투자하는 시간이 훨씬 많았다. 또한 상대적으로 수업 시간에 산만하게 굴거나 친구와 잡담하는 경우도 적었으며 교사에게 버릇없이 대하는 경우도 적었다. 학생들은 학업에 더욱 주도적이었고 예습과 복습도 더 많이 했으며 어려운 문제에 매달려 해결하려는 시도도 더 많았다. 시간이 지나면서 통제집단과 실험집단 학생들 사이의 '가능한 나'는 점점 더 크게 차이가 났다.

이 연구는 자신이 생각하는 자기 모습은 정확하지 않다는 사실을 보여준다. 학생들은 가능한 자신의 모습이 어떻게 만들어지고 개발되는지, 자신의 이야기를 어떻게 만드느냐에 따라 행동의 결과가 달라지는지를 보여주었다. 이런 학습 프로그램이 없었다면 학생들은 수업을 빼먹거나, 낮은 성적을 받거나, 자퇴하는 내용의 이야기로 이야기를 채웠을지 모른다. 하지만 프로그램 덕분에 학생들은 성공에 한층 더 가까워졌다.

⋮ 생각도 근육처럼 강화할 수 있다

코카콜라 하면 가장 먼저 어떤 이미지가 떠오르는가? 어떤 색이 떠오르는가? 코카콜라를 떠올릴 때 특별히 생각나는 날이나 기념일이 있는가? 아니면 그저 설탕 덩어리라는 생각만 드는가?

코카콜라는 그동안 소비자의 머릿속에 '빨간색', '크리스마스', '짜릿함' 같은 이미지를 심어주기 위해 광고에 엄청난 돈을 쏟아부었다. 물론 콜라는 빨간색이 아니다. 그리고 콜라와 연관된 휴가나 명절은 없다. 하지만 코카콜라 하면 우리 모두가 쉽게 떠올리는 개념들이 있다. 이런 개념들은 우리 마음의 최상단에 있어서 그 제품을 떠올릴 때마다 불쑥 튀어나온다. 별다른 노력을 들이지 않아도, 심지어 답을 고민하거나 왜 그런 답을 떠올렸는지 깊이 생각하지 않아도 곧장 특정 개념에 도달한다.

어떻게 이런 정신적 납치가 가능한 걸까? 대체 뇌에서 무슨 일이 벌어지고 있는 걸까? 인지과학자들은 이 현상을 '기억의 연관 모델 associative models of memory'로 설명한다.[9] 기억은 뇌의 마디nodes와 연결linkages 로 이뤄진다. 뇌의 마디에는 정보가 저장되며 이렇게 정보가 저장된 마디들은 신경 연결 고리로 이어지는데 이때 연결 강도는 사용 빈도에 따라 강해지거나 약해진다. 저장되어 있던 정보가 기억에서 되살아나면 ('코카콜라' 같은 정보가 저장된) 하나의 마디가 ('빨간색', '짜릿한' 같은 정보가 저장된) 다른 마디를 활성화한다. 이런 현상을 가리켜 과학자들은 '활성화 확산spreading activation'이라고 부른다. 이는 기억에서 특정 생각에 접근하는 방식이다.

그렇다면 어째서 특정 개념들은(코카콜라의 경우 빨간색이나 짜릿함 같은) 다른 개념들보다 더 빨리 떠오르는 걸까? 뇌가 근육과 비슷하기 때문이다. 이 말이 쉽게 와닿지 않는 이들이 많을 것이다. 오랫동안 인류는 뇌를 그런 방식으로 보지 않았다. 그리고 꽤 최근까지도 과학자들은 뇌의 연결 고리와 뉴런의 수가 유한하다고 생각했다. 성장을 다 마친 성인의 뇌는 변할 수 없다고 믿었다.

하지만 지난 30년 동안 기술 발전으로 신경과학은 큰 도약을 이뤘고 과학자들은 뇌도 근육처럼 늘렸다 줄이는 게 가능하다는 연구 결과를 내놓았다.[10] 매일 턱걸이를 하면 이두근이 크고 튼튼해져 턱걸이를 더 많이 할 수 있듯이, 뇌도 한 가지 개념(코카콜라)을 다른 개념(빨간색)과 계속 연관 지어 생각하다 보면 두 개념 사이의 연결 고리가 더욱 강해진다. 그래서 코카콜라를 떠올리면 자연스럽게 빨간색이 생각난다.

이제 콜라 이야기는 잠시 접어두자. 자신을 생각할 때 가장 먼저 떠오르는 형용사는 무엇인가? 가장 많이 다듬고 만들어온 나의 이야기는 무엇인가? 심리학자들은 이것을 '활성화된 자기개념working self-concept'이라고 부른다.

· 하이라이트 릴 훈련법 ·

활성화된 자기개념

10분 정도 시간을 내서 자신에 대해 생각해보자. 그리고 가장 먼저 떠오르는 단어를 적어보자. 아무 단어라도 좋으니 나를 가장 잘 묘사하는 단어, 나를 나답게 만드는 단어, 다른 사람이 생각하는 내 모습과 연관된 말들을 적어보자. 이 과정은 앞서 살펴본 '가능한 나' 훈련법과도 일부 겹친다. 일단 마음을 천천히 들여다보자.

다 적었으면 결과를 하이라이트 릴 폴더에 담는다. 어떤 정보는 뿌듯하고 설레기도 하며 오래도록 간직하고 싶지만 어떤 정보는 부끄러워서 하이라이트 릴에서 삭제하거나 수정하고 싶을지 모른다. 하지만 남들이 본 최고의 내 모습을 알고 나면 그 모습으로 변화하고 싶을 것이다.

: 상상을 현실로 만드는 '최고의 나' 시뮬레이션

이 책에서 소개하는 여러 훈련을 하다 보면 자신을 보는 방법에 관한 마인드맵이 생긴다. 가장 먼저, 가장 자연스럽게 드는 생각은 무엇인가? 자신을 떠올리며 가장 먼저 적었던 단어와 생각이 일치할 수도 있다. 여기서 대답은 매우 중요하다. 가장 먼저 떠오르는 이야기가 활성화된 자기개념이며 이는 행동 방식에 큰 영향을 미치기 때문이다. 자신에 관한 이야기는 세상에 미치는 영향력을 결정한다.

여기서 우리의 목표는 자신의 이야기를 수정해 최고의 모습을 가장 먼저 반영하는 것이다. 강점에 집중하면 단순히 기분이 좋아지는 데 그치지 않고 삶에 긍정적인 영향을 미치는 쪽으로 나아가게 된다.

자기계발 분야에서 인기 있는 개념인 '긍정적 시각화positive visualization'와 비슷한 점도 있다. 하지만 여기서 말하는 것은 어떤 신비로운 힘이 아니다. 더 나은 결과, 더 긍정적인 이야기를 마음속으로 그린다고 해서 갑자기 우주의 질서가 바뀌지는 않는다. 뭔가 바라는 것을 생각한다고 해서 온 우주가 그 소원에 힘을 보태준다는 말이 아니다.

여기서 말하고자 하는 바는 최고의 자기 모습 시뮬레이션이 진정한 자신의 모습을 활성화한다는 사실이다. 뛰어난 운동선수들이 최고의 자기 모습을 상상하듯, 머릿속에 그린 최고의 자기 모습을 실현하는 방법에 관한 이야기를 하고자 한다.

미래의 내 모습을 선명하게 그릴수록, 그 목적지에 도달하는 방법이 구체적일수록 원하는 결과에 더 가까이 다가갈 수 있다. 즉 구체적인 일화들, 능력을 입증하는 사례들, 평소 자주 했던 일들을 엮어 이야기를 만들면 뇌는 이것으로 자기개념을 활성화한다. 이렇게 자기개념이 활성화되면 미래에 그런 방식으로 행동할 가능성이 커진다. 앞서 오이저먼이 학생들을 대상으로 한 실험에서도 봤듯이 이는 기본적으로 실현 가능한 최고의 자기 모습을 구체화하는 방법이다.

이런 일이 가능한 것은 뇌의 작동 방식 때문이지만 또 다른 이유도 있다. 우리는 어떤 일을 적극적으로 생각하기 시작하면 그 일에 필요한 행동 계획을 세우고, 계획을 잘 세우면 실제 그 일이 벌어졌을 때 자신감을 얻는다. 가령 알코올 중독자라면 술의 유혹에 빠지기 쉬운 상황과 술에 잔뜩 취한 자신의 모습을 상상해보고 그 유혹을 피할 방법을 구체적으로 계획하는 것이다.[11] 이 방법을 마음속으로 반복해서 연습하면 실제 상황에서도 어느 정도 도움이 된다.

노스웨스턴 대학교의 경영학과 교수인 니콜 스티븐스Nicole Stephens 는 부모가 대학을 나오지 않은 가정의 1세대 학생들을 대상으로 실험을 했다(미국에서는 부모가 대학을 다니지 않은 가정의 학생들을 '1세대 first generation'라고 하는데, 가족 중에서 처음으로 대학 학위를 받는 세대라는 의미다—옮긴이). 실험에 따르면 부모가 대학을 나오지 않은 가정의 자녀는 대학에 진학할 확률이 낮고 학교 자퇴율은 높았다. 이는 타고난 지적 능력 때문이 아니라 스스로 설정한 이야기 때문이다. 1세대 학생들은 자신이 대학에 갈 가치가 없다고 생각하는 경우가 많으며 사회적으로 소외당하고 있다고 느낀다. 이 '가면 증후군'에 대해서는 8장에서 상세히 다룰 것이다.

스티븐스와 동료들은 1세대 학생들이 자신에 대해 다른 이야기를 만들도록 도왔다.[12] 연구팀은 1세대 학생들을 위한 전담 상담팀을 꾸렸는데 학생들의 교육 배경이 약점인 동시에 강점이 될 수 있다는 사실을 알려주기 위해서였다. 학생들은 상담과 토론을 통해 각기 다른 삶의 배경이 어떤 가치를 지니는지 배웠다. 그리고 자신이 다른 학생들보다 상담 교사에게 더 많이 의존해도 괜찮다는 것을 배웠다. 대학 1학년이 끝나갈 즈음 전체 1세대 학생들의 성적은 부모가 대졸인 학생들보다 낮았다. 하지만 다름을 토대로 건설적인 자기만의 이야기를 만든 학생들은 그런 학습 능력 차이를 보이지 않았다.

이야기는 마법이 아니다. 그 이야기를 현실로 만드는 것은 끊임없는 노력이다. 연구에 따르면 사회적 차이를 긍정적 이야기로 발전시킨 학생들은 교수들을 더 자주 찾아갔다. 친구들에게 도움을 구하는 경우도 더 많았다. 긍정적인 자기 이야기를 만든 1세대 학생들은 그렇지 않은 1세대 학생들과 비교했을 때 학과 성적도 좋았고 불안과 걱정 증상도 적었으며 학교생활 적응력도 더 뛰어났다.

바로 이것이 특별해지는 비결이다. 자신의 이야기를 바꾸고 습관을 바꾸고 삶을 바꿔라. 누구에게나 강점과 약점이 있으며 이 두 가지는 동전의 양면인 경우가 많다. 당신은 어느 쪽에 초점을 둘 것인가? 하이라이트 릴은 최고의 자기 모습을 기억하고 떠올리게 한다. 다시 말해 머릿속에서 자기개념과 최고의 행동 사이의 신경 연결을 강화함으로써 변화로 나아가게 한다.

⋮ 부정적 자기 대화에서 벗어나는 법

우리는 일상에서 자연스럽게 자기 대화(자신감을 북돋거나 특정 목표를 이루기 위한 자기조절self-regulation의 한 형태로, 자기 자신에게 어떤 내용의 말을 되뇌는 행위―옮긴이)를 하며 산다. 무수히 오가는 이 대화에서 자신에게 어떤 피드백을 주어야 하는지 고민해볼 필요가 있다.

앞서 언급했던 에일린의 어머니를 떠올려보자. 어머니는 딸이 잘못한 일에만 집착했고 그 결과 에일린은 부정적 자기 대화를 하게 되었다. '어차피 난 뭐든 잘하지 못하니 이 일도 잘하지 못할 거야.' 에일린은 이렇게 되뇌었고 이런 언어는 그녀의 행동에도 제약을 걸었다. 그녀는 대학에 진학하지 않았고 구직 활동도 하지 않았다.

부정적 자기 대화는 대개 안 좋은 성과로 이어지는 악순환을 낳는다. 하이라이트 릴이 효과적인 이유는 어떤 일을 가장 잘했을 때를 포착해서 건설적인 자기 이야기를 만들도록 도와주기 때문이다. 부정적 이야기를 자신이 가장 눈부시게 빛났던 이야기로 바꾼다면 자신감이 생겨 미래에 더 좋은 성과를 낼 수 있다.[13]

하이라이트 릴이 어떻게 이런 선순환으로 이어지는지 다른 사례를 살펴보자. 안토니아는 어릴 때부터 교육이 대단히 중요하다는 말을 들으며 자랐다. 안토니아가 여섯 살이었을 때 그녀의 아버지는 브라질 상파울루에 있는 동물병원에서 일했고 저녁에 퇴근하면 성인들을 위한 야간 고등학교에 다녔다. 안토니아는 당시를 이렇게 기억했다.

아버지는 학교를 마치고 집에 늦게 오셨고 늘 과제 공책을 끼고 사셨어요. 그런 아버지의 모습이 무척 좋았어요. 아버지가 과제를 하시는 동안 그 옆에 앉아 있곤 했죠. 그 과제 공책이 아직도 생생하게 기억나요. 오렌지색 바탕에 꿀벌이 벌집을 짓는 그림이 그려져 있었어요. 저는 아버지 옆에 앉아 있다가 과제를 같이 하기도 했어요. 물론 전혀 이해하지 못하는 내용이었지만 이유 모를 뿌듯함이 차오르곤 했죠. 그러면서 늘 생각했어요. 아버지 같은 사람이 되고 싶다고요.

열두 살이 된 안토니아는 나중에 미국에 있는 대학에 진학하고 싶었다. 하지만 그녀처럼 가난한 집 아이가 대학에 진학하는 경우는 흔치 않았다. 그녀의 집은 몹시 가난했고 부모 중 누구도 대학을 나오지 않았으며 언니도 대학에 진학하지 않았다. 하지만 안토니아는 이렇게 말했다. "아버지가 치른 희생을 생각하면 저는 반드시 성공해야 했어요. 제가 열두 살이 되던 해에 아버지는 동물병원 지배인이 되셨고 우린 함께 기뻐했어요. 그런 경험 덕분에 제가 이렇게 자랄 수 있었죠. 최선을 다해 노력하고 힘든 일을 해내고 나면 보상을 받게 되더라고요."

고등학교에 간 안토니아는 열심히 공부했고 대학에 합격했다. 대학을 졸업하고 컨설턴트가 되어 취직도 했다. "회사는 성과가 좋은 직원들을 후원했어요. 미국에 있는 대학에서 MBA를 받을 수 있게 해주었죠. 유학 가서 더 공부하고 싶다는 꿈을 이룰 수 있게 된 거예요." 몇 년 후 그녀는 회사의 후원을 받아 시카고 대학교에 입학했다.

그녀가 미국으로 떠날 때가 되자 가족들은 걱정스러워했다. "가족들은 제가 미국에 정착할까 봐 두려워했어요. 제가 가족들의 곁을 영영 떠날지도 모른다고 생각했던 거죠." 하지만 MBA 과정을 마친 안토니아는 상파울루로 돌아와 자신을 후원한 회사에 다시 들어갔다. 그리고 몇 년 후 국제적인 컨설팅 회사로 이직했고 시간이 흘러 경영 이사의 자리에까지 올랐다. 나와 인터뷰할 때 그녀는 경영 이사가 된 지 2년 차여서 새 업무에 적응하는 중이었다. 우리는 인터뷰에서 하이라이트 릴에 관해 이야기를 나눴다.

하이라이트 릴을 읽은 후 저는 매우 감정적이었어요. 수많은 질문이 떠올랐죠. 제게는 직장, 경력, 지금까지 이룬 모든 것이 무척 소중해요. 그런데 지난 2년 동안 목표 성취의 관점에서 보면 저는 지금까지와는 전혀 다른 일을 하고 있었어요. 스스로 묻고 또 물었죠. '내가 정말 이 자리에 있을 만한 사람인가? 이 자리에 앉을 만큼 유능하거나 전문적인 사람인가?'

살면서 쌓은 경력과 성취에도 불구하고 안토니아는 자신의 능력과 가치를 의심했다. 그리고 이런 부정적 자기 대화가 그녀를 잠식했다. 이런 악순환은 순식간에 이뤄진다. 안토니아는 하이라이트 릴을 통해 단점 대신 강점을 성찰함으로써 악순환의 고리를 끊을 수 있었다.

한동안은 정말로 절망적이었어요. 저에 대한 의심이 꼬리에 꼬리를 물었죠. '나는 누구지? 이제 어떻게 해야 하지?' 제 과거가 내동댕이쳐진 기분이었어요. 그러다 하이라이트 릴에서 제 이야기를 읽는데 감정이 북받치더군요. 어떤 분야에서 뭔가를 척척 잘 해내던 제 모습이 보였어요. 그런 제 모습을 타인의 글에서 읽으니 세상의 중심에 선 기분이 들었어요. 천군만마를 얻은 듯 든든했죠.

안토니아는 하이라이트 릴을 통해 그동안 극복해온 힘든 일들, 자신의 결단력과 인내심을 다시 성찰했고 덕분에 가장 필요한 순간에 잠재력을 끌어낼 수 있었다.

이처럼 하이라이트 릴이 효력을 발휘한 사례는 무수히 많다. 앞서 언급했던 론의 사례를 다시 살펴보자. 론은 하이라이트 릴에 담긴 이야기들이 어떻게 자기 대화에 영향을 미쳤는지, 어떻게 더 나은 삶을 살게 해주고 일상에서 강점을 활용하도록 도와주었는지 다음과 같이 말했다.

코치 선생님이나 학교 선생님들, 가족 등 제 주변 사람들은 저를 두고 부정적인 이야기들을 많이 했어요. 그래서 늘 의기소침했죠. 그들이 했던 말이 제 마음속 독백이 되었어요. 저처럼 자기 의심으로 괴로워하는 사람이 있다면 하이라이트 릴을 추천해주고 싶습니다. 다른 사람의 눈을 통해 최고의 내가 되는 방법을 알게 해주었으니까요.

내가 개인적으로 하이라이트 릴을 가르치고 연구하고 싶은 의욕이 생기는 것도 바로 이 때문이다. 긍정적 방식을 시도할 때, 즉 자신의 강점이 발휘할 수 있는 영향력을 제대로 이해할 때 사람이 얼마나 크게 고무되는지 수도 없이 목격했다. 부정적이고 패배적인 자기 대화를 긍정적인 감정과 이야기로 바꾸고, 하이라이트 릴을 통해 최고의 자기 모습을 활성화하는 법을 깨달은 사람들은 자신이 특별한 존재였던 적이 이미 아주 많았다는 사실을 알게 된다. 문제는 그런 순간을 얼마나 자주 경험하는가다.

2장에서 언급한 미트 트레이시를 기억하는가? 배우이자 공학도였던 미트는 하이라이트 릴 훈련을 마친 후 이렇게 소감을 말했다.

글을 읽으면서 기분이 고양되고 자신감이 생겼습니다. 제가 가장 열망하는 최고의 모습과 친구나 가족들이 생각하는 최고의 모습이 꽤 일치한다는 느낌을 받았죠. 긍정적 이야기들은 저의 강점과 능력을 믿을 용기를 주었어요.

하이라이트 릴은 자신의 강점이 실제로 긍정적 기여를 했던 순간을 구체적으로 기억하게 해준다. 그리고 이 이야기들은 자신에 대해 생각하는 방법과 자신과 대화하는 방법에 긍정적인 영향을 미쳐 더욱 특별한 자신이 되도록 동기를 부여한다.

어떤 이야기가 자신을 가장 활성화하는지 신중하게 성찰해야 한다. 우리의 행동은 그 이야기에 달려 있기 때문이다. 최고로 빛나는 자기 모습을 확인하고 그 모습에 가까이 다가가서 그 이야기를 마음의 맨 앞장에 새겨야 한다. 최고의 자기 모습을 활성화할 때 목표를 적극적으로 추구할 수 있으며 가장 빛나는 자기 모습대로 행동하게 된다.[14]

최고의 순간들을 떠올리고 기억하면 동기부여가 강렬하게 이뤄지지만 이 훈련의 궁극적인 목표는 단순한 자기계발이나 성취감이 아니다. 아직 기회가 있을 때 세상에 긍정적 기여를 하는 법, 소중한 이들과 깊은 관계를 맺고 유지하는 법을 배우는 것이 목표다. 이 말을 기억하라. '삶의 목적은 재능을 발견하고 그 재능으로 다른 이를 돕는 것이다.' 최고의 모습을 활성화한 당신은 더욱 빛날 것이다. 주어진 시간, 주어진 삶을 최대한 활용하고 있다는 충만함을 느낄 것이다.

CHAPTER 4

긍정적 트라우마를 일으켜라

"엄청난 역경을 겪지 않는 이상 사람이 근본적으로 변하기는 힘들다."

_수만트라 고샬

수만트라 고샬의 말은 습관의 무서움을 지적한다.[1] 살다 보면 틀에 박힌 태도를 고수하며 유연하게 생각하고 행동하지 못할 때가 있다. 왜 그런 행동을 하는지 기억조차 하지 못할 정도로 오래된 습관에 매여 있는 것이다. 이런 습관은 물가 바위에 깊이 파고든 구멍과도 같아서 다른 방향이나 새로운 습관으로 바꾸기가 매우 어렵다.

한 번이라도 고정된 패턴 속에 빠진 적이 있다면 거기서 벗어나기가 얼마나 힘든지 잘 알 것이다. 고샬은 이따금 트라우마가 삶에서 중요한 변화를 만들기도 한다고 말한다. 물론 트라우마는 모두가 알다시피 부정적인 사건에서 비롯되지만 긍정적인 사건에서 만들어지는 트라우마도 있다. 예를 들면 고등학교나 대학교를 졸업하거나 아기를 출산하는 일은 긍정적 트라우마에 해당한다.

이 장에서는 변화를 일으키는 것이 단지 부정적 트라우마만이 아니라는 사실을 살펴볼 것이다. 또한 하이라이트 릴을 어떻게 만들고 얼마나 몰입하느냐에 따라 긍정적 트라우마를 경험할 수도 있으며, 습관을 바꾸고 잠재력을 더 깊이 탐구하는 일이 왜 중요한지도 생각해볼 것이다.

⦚ 변화는 어디에서 오는가

토드 록우드의 이야기를 들어보자. 토드는 버몬트주 벌링턴에 사는 사진가이자 음악 프로듀서다. 1970년대 초반 토드의 친구가 그에게 리처드 브라우티건Richard Brautigan의 소설 《임신중절》을 선물했다. 책 안쪽에는 친구가 쓴 다음과 같은 문구가 있었다. '이 책이 자네의 인생을 바꿀 걸세.' 친구의 말이 옳았다.

이 소설은 어느 도서관이 배경이다. 도서관에는 사람들이 출판되지 않은 자신의 책을 들고 찾아온다. 들고 온 책은 되돌려 주지 않으며 도서관에 영원히 보관된다. 물론 현실 세계에는 이런 도서관이 존재하지 않는다. 그러나 토드는 이 도서관, 이 소설에 완전히 매료되었다. 15년 동안 매년 한 번씩은 이 소설을 읽었을 정도다. "이 책을 읽을 때마다 늘 이런 생각이 들었어요. '누군가 이런 도서관을 만들지 않을까?' 그 생각은 이렇게 흘러가죠. '난 언제쯤 이런 도서관을 만들까?'"[2]

토드는 언젠가 반드시 그런 도서관을 만들겠다고 생각했지만 지금의 일상에서 꿈을 실현하기는 쉽지 않다고 여겼다. 그러던 어느 날 토드의 여동생이 아이오와주 수시티에서 DC-10 비행기 사고로 사망했다. 토드는 당시를 이렇게 회상했다. "동생을 잃고 나니 제 삶을 되돌아보게 되더군요. 살면서 했던 일들을 돌이켜 보다가 문득 이런 생각이 들었어요. 과연 이 일이 지금 내가 할 수 있는 최선일까?"

이 책의 처음에 소개했던 레베카도 할머니가 돌아가신 뒤 같은 말을 했다. 레베카는 자신의 결점에만 집중하는 병원 교육 프로그램을 그만두고 잘할 수 있고 즐겁게 할 수 있는 연극에 몰두했다.

토드는 출판되지 않은 책들을 위한 도서관 건립에 곧장 착수했다. 소설 《임신중절》에 나온 바로 그 도서관이었다. 그는 영화 〈꿈의 구장〉을 회상하며 이렇게 말했다. "영화를 절반 정도 보면서 분명해졌어요. 브라우티건의 도서관이 제 꿈의 구장이 되리라는 사실을요. 도서관을 만들면 사람들이 올 것 같았어요." 그는 그 도서관을 짓는 일이 마치 사명처럼 느껴졌다.

토드는 벌링턴의 마사지 테라피 연구소 옆 작은 건물에 도서관을 열었다. 이 도서관은 창작 욕구로 불타는 사람들을 위한 공간이었다. 그리고 그런 욕구를 가진 사람들은 정말로 있었다. 도서관을 개관하고 얼마 지나지 않아 사람들이 직접 쓴 글을 들고 도서관을 찾아왔기 때문이다. 그중에는 무명의 재봉사가 쓴 《어둠의 여왕, 팔》이라는 공상과

학소설도 있었고 책 표지와 내지가 모두 가죽으로 된 《가죽옷 그리고 인류의 역사》라는 책을 들고 온 이도 있었다.

《임신중절》의 저자 리처드 브라우티건은 도서관에 저서 《무스 Moose》를 비치했다. 또 《베이컨 데스 Bacon Death》라는 책도 가져왔는데 모양이 정말 베이컨 덩어리처럼 생긴 책이었다. 도서관에 책을 가장 많이 가져온 사람은 알버트 E. 헬츠너로 총 19권을 가져왔는데 가명을 세 개나 사용했다.

토드는 부나 명예를 얻으려고 도서관을 지은 게 아니었다. 그는 브라우티건의 소설을 읽고 15년 동안 이 도서관을 짓고 싶다는 생각을 끊임없이 했고 동생이 세상을 떠난 후 자신이 좋아하는 일과 미래의 삶을 생각하게 되었다. 그는 이렇게 말한다. "말이 되지 않는다는 것, 그게 이 도서관의 멋진 점이죠."

사람들도 그 도서관의 멋진 점을 알아봤다. 토드의 독창적인 도서관은 BBC 라디오와 〈뉴욕타임스〉, 〈월스트리트 저널〉 등에 소개되었고 이후 미국의 수백 개 언론사에서도 토드의 이야기를 다루었다. 시애틀에서 열리는 한 예술 축제에서는 토드에게 미니 도서관을 만들어 참가해달라고 부탁하기도 했다. 그의 이야기는 미국의 라디오 프로그램 〈디스 아메리칸 라이프〉에도 소개되었다.

토드의 이야기는 트라우마가 어떻게 특별함으로 바뀔 수 있는지를 보여준다. 그는 자신만의 독창적인 방식으로 세상에 기여하고 싶다는 생각을 15년 동안 끈덕지게 품어왔다. 그 도서관은 마치 그의 사명처럼 느껴졌다. 하지만 오랜 세월 주어진 대본대로 살았고 그저 평균치를 유지했다. 물론 썩 괜찮은 수준의 평균치였다. 생활 수준도 좋았고 괜찮은 직업도 있었다. 그러나 동생이 비행기 사고로 세상을 떠나면서 그는 죽음이 천천히 오는 것이 아니라 어느 날 불시에 닥칠 수도 있다는 사실을 깨달았다. 인생은 덧없다. 꿈을 추구하고 자신만의 독창적인 관점을 표현하고 세상에 뭔가 의미 있는 기여를 할 시간이 어쩌면 충분치 않을지도 모른다.

토드의 경우처럼 소중한 이의 죽음이나 심각한 질병 같은 부정적 사건이 이따금 긍정적 변화로 이어질 때가 있다. 언뜻 무슨 불가의 경구처럼 들리지만 누구나 경험할 수 있는 현상이다. 임상심리학과 성격 연구 분야에서는 이런 현상을 가리켜 '외상 후 성장post traumatic growth'이라고 부른다.[3]

웨이크포레스트 대학교의 심리학과 교수 에란다 자야윅크림Eranda Jayawickreme과 노팅엄 대학교의 로라 블래키Laura Blackie는 공동으로 집필한 저서에서 트라우마가 긍정적인 성격을 끌어낼 수 있다는 가정으로 시작한다. 두 사람은 연구 문헌을 검토해 58~83퍼센트의 사람들이 외상 후 성장을 겪었다는 사실을 발견했다.[4]

예를 들어 음주 운전자 때문에 아들을 잃은 비극을 겪은 아버지는 누구나 죽는다는 진리를 깊이 깨달을지 모른다. 또는 선물처럼 소중히 여겼어야 할 관계를 너무도 당연시하며 살았음을 알게 될지 모른다. 아들의 죽음으로 그는 인연을 더 귀하게 여기고, 만나는 이들에게 더 깊이 마음을 써주면서 충만함을 느낄 수도 있다.[5]

직관에 반하는 말처럼 들리지만, 살면서 겪는 커다란 충격은 더러 이런 방식으로 우리의 인생 경로를 바꾸기도 한다. 인생이 정말 짧다는 사실을 인정하게 되고, 이제까지의 삶을 바꾸고 잠재력을 온전히 발휘하려는 동기가 되는 것이다.

⁝ 나 자신으로 존재할 시간은 그리 길지 않다

살면서 경험한 충격 덕분에 더욱 성숙하고 충만한 삶을 추구하게 되는 경우는 꽤 많다. 그 힘든 시기를, 더러는 가혹하기까지 한 그 시기를 견딘 후 뒤돌아보면 그 역경의 날들이 자신을 단련시키기 위해 두드리고 또 두드렸던 모루처럼 느껴지기도 한다. 미국의 정치가 해밀턴 조던Hamilton Jordan은 회고록《나쁜 날은 없다No Such a Thing as a Bad Day》에서 암에 걸리고 자신이 어떻게 변화했는지를 회상했다.

처음 암을 발견했을 때는 지극히 사소한 즐거움도 모두 특별한 의미가 되었다. 아름답게 저무는 석양, 아이들과 나눈 따뜻한 포옹, 아내 도로시와 깔깔대며 웃던 순간 등. 그때 그 감정들은 시간이 지나도 사라지지 않는다. 암이 두 번째, 세 번째 재발하고 나니 이 단순한 기쁨들이 어디에나 무한히 있다는 걸 알게 되었다. 소중한 가족과 친구들이 있기에. 어느 하루도 당연하지 않았던 생이기에.

이 책 앞부분에서 언급했던 내 이야기를 다시 하려 한다. 나 역시 조던과 마찬가지로 암이라는 질병을 통해 깊이 성장했기 때문이다. 암 덕분에 나는 반려자 앨리슨과 함께 우리에게 주어진 시간이 얼마나 남았는지, 그 시간 동안 진정으로 하고 싶은 일이 무엇인지를 진지하게 성찰할 수 있었다.

암 진단을 받던 당시 앨리슨과 나는 노스캐롤라이나에 10년 이상 거주하고 있었다. 5년쯤 되었을 때부터 너무도 익숙해진 공간이었다. 미국 남부의 작은 대학가 마을에 살고 있다는 사실에 이따금 숨이 막힐 정도였다. 이곳이 나와 맞지 않는다는 생각을 몇 년 동안 했지만 굳이 모험을 감수하느니 그냥 머물기를 택했다. 그게 더 쉬운 선택이었기 때문이다.

하지만 내가 진정으로 원하는 것은 다른 도시에서 사는 것이었다. 스무 살 때 교환학생으로 이탈리아에 가면서 가족과 함께 토디 지역에서 살았던 적이 있었다. 앨리슨과 나는 새로운 문화가 주는 설렘을 무척 사랑했다. 그렇게 15년이 흘렀고 우리는 해마다 열흘씩 스페인, 네덜란드 등 낯선 도시로 여행을 가곤 했다. 다시 노스캐롤라이나로 돌아오면 에너지와 생명력이 질식당해 꺼지는 기분이었다. 현실로 돌아올 때마다 깊은 슬픔을 느꼈다. 영혼의 통증이 느껴졌고 그 통증은 몇 주 동안 지속되었다. 그러나 나는 항상 똑같이 반응했다. '그래, 이렇게 어른이 되어가는 거겠지.'

지루한 일상에 어떻게든 정을 붙이려고 갖은 애를 썼다. 물론 다른 곳으로 이사하고 싶다는 욕망을 인정한다고 해도 미국을 떠나는 건 현실적으로 힘들게 느껴졌다. 그냥 살던 곳에 머무는 것이 더 간단하고 효율적이라고 생각했다. 거주지를 옮기면 모든 것이 완전히 자리 잡기까지 바꿔야 할 사소한 것들이 너무 많았다. 지금 사는 곳은 아이들이 다니는 학교도 좋았고 집세도 적당했다. 자동차도 점검을 받아야 했고 각종 오일도 갈아야 했다. 뭐 다들 그렇지만. 수년간 내 삶과 나 자신에게서 아무 영감도 받지 못했다. 하지만 그런 생각은 마음 한구석에 묻어두었다. 나중에 인생을 다시 시작하면 된다고 생각했다.

일도 마찬가지였다. 효율성이라는 명분으로 나 자신을 로봇으로 만들었다. 수업 시간에는 늘 슬라이드 자료를 사용했는데 무려 10년 전에 만든 자료였다. 같은 말을 같은 방식으로 수도 없이 반복하다 보니 이따금 영혼이 내 몸을 빠져나가 천장에서 내 강의를 지켜보는 느낌마저 받았다. 같은 농담을 같은 장소에서 같은 시간에 했다. 가끔 동료 교수들이 새로운 농담과 일거리로 자극을 주려고도 했다. 아마 그들도 내가 멍한 상태라는 걸 알고 있었으리라. 어쩌면 그들 중 누군가는 나와 같은 경험을 했는지도 모른다.

다행스럽게도 강의 평가는 호의적이어서 수업 자료나 내용을 새롭게 만들 필요는 없었다. 늘 그래왔듯 같은 수업 자료로 1년 더 가르치는 것이 더 효율적이었다. 그 1년이 지나면 그다음 해에도 똑같이 하면 되었다.

무엇이든 가능하다는 생각, 누구나 해봤을 것이다. 많은 사람이 젊을 때는 인생과 직업을 계획하고 무엇이든 가능하다고 생각한다. 그러나 내게는 최대한 순응하며 주어진 길을 따라가는 삶만이 가능했다. 삶의 지루함은 어른이 되어가는 과정이라고 생각했다. 좋은 직업이 있고 돈도 많이 버니까 은퇴할 때까지 그 길을 따라 터벅터벅 걸어가면 된다고 생각했다.

언젠가 친구에게 내 목표는 이 작은 대학가 마을에 집 열 채를 사서 세를 주는 것이라고 말했다. 이미 집이 세 채가 있던 터라 은퇴하면 그런 삶을 살 수 있을 줄 알았다. 그런데 친구는 내 말을 듣다가 이렇게 말했다.

"댄, 뭔가 잘못 생각하는 것 같아. 서른다섯의 나이에 은퇴를 이야기하기는 좀 그렇지 않아?"

난 그 친구가 뭘 몰라서 그렇게 말한다고 생각했다. 아니, 그런 척했다. 그 말을 인정하기보다는 차라리 모른 척하는 편이 더 마음 편했기 때문이다.

앨리슨과의 관계도 비슷하게 흘러갔다. 우리는 대학 시절부터 줄곧 함께였다. 서로에게 좋은 짝이었지만 정작 우리는 몇 년 동안 중요한 문제들에 관해 소통하지 않고 지냈다. 우리 부부는 분명 문제가 있었다. 나는 오랫동안 모든 문제를 마음 한구석에 구겨 넣었다. 힘든 대화를 나눈다는 것은 정말 뭐랄까, 힘들었기 때문이다. 돌이켜 보면 괜히 솔직해졌다가 평지풍파를 일으킬까 봐 겁났던 것 같다. 그래서 이 문제 역시 오래된 부부에게 흔히 생기는 일이라 생각하기로 했다. 이 역시 어른이 되어가는 과정이라고 믿어버렸다.

요컨대 나는 내 삶에 굴복했다. 그리고 이 모든 것을 암이 단숨에 바꿔버렸다. 암은 삶의 유한성을 무시하던 나의 사고방식과 태도에 브레이크를 걸었다. 삶이 송두리째 흔들리면서 그동안 정해놓은 삶의 전제들이 대부분 틀렸다는 사실을 깨달았다. 5~6년 동안 안전하고 효율적으로 무덤까지 가는 것이 인생의 목표인 양 살았던 내 모습이 보였다. 그러던 어느 날, 그 믿음이 흔들렸고 그 믿음과 맞서 싸우는 내가 보였다.

주어진 시간이 얼마 남지 않았다는 사실을 인정하고 나로 존재할 시간이 영원하지 않다는 사실을 직시했다. 물론 영원이란 없음을 잘 알고 있었지만 정작 나 자신은 영원히 존재할 것처럼 살았다. 신념들이 뒤흔들리면서 그동안 몽유병 환자처럼 걸어온 나날들이 잘못되었음을 깨달았다. 비록 그동안 일군 생활과 습관들은 성공적이었고 돈벌이가 되었지만 그렇다고 해서 거기에 묶일 이유는 없었다.

암 트라우마는 은퇴할 때까지 그냥저냥 살아가는 방식이 그동안 내 삶에 가져온 불만의 해답은 아니라는 사실을 일깨워주었다. 현대 명상의 대부 존 카밧진 Jon Kabat-Zinn은 이렇게 말했다. "모든 점을 고려해볼 때 마음챙김에서 어려운 부분은 '지금이 전부다. 바로 지금이 내 삶이다. 그리고 나는 그것을 인정한다'고 깨닫는 것이다."[6]

트라우마는 우리의 기본적인 스키마 schema(기억 속에 저장된 지식 또는 지식의 추상적 구조—옮긴이)를 흐트러뜨리기 때문에 반드시 다시 수정해서 재건해야 한다. 트라우마를 겪은 사람들은 여러 가지 면에서 문제를 겪지만 긍정적 변화도 있을 수 있다. 트라우마를 통해 지혜와 통찰력, 공감 능력을 얻기도 한다.[7]

내 경우는 운이 좋아서 죽음의 시간이 조금 유예되었다. 어느 화창한 여름날 아침, 석 달간의 화학치료를 마친 나는 자전거를 타고 있었다. 화학요법으로 암 조직이 대부분 사라졌다. 주위를 둘러보는데 가슴에 기쁨의 물결이 넘실댔다. 그리고 갑자기 내 안에서 이런 말이 들렸다. '어쩌면 내가 해낼지도 몰라!' 희망이 부풀어 오르면서 눈물이 터져 나왔다. 그 순간 세상을 보는 근사한 시각을 얻었다. 그 시각을 통해 본 내 삶은 운 좋게 기회가 남아 있는 모험이었다. 그동안 살아왔던 고만고만하고 지루한 삶이 아니었다.

이 뜨거운 요동은 더 나은 삶을 살아갈 힘을 주었다. 앨리슨과 나는 관계를 개선하기 위해 전문 상담가를 찾았다. 우린 아주 길고 힘든 대화의 물꼬를 텄다. 수년 동안 의견 충돌을 피하려고 진심을 말하지 않은 채 지내다가 진심을 전하려면 용기가 필요하다. 죽음이 눈앞에 다가오고 나서야 앨리슨과 내가 관계를 전혀 개선하지 않고 보낸 세월이 보였다.

그뿐만이 아니었다. 집과 차, 멋진 가구, 좋은 직장 등 내가 소유하고 있다고 생각했던 것들이 거꾸로 나를 소유하고 있다는 생각이 들었다. 필요해서 소유했다고 생각했던 것들이 몇 년이 흐르자 어찌 된 일인지 문제를 해결해주는 게 아니라 오히려 문제가 되어 내가 가는 길을 가로막고 있었다.

앨리슨과 나는 우선순위를 다시 정했다. 자동차, 집, 아이들이 다니는 학교 등 우리 삶의 구석구석을 다시 검토했다. 이런 것들이 우리를 끌고 가는 것이 아니라 우리가 가는 길을 뒷받침하도록 만들기 위해서였다. 우리는 런던으로 이사 갔다. 처음 석 달 동안 지내다가 다시 1년, 이후 지금까지 계속 런던에 머물고 있다. 불가능하다고 생각했던 것들도 생각을 바꾸니 별것 아니었다. 타던 차를 팔고, 살 집을 구하고, 아직 시간이 있을 때 우리에게 가장 중요한 것을 추구하며 살면 되는 일이었다.

새로운 곳에서 새로운 문화를 경험한다는 건 엄청난 변화였다. 하지만 삶의 태도와 생활하는 방식이 이전과 똑같다면 이사도 아무 소용없다는 사실을 잘 알고 있었다. 그래서 직장에서의 습관들을 하나하나 바꾸기 시작했다.

먼저 새로운 주제를 연구하고 가르치기 시작했다. 오랫동안 관심은 있었지만 잘 해낼 수 있을지 확신이 서지 않아 망설였던 아이디어들을 꺼내 하나씩 실현해나갔다. 10년 동안 사용했던 프레젠테이션 자료를 치우고 대본에 없는 진짜 살아 있는 강의를 했다. 강의실에서 나누는 이야기들이 어디로 흐를지 몰라 조금 겁났지만 그 두려움은 내가 정말 강의를 하고 있다는 걸 의미했다. 그리고 다시 학생들을 가르친다는 사실에 무척 설렜다.

암 트라우마 덕분에 덤으로 주어진 삶을 사는 기분을 강렬하게 느꼈다. 마치 유령이 된 기분이었다. 이미 죽은 내가 우연히 두 번째 생을 누리게 되어 감사하며 사는 그런 기분 말이다. 화학요법을 마친 이후의 모든 날은 다 공짜였다. 코마 상태에 빠졌던 데이브도 이런 기분이었을 것이다. 설령 오늘 죽는다고 해도 나는 이미 덤으로 10년을 더 살았고 아이들이 멋지게 성장하는 과정을 지켜봤다. 지금 내가 누리는 시간과 경험은 모두 덤이다.

물론 당신에게도 덤으로 주어진 시간이 있다. 암이 생기기 전 내게

10년의 덤이 있었던 것처럼 말이다. 다만 그렇게 보이지 않았을 뿐이다. 삶이 유한하다는 사실을 무시한다면, 건강과 삶이 당연한 권리라고 생각한다면 주어진 시간을 선물로 보기 어렵다. 데이브가 그랬듯 나 역시 삶이 덧없음을 깨달았다. 때론 트라우마가 삶을 놀라운 방식으로 변화시키기도 한다는 사실 역시 알게 되었다.

· 하이라이트 릴 훈련법 ·

삶을 깨워라

15분 정도 시간을 내서 생각해보자. 만일 내 삶에 덤으로 시간이 주어진다면 무엇을 바꾸고 싶은가? 다음은 이 과정을 시작하기 위한 몇 가지 질문이다.

- 시간과 관심을 들여 변화시키고 싶은 일은 무엇인가?
- 무엇에 설레는가? 무엇에 떨리고, 흥분되고, 살아 있음을 느끼는가?
- 실망스러운 삶의 방식이 있는가? 있다면 무엇인가?
- 앞으로 살날이 6개월밖에 없다면 무엇을 가장 후회할 것 같은가?
- 막연한 가능성을 구체적인 가능성으로 바꾸는 것은 무엇인가?
- 삶의 우선순위에서 무엇을 재배치해야 하는가? 목표 또는 꿈을 추구하지 못하게 막는 것은 무엇인가?

위 질문에 대답을 모두 마쳤다면 정리해서 하이라이트 릴 폴더에 넣어두자. 어딘가에 갇힌 것 같을 때, 틀에 박힌 삶을 살고 있다고 느낄 때 위 질문들을 펼쳐놓고 차근차근 다시 대답해보자. 답을 생각하다 보면 삶에서 가장 중요한 것이 무엇인지, 주어진 시간에서 가장 감사한 것이 무엇인지 떠오른다.

⋮ 긍정적 트라우마 활용하기

이론의 여지는 있으나 외상 후 성장에 관한 가장 최근의 메타 분석 연구에서 심리학자 주디스 맹겔스도프Judith Mangelsdorf와 동료들은 연구들에 강한 부정적 편향이 존재한다고 보고했다. 분석에 따르면 외상 후 성장과 관련된 연구의 25퍼센트만이 긍정적 사건에 초점을 두고 있었다.[8] 여기서 이런 의문이 드는 사람도 있을 것이다. "잠깐, 트라우마가 긍정적일 수 있다고? 그런 일이 가능해?"

이런 의문이 드는 이유는 트라우마가 흔히 심각한 질병이나 죽음, 감정적 고통 등 부정적 사건과 연관되기 때문이다. 이따금 삶이 긍정적 트라우마를 줄 때도 있다는 사실은 잊어버릴 때가 많다. 가령 사랑에 빠지는 순간이 그렇다. 사랑에 빠지는 것이 얼마나 큰 트라우마인지 잘 기억나지 않는다면 꽤 오랫동안 사랑을 하지 않았을 가능성이 크다. 직장에서 파격적으로 승진을 하거나 아주 좋은 직장을 구했을 때 역시 긍정적 트라우마가 생길 수 있다. 이런 일들은 대단히 긍정적인 사건이지만 다른 한편으로는 삶에 크나큰 혼란을 주고 인생에서 큰 전환점이 될 때가 있다.

맹겔스도프는 사람들이 긍정적 트라우마를 겪을 때나 부정적 트라우마를 겪을 때 모두 성장한다고 말한다. 이런 성장은 더 높은 자존감, 깊은 인간관계, 더 깊은 삶의 의미, 영적 충만함 등으로 드러난다.[9] 프리드리히 니체는 "우리를 죽이지 못하는 것은 우리를 더욱 강하게 만들 뿐이다"라고 말했다. 하지만 때로는 우리를 행복하게 해주는 것이 우리를 더욱 강하게 만들기도 한다.

경험적 연구에 따르면 긍정적 트라우마도 부정적 트라우마와 마찬가지로 개인의 성장에 영향을 미친다. 일부 연구자들은 죽음이나 질병 등 부정적 사건이 삶에 미치는 영향이 훨씬 크다고 주장하지만[10] 맹겔스도프는 동료들과 함께 진행한 메타 분석 결과를 토대로 그런 주장에 반대한다. "부정적 사건이 긍정적 사건보다 강력한 영향을 미친다는 사실을 입증할 보편적 증거는 찾지 못했다."

여기서 하이라이트 릴의 힘을 다시 확인할 수 있다. 우리는 하이라이트 릴을 통해 자신이 타인의 삶에 어떤 긍정적인 영향을 미쳤는지 알 수 있다. 2장에서 본 데이브의 사례와 마찬가지로 하이라이트 릴은 외상 후 성장의 촉발점이 될 수 있으며 그 이야기들을 통해 긍정적 충격을 받을 수도 있다.[11]

신뢰하는 이들로부터 자신에 관한 좋은 이야기를 들으면 긍정적 트라우마가 생기기도 한다. 로라 모건 로버츠와 동료들은 이런 현상을 '칭찬 충격appreciation jolt'이라고 부른다. 강렬한 감정을 불러일으키는 놀라운 일을 겪으며 생기는 기분 좋은 감정이다. 로버츠의 연구에 따르면 사랑하는 이들의 이야기에서 최고의 내 모습을 확인할 때 자존감이 높아지고 긍정적 감정이 생긴다.[12] 누군가 귀한 시간을 들여 나에 대해 이토록 의미 있고 긍정적인 이야기를 써주었다는 사실에 고마운 마음과 겸손한 마음이 든다.

역경을 견딘 사람이 의미 있는 성장을 할 수 있다는 점은 의심할 여지가 없다. 하지만 미시간 대학교의 경영학과 교수이자 최고의 자기 모습 활성화 분야의 전문가인 그레천 스프라이처Gretchen Spreitzer에 따르면 우리는 위협적인 상황에서 무력해지고 융통성이 없어지지만 반대로 칭찬 충격 같은 긍정적 트라우마를 겪으면 개인적인 성장의 폭이 훨씬 커진다.

위협 경직threat rigidity 이론에 따르면 사람들은 위협이 닥치면 뭔가를 배우고 성장하기보다는 마음의 문을 닫고 과거에 학습했던 행동 패턴으로 후퇴한다.[13] 위협은 실패하거나 상처받을 가능성이 있지만 긍정적 충격은 그와 반대로 활력적인 뭔가를 얻고 성공할 가능성이 있다.

내가 인터뷰했던 사람 중에도 하이라이트 릴을 통해 긍정적 충격을 받은 사람들이 많았다. 너무도 멋진 이야기들이라 한 사람 한 사람 다 소개하고 싶지만 그중 몇 가지 사례만 소개하면 다음과 같다.

호세 루이스를 만난 것은 런던 경영대학원에서 2주간 진행하는 경영자 프로그램에서였다. 59세인 호세는 리젠트 파크로 달리기를 하러 나가기 직전에 하이라이트 릴을 읽게 되었다. 그는 매주 달리기를 하는데 그날은 좋은 이야기를 들어서인지 마치 어떤 계시를 받는 기분이었다고 했다. 달리는 도중에 문득 조금 전에 읽은 하이라이트 릴 글귀들이 하나하나 떠오르더니 갑자기 모든 사람이 슬로모션으로 느리게 움직이는 것처럼 느껴졌다. 그는 더 속력을 내서 빨리 달렸고 아무리 빨리 달려도 힘들지 않았다.

"제 인생에서 가장 기이한 경험이었어요. 집에 왔는데 이 경험을 어떻게 설명해야 할지 모르겠더군요. 일단 아내에게만 이 일을 이야기했어요. 다른 사람에게 말하면 제가 미쳤다고 생각할 테니까요."

호세도 나도 그의 뇌에서 어떤 화학작용이 일어났는지, 도파민과 세로토닌과 엔도르핀이 어떤 신비로운 조화를 부려 그런 경험을 하게 되었는지 모른다. 다만 달리며 하이라이트 릴의 글귀들을 떠올리던 호세는 갑자기 급격한 에너지의 변화를 느꼈고 마치 러너스 하이runner's high(달리기나 수영 등 장시간 운동한 사람이 느끼는 행복감으로 호르몬의 작용 때문에 생기는 도취감으로 알려져 있다—옮긴이) 같은 경험을 했다. 그리고 이 경험은 대단히 생생하고 강력했다.

이후 호세는 그간의 평범한 삶과 습관들에서 벗어나 크게 도약했으며 어떻게 하면 자신의 강점을 활용해 더 나은, 더 행복한 삶을 살 수 있을지 생각하게 되었다.

또 다른 사례로 48세 루이스의 경우를 살펴보자. 루이스는 시카고에 있는 컨설팅 회사의 파트너로 자신에게는 물론 다른 사람에게도 높은 수준의 업무 능력을 요구했다. 남성이 주류인 환경에서 여성이 파트너에 오르기는 쉽지 않았기에 그녀는 감정에 휘둘리지 않고 늘 냉철하게 행동했다. 하지만 하이라이트 릴을 읽은 후 한 번도 경험해보지 못한 강렬한 감정을 느꼈다.

행복 그 이상이었던 것 같아요. 행복이라는 말로는 부족해요. 감동적이었죠. 정말 크게 감동했어요. 그 감동은 낭만적으로까지 느껴졌죠. 그들이 제게 해준 말 중 몰랐던 내용은 없었어요. 이성적으로 생각해보면 다 아는 내용이었어요. 하지만 그들의 언어로 제가 얼마나 멋진 사람인지를 말해주었다는 사실이 무척 감동적이었어요.

루이스는 칭찬 충격으로 다양한 변화를 겪었는데 특히 실수를 저지른 사람들에게 예전과 달리 매우 관대해졌다. 전에는 회의에 조금 늦는 것 같은 사소한 실수조차 용납하지 않았다. 펄펄 뛰며 화를 냈고 대놓고 소리를 지르기도 했다. 하지만 지금은 필요한 피드백만 주고 실수에 지나치게 엄격해지지 않으려고 노력 중이다. 그녀는 긍정적인 것에 집중할 때 더 강력한 효과가 나타난다는 걸 알았다. 그래서 이제는 사람들의 실수와 부족한 점을 보기보다는 강점에 집중한다.

미시간 대학교에서 저널리즘을 공부하는 론도 마찬가지다. 앞서 언급했듯 론은 하이라이트 릴에 회의적이었지만 여자 친구의 설득으로 겨우 시작했다. 그는 이 하이라이트 릴로 겪은 긍정적 트라우마에 대해 이렇게 말했다.

제 이야기를 읽고 충격을 받았습니다. 저 자신에게 품었던 생각들이 송두리째 흔들렸죠. 그동안 제게 품었던 부정적 생각들을 반박하는 명확하고 구체적인 증거들이 이야기에 담겨 있었어요. 그 이야기들은 제게도 좋은 점이 있다는 사실을, 저도 가치 있는 일을 할 수 있다는 사실을 알려주었습니다.

수많은 인터뷰를 진행하면서 나는 론이 했던 이 말을 수도 없이 들었다. 나이와 국적을 불문하고 사람들은 긍정적 트라우마의 순기능을 체험했다. 인터뷰마다 '강력한', '놀라운', '경이로운', '믿기지 않는', '감동적인', '근사한' 같은 말들이 빠지지 않고 등장했다.

설령 긍정적 트라우마라 해도 하이라이트 릴을 읽으면서 마음이 편하지 않을 수도 있다. 엠마는 43세로 노스캐롤라이나주 샬럿에 있는 컨설팅 기업의 파트너다. 그녀는 사람들에게 받은 하이라이트 릴을 읽은 소감에 대해 이렇게 말했다. "저를 칭찬하는 말들을 읽으면서 형언할 수 없는 고마움과 사랑을 느꼈어요. 하지만 한편으로는 이런 생각이 들더군요. '잠깐만, 이건 못 들어주겠어. 너무 좋은 말이 많아서 어쩐지 좀 거북해.'"

내 반려자인 앨리슨도 처음 하이라이트 릴을 읽을 때는 이런 불편함을 느꼈다고 했다. 사실 앨리슨은 한두 편을 읽다 도저히 읽을 수 없어서 덮어버리고 몇 주 동안 보지 않았다. 그러다 다시 그 글들을 꺼냈을 때도 여전히 자기에 대한 칭찬을 읽는 걸 어색해했다. 심지어 뭔가 부도덕한 짓을 저지르는 기분마저 느꼈다고 했다. 우리는 이런 거북함을 '겸손'이라고 부른다.

곰곰이 생각해보면 엠마와 앨리슨이 최고의 자기 모습에 대한 글을 읽으며 보인 반응은 정말로 흥미롭다. 그런 반응은 다소 의외다. 흔히들 말하는 것처럼 '칭찬을 많이 들으면 거만해질 것'이라는 예측과 정반대다. 하지만 엠마와 앨리슨이 보여준 반응이 드문 경우는 아니다. 내가 진행하는 하이라이트 릴 프로그램에서도 거의 매번 이런 반응을 보이는 사람들을 만난다. 대부분이 차마 다음 글을 읽기가 민망해서 겁이 날 정도라고 말한다. 모든 내용이 자신에 대한 긍정적인 이야기임을 알고 있어도 말이다.

이는 칭찬 미루기와 똑같은 현상이다. 자신의 강점, 최고의 자기 모습을 말하거나 읽을 때 자연스럽게 불쾌감이 생기는 것이다. 이런 불쾌감 때문에 칭찬하기를 꺼리고 더 가까워지기를 망설인다.

앞서 데이브의 추도사에서도 봤지만, 사랑하는 사람들이 들려주는 이야기는 자신이 생각했던 자기 모습과는 전혀 다를 때가 많다. 언젠가 하이라이트 릴 프로그램을 진행하며 이런 말을 들은 적이 있다. "하이라이트 릴은 상상을 초월하게 강력해요. 그동안의 제 관점을 완전히 바꿔놓았고 과거에 묶여 있던 족쇄를 끊었어요." 물론 사람마다 하이라이트 릴을 다르게 받아들인다. 하지만 대다수가 하이라이트 릴을 읽은 후 자신이 타인에게 미칠 수 있는 영향력에 큰 충격을 받는다.

많은 사람이 최악의 비판을 평생 기억한다. 그러나 이런 부정적 전제 또는 부정적 자기 대화는 일상을 전쟁으로 만든다. 이 악순환의 굴레에서 벗어나지 못하거나 잠재력을 찾지 못한 채 억눌리고 틀에 박힌 삶을 살 수도 있다. 이때 하이라이트 릴은 칭찬이라는 충격으로 긍정적 선순환을 따르도록 돕고 진정한 변화로 나아가게 한다. 그러나 실제로 살면서 칭찬 폭격을 받은 사람들은 많지 않다. 우리는 대개 누군가 죽고 난 후에야 그런 말들을 하기 때문이다. 2단계에서는 이 부분을 살펴볼 것이다.

하이라이트 릴은 최선을 다하는 내 모습을 다른 이들은 어떻게 보는지 알게 해주며, 지금 가고 있는 그 길에 대해 중요한 질문들을 던진다. 자기만의 강점을 발견하고 이를 활용할 방법을 찾아야만 그토록 살고 싶었던 삶으로 가는 길이 열린다.

STEP 2

하이라이트 릴 프로젝트 :
내 안의 가능성을 깨워라

CHAPTER 5

모든 낯선 일에는
불편함이 숨어 있다

앞서 1단계에서는 긍정적인 방식의 과학적 근거와 그 방식이 오래된 습관을 변화시키는 과정을 살펴봤다. 그리고 자신에 관한 이야기를 바꾸면 삶이 어떻게 달라지는지도 목격했다. 자신의 부족한 점보다 강점에 집중하면 평범했던 모습을 뛰어넘어 최고의 자기 모습을 활성화할 수 있다는 사실도 확인했다.

이제 2단계에서는 본격적으로 하이라이트 릴을 긍정적 도구로 활용하는 방법을 알아볼 것이다. 이름하여 '하이라이트 릴 프로젝트'이다. 먼저 자신이 특별히 빛났던 순간의 기억들을 구체적으로 소환하는 것이 그 시작이다. 그다음에는 지인들에게 감사함을 표현하고 그들이 특별히 빛났던 순간을 적어 보낸다. 마지막으로 지인들에게 최고의 내 모습은 언제였는지, 어떤 모습이었는지 물어서 그 증거들을 하나하나 모은다.

하이라이트 릴은 자기 확신을 위한 강력한 도구다. 한 심리학 연구에서는 이런 자기 확신이 뇌의 잠재력에 접근할 수 있도록 해준다고 말한다. 자기 의심과 끝도 없는 부정적 자기 대화의 칭얼거림을 극복하도록 도와주는 것이다.[1]

매력적인 이야기가 아닐 수 없다. 최고의 내가 되는 길, 그것도 증거가 확실한 길이 있는데 누군들 그 길을 가보고 싶지 않을까? 미리 고백하자면 모두가 이 길에 쉽게 들어설 수 있는 것은 아니다. 대다수가 칭찬 미루기라고 하는 압박 때문에 하이라이트 릴 만들기를 어색해하고 불편해한다. 오랜 세월 이 일을 해오면서 나는 대다수가 강점을 드러낼 때 알레르기 반응을 보이는 이유가 자부심에 대한 문화적 이해 때문임을 확신하게 되었다. 이는 칭찬 미루기로 이어져 우리를 억압하기 때문에 우선 이런 힘에서 벗어날 방법을 찾아야 한다.

⋮ 자만에 관한 걱정

자만은 7대 죄악(기독교에서 규정하는 일곱 가지 죄는 교만, 질투, 분노, 나태, 탐욕, 폭식, 색욕이다—옮긴이) 중 하나다. 토마스 아퀴나스는 "지나친 자기애는 모든 죄의 근원이다"라고 말했다. 철학자들은 자만을 다른 죄의 문을 여는 관문으로 여겨 이를 비판한다. 이 논리에 따르면 자만은 모든 악의 근원이다.

현대 사회와 자만의 관계는 좀 더 복잡하다. 먼저 옥스퍼드 사전에서 'pride'를 찾아보면 첫 번째 정의가 '스스로 성취한 것에 대해 느끼는 깊은 기쁨 혹은 만족감'으로 되어 있다.[2] 아무리 봐도 그렇게 나쁜 의미로는 보이지 않는다(한국어는 자부심과 자만이 구분되어 있지만 영어의 pride에는 자부심과 자만의 뜻이 모두 있다 ─옮긴이).

두 번째 정의는 '집단 구성원에 의해 드러나는 자신감과 자아존중감'이다. 이 역시 나쁜 의미가 아니다. 아니, 내 눈에만 자신감과 자아존중감이라는 말이 좋게 보이는 건가? 세 번째 정의도 보자. '자기존엄성에 대한 의식.' 아무리 봐도 악의 근원 비슷한 의미도 찾을 수 없다. 오히려 나는 내 아이들이 자기존엄성에 대한 의식이 있었으면 하고 바라는 편이다. 세 번째 정의의 하위 목록을 보다 보면 비로소 '자기 자신 혹은 자신의 중요성에 대해 과도하게 높게 여김'이라는 풀이를 찾을 수 있다. 드디어 찾았다! 바로 이 부분이 옛 학자들과 구약 성서가 자부심에 반기를 든 원천이다.

예부터 자부심은 자아도취, 자만, 허영심, 자기중심적 사고와 맥락을 함께했다. 이런 식의 교만한 자부심은 공동체와 잘 맞지 않는데 인간은 공동체에 고도로 최적화된 동물이다. 우리 선조들은 진화를 거듭하며 인간이 홀로 살아남기 어렵다는 사실을 터득했다. 다른 동물과 비교하면 인간은 신체적으로 그다지 유리하지 않다. 공격력을 높이는 크고 날카로운 이빨이나 발톱도 없으며 방어를 위한 단단한 껍질이 있는 것도 아니다. 고릴라나 유인원처럼 강하지도 않다. 1만 년 전에는 종족에서 추방당하면 곧 죽음을 의미했다.

인간이 공동체를 통해 생존한 역사는 매우 길다. 그리고 공동체는 구성원의 협력이 필수적이다. 교만한 마음은 흔히 다른 사람들보다 자신이 낫다고 생각하거나 집단에 도움을 베풀기엔 자신이 너무 뛰어나다고 생각하는 것이다. 이런 태도가 공동체에 말썽이나 갈등을 일으키는 경우가 더러 있다. 자신이 남들보다 훨씬 뛰어나다고 믿으면 자기계발을 하거나 더 좋은 성과를 내려는 의욕이 없고 쉽게 현실에 안주할 수 있다. 이런 사람들은 대체로 뭐든 배우려하지 않으며 자기중심적이다. 아무리 봐도 집단에 유익하거나 구성원 모두에게 큰 도움이 될 사람으로 보기는 힘들다. 최악의 경우 협력이 중심이 되는 공동체의 근간을 무너뜨릴 수도 있다.

그래서 시대를 막론하고 사회마다 자만심을 처벌하기 위한 강력한 규범을 만들어왔다. 부모는 우쭐대는 자녀를 훈육해야 한다고 생각한다.[3] 집단과 팀은 교만하고 뽐내는 구성원을 비판, 조롱, 배척 등을 통해 처벌한다.[4] 종교는 교만함을 질타하고 벌하는 역할을 한다. 예를 들면 교만이라는 죄를 저지른 사람들은 지옥에서 영원히 멈추지 않는 수레바퀴에 매달리는 벌을 받아야 한다(그리스 신화에 등장하는 익시온은 제우스의 아내 헤라에게 반해 제우스의 분노를 샀고 지옥에 떨어져 영원히 멈추지 않는 수레바퀴에 매달리게 되었다—옮긴이)고 말한다.

그리스 신화는 신 앞에서 교만하면 내동댕이쳐질 것이라고 경고한다. 자만했던 이카로스가 태양에 너무 가까이 올라가 날개가 타버린 것처럼 말이다. 자만했던 이카로스는 죽었고 이카로스의 아버지 다이달로스는 자식을 잃었다.

이 모든 내용을 종합해보면 옛 사회는 우리에게 한 가지 메시지를 끊임없이 전달하고 있다. 바로 '겸손하라'다. 스스로 뛰어나다고 주장하는 이들은 비웃음거리가 된다. 강점보다는 약점에 시선을 돌려야 한다.

이렇게 오래전부터 인간은 자부심보다 겸손함을 택해왔고 지금도 그런 문화를 맹목적으로 받아들이고 있다. 미시간 대학교의 경제학도이자 배우인 미트 트레이시를 기억하는가? 미트는 자신의 강점을 인정할 때 느끼는 죄책감을 떨치기가 얼마나 어려운지 하이라이트 릴을 읽으며 깨달았다고 말했다.

다른 사람이 생각하는 제 모습과 제가 생각하는 제 모습을 비교할 수 있다는 건 정말 굉장한 기회예요. 처음에는 저의 긍정적 모습에 집중하기가 매우 어려웠어요. 우리 사회는 자부심을 부끄럽게 만들어 이를 더욱 어렵게 만들죠.

이 사회는 오랜 세월 자만을 경계하고 불안해했고 그 결과 칭찬 미루기 관습이 생겼다. 우리는 누군가 더 이상 자만할 수 없게 되었을 때, 즉 눈앞에서 보이지 않거나 죽었을 때 비로소 그의 좋았던 점을 마음 편히 칭찬한다. 이 책에서 제시하는 방법이 어색하고 불편한 것도 바로 이런 이유 때문이다. 어떤 이들은 심지어 이 과정이 우습거나 비난을 받아야 한다고도 생각한다.

긍정적 측면에만 집중하면 자만과 독선에 빠지지 않을까 우려하는 사람이 많다. 나는 서울, 시드니, 뉴저지 등지를 다니며 많은 사람을 인터뷰했는데 그중 절반 이상이 강점을 강조하는 것에 거부감을 드러냈다. 그러나 이런 우려는 하이라이트 릴을 만나면 갈 곳을 잃는다. 하이라이트 릴을 읽으면 자신의 강점에 영감을 받고 에너지를 얻으며 다른 이에게 더 많은 것을 베풀게 되기 때문이다.

리의 이야기를 들어보자. 리는 한국 서울의 작은 집에서 자랐다. 그에게는 형과 누나가 있는데 남매들은 아버지를 거의 보지 못하고 자랐다. 38세의 젊은 나이에 CEO가 된 아버지는 늘 밤늦게 퇴근했고 아이들이 모두 잠든 후에야 집에 들어오곤 했기 때문이다. 리의 부모님은 리에게 자랑스럽다는 말을 한 번도 한 적이 없었다. 그런 말을 일상적으로 하는 분위기가 아니다.

28년 후 리는 싱가포르에 있는 보스턴 컨설팅 그룹의 파트너로 일하게 되었다. 남동아시아에 금융기관을 만드는 것이 그의 주요 업무였다. 그러면서 내가 운영하는 기업 임원 교육 프로그램을 통해 하이라이트 릴을 접했다. 처음에 그는 하이라이트 릴이 자신의 신념과 정반대라고 말했다. 아버지와 선생님, 직장 동료 등에게 비판적 피드백을 받는 데는 익숙했지만 오직 긍정적 피드백만 받아본 적은 한 번도 없었다. 그가 아내에게 최고의 자기 모습에 관한 기억을 글로 써달라고 부탁하자 아내는 큰 소리로 웃었다고 한다. "도대체 무슨 말을 쓰라는 건지 모르겠네. 안 좋은 점을 쓰라고 하면 밤을 새워서라도 쓰겠는데 좋은 점을 쓰라니, 정말 너무 어려워."

　동료들에게는 이런 부탁이 더더욱 어려웠다. 학교나 직장에서 흔히 오가는 대화가 아니었기 때문이다. "우리는 늘 '무엇이 문제인가?'를 찾는 데만 골몰했어요. 나쁜 점은 아주 잘 찾았죠." 가족들 사이에서도 서로의 좋은 점을 언급하는 것에 대한 막연한 거부감이 있었다. "보통 '아들아, 네 이러이러한 점이 무척 자랑스럽구나'라고 말하지는 않죠. 그렇게 말하면 마치 농담처럼 들려요."

　리는 칭찬 미루기의 억압을 강하게 느꼈지만 가까스로 극복하고 아내를 포함해 12명에게 각각 추억과 이야기가 적힌 글을 받았다. 아내는 다시 공부하고 싶다고 말했을 때, 새로운 일을 하고 싶다고 말했을 때 리가 모든 일을 제쳐두고 그녀의 바람을 최우선 순위로 두었던 이야기를 적어주었다. 아내는 그때마다 자신이 소중한 존재로 대접받는 기분이었다고 했다. '내가 원하는 것을 최우선 순위로 두고 진심으로 그 일들에 신경 써주었어.'

　하이라이트 릴은 리에게 강렬한 경험을 선물했다. "생각했던 것보다 훨씬 더 충격적이고 놀라운 경험이었어요." 그는 하이라이트 릴 덕분에 다른 사람과의 유대감도 훨씬 돈독하게 다질 수 있었다. 이제는 일을 할 때 팀원들끼리 서로 긍정적으로 기여한 부분을 이야기하는 시간을 주기적으로 갖고 있다. 최고의 모습을 서로 이야기해주었을 때 훨씬 더 좋은 성과를 냈기 때문이다. 리는 다음과 같이 말했다.

　그동안 우리는 사람들을 다루는 법에 대해 완전히 잘못 알고 있었어요. 이미 존재하는 근육을 활용해 많은 에너지를 절약할 수 있죠. 강점에는 생각보다 더 강력한 힘이 있는 것 같아요. 세상은 이런 방식으로 훨씬 더 나아질 수 있어요.

리만 이런 경험을 한 것은 아니다. 수많은 사람이 지인들에게 받은 긍정적 확언을 온전히 받아들이고 인정하기 위해 자부심에 대해 다시 생각해야 했다. 이들은 자만은커녕 직장에서나 개인적인 인간관계에서 더욱 도움이 되는 사람이 되어야겠다고 생각했고 공동체와의 유대감도 훨씬 더 깊어졌다.

한국뿐 아니라 다른 지역에서도 하이라이트 릴에 대한 거부감은 쉽게 볼 수 있다. 뉴저지주 채텀에 사는 46세 브라이언과 인터뷰를 할 때도 마찬가지였다. 브라이언은 가족과 통화하거나 오래된 친구와 수다를 떨다 보면 한 시간 정도는 금방 지나기 일쑤였다. 그런데 이렇게 평범한 일상을 나누는 이들에게 막상 최고의 자기 모습에 관해 말해달라고 하려니 거대한 장벽에 가로막힌 기분이었다고 했다. 상대에게 시간을 내달라고 하는 것도 불편했지만 미국 문화에서도 칭찬해달라고 부탁하는 일은 정말 드물기 때문이다.

그러나 다른 이들이 써준 하이라이트 릴을 읽고 난 후 브라이언은 이렇게 말했다. "세상에는 사랑이 정말 풍부하더군요. 긍정적 감정과 존중도 넘치고요. 세상 모든 이가 더 큰 사랑과 존중을 원해요. 그런데 그걸 요구하는 사람은 아무도 없어요. 참 이상한 일이죠."

칭찬 미루기의 억압에 대해 한 번도 생각해본 적이 없다면 브라이언의 불편한 감정이 어디에 뿌리를 두고 있는지 이해하기 어려울 수도 있다. 다른 사람에게 시간을 내달라고 부탁하기가 미안한 것만은 아니다. 최고의 자기 모습에 관심을 가져달라는 것, 이것이 불편함의 근원이다. 이 문제에 맞서지 않는 한 불편함은 계속 우리를 억누를 것이다. 그리고 서로를 가장 잘 이해할 수 있는 통로는 여전히 막힌 채로일 것이다.

⋮ 지나친 겸손을 경계하라

앞서 언급한, 시카고의 컨설팅 회사 파트너로 일하고 있는 루이스는 긍정적 피드백에 관한 편견이 학교에서 시작된다는 사실을 알게 되었다. 그녀의 말에 따르면 학교 시스템은 "잘하는 일이 아니라 못하는 일에만 극단적으로 치중"한다.

루이스는 사람들이 얼마나 많은 시간 동안 실수를 찾아내 자신을 깎아내리는지 언급하면서, 학교에서 몸에 밴 습관과 사고방식이 직장으로 이어진다고 말했다. 직장 생활을 할 때도 많은 사람이 자신과 다른 이들의 결점을 찾느라 급급해한다. 잘하는 일에 한 번도 관심을 가져본 적이 없기 때문이다.

루이스는 하이라이트 릴을 통해 큰 자극을 받았으며 그 덕분에 리더로서 더 효율적으로 일할 수 있었다. 예를 들면 그녀는 남들 앞에서 발언하기를 몹시 어려워했는데 직업상 많은 사람 앞에서 말을 할 일이 많았다. 하지만 하이라이트 릴을 써준 가족과 친구, 동료들은 그녀가 소통에 뛰어난 사람이라고 입을 모아 칭찬했다. 루이스는 그들의 글을 읽고 발표에 자부심을 품게 되었고 점점 더 사람들 앞에서 말하는 것을 편하게 느끼고 잘하게 되었다. 그리고 이제는 발표를 일이 아닌 소통으로 생각하게 되었다. "다들 입을 모아 칭찬해주니 큰 힘이 되었어요. 그 힘이 지금까지도 발표할 때 큰 도움을 주고 있어요. 제가 하는 일에 대한 자신감도 훨씬 더 커졌고요."

건강한 자부심이 있는 사람은 재능과 강점을 자신감 있고 우아하게 활용한다. 주어진 재능을 허비하지 않는다.

수많은 인터뷰와 오랜 연구를 통해 나는 자신의 능력과 강점에 자부심을 지닌 사람들이 무슨 일이든 더 열심히 하고 창의적으로 하며, 실수를 적게 한다는 사실을 알게 되었다. 심리학 교수이자 긍정심리학 분야의 선두자인 바버라 프레드릭슨은 자부심은 문제가 아니라 해결책이라고 말했다. 프레드릭슨이 정의하는 자부심이란 자신이 타인과 세상에 긍정적 영향을 미친다고 생각할 때 느끼는 감정이다.[5] 또한 어떤 일을 잘 해냈을 때 자신에게 주는 달콤한 에너지다.

이런 관점에서 자부심을 바라보면 하이라이트 릴이 단지 교만하고 오만한 방식이 아니라는 것을 알 수 있다. 오히려 자부심은 더 큰 성취를 상상하고 추구하게 해준다는 점에서 동기부여의 원동력이다. 내가 이 연구를 통해 거듭 확인했지만 자부심이 자기계발의 상승 곡선에 도움이 되는 것도 이런 이유 때문이다.

지나친 겸손은 강점을 낭비하게 만든다. 종교학 교수이자 펜실베이니아 대학교의 아프리카학 교수인 마이클 에릭 다이슨 Michael Eric Dyson 은 이렇게 말한다. "잘못된 겸손 때문에 훌륭해질 수 있는데도 그렇지 않은 척한다면 그 역시 죄다. 자기 안에 깃든 위대함을 발휘하며 살기를 거부했기 때문이다." [6]

이제 하이라이트 릴에 필요한 자신의 이야기를 생각하고 쓰는 훈련을 해볼 것이다. 지금까지 해본 적 없는 훈련이기에 어쩌면 낯설게 느껴질 수도 있다. 그러나 잊지 말기 바란다. 사회적 관습은 우리에게 이런 낯섦을 '겸손'이라고 가르쳐왔다.

최고의 자기 모습을 거부하면 대가가 따른다. 연구에 따르면 최고의 자기 모습 이야기가 잘 떠오르지 않을 때, 우리의 의식은 이야기가 떠오르지 않는 것은 그 이야기가 진실이 아니기 때문이라고 판단한다. 즉 거짓의 증거로 해석한다. [7]

이런 현상을 초인지meta cognition(인지심리학 용어로 자신이 무엇을 알고 모르는지, 즉 지식이나 사고 과정에 대한 인지 혹은 인지와 사고 과정에 대한 조절과 관련된 개념—옮긴이)라고 한다. 우리가 자신의 사고 패턴을 인식해 이야기를 만들기 어려운 쪽으로 흐름을 이끌고 가는 것이다. 만일 최고의 자기 모습을 회상하고 그런 모습에 관해 글을 쓰기 어렵다면 그것은 뇌가 최고의 자기 모습에 관한 기억이 사실이 아니라고 훼방을 놓고 있는 건지도 모른다.

이런 불편함은 정상이다. 그리고 이 책을 읽으며 삭제할 부분도 바로 그 불편함이다. 자신에 관한 긍정적인 이야기를 더 많이 꺼낼수록 그 이야기와 자신의 연결 고리가 더욱 강해지고, 그렇게 될 때 그 이야기들이 마음 깊숙이 자리 잡기 시작하면서 비로소 진실이라고 받아들인다. 이것이 긍정적 자기 확신이다.

이제 앞으로 소개할 단계들을 차근차근 밟아나가면 된다. 다만 새로운 습관을 자연스럽게 느끼려면 시간이 조금 걸린다는 사실을 잊지 말자. 살다 보면 모든 일이 처음에는 어려워 보여도 익숙해지면 쉽게 느껴진다. 걸음마나 글쓰기도 처음엔 서툴고 어렵다. 행동을 바꾸는 훈련을 할 때는 그 어색함과 불편함에 익숙해져야 한다. 불편함에 편해지지 않으면 삶을 변화시킬 수 없기 때문이다.

⋮ 건강한 자신감을 갖기 위해서는

만일 옷가게를 운영한다면 쇼윈도에 어떤 옷을 걸어두겠는가? 작년에 팔리지 않아 재고로 남은 옷을 걸어둘 것인가, 아니면 최신 유행에 어울리는 옷, 가장 좋은 옷을 걸어둘 것인가? 이제 시작할 훈련은 저마다 지닌 특별한 강점을 찾도록 도와주고 그 강점을 가장 잘 보이는 곳에 진열해줄 것이다. 이제 마음의 맨 앞 가장 좋은 자리에 최고의 자기 모습을 걸어둘 때다.

노스웨스턴 대학교의 심리학과 교수 댄 매캐덤스Dan McAdams는 사람들이 각자 자신의 이야기를 파악하는 '인생 이야기 접근 방식'을 개발했다. 그는 저마다의 삶의 경험 이야기들이 자신을 규정하는 기본 골격이라고 말한다. 즉 살면서 겪은 어떤 일에 관해 쓸 때 우리는 단순히 그 사건에 대한 글을 쓰는 것이 아니라 자신이 어떤 사람인지를 투영해 쓴다. 그래서 경험을 글로 쓰는 과정은 자아를 구축하는 과정이라 할 수 있다.[8] 삶의 경험을 글로 쓰면서 말 그대로 '나'의 전문 작가가 되는 것이다.

지금 당장 시작해보자. 하던 일을 멈추고 20분 정도 시간을 내서 브레인스토밍해보자. 인생에서 자신이 가장 빛났던 순간으로 돌아가 마음이 흘러가는 대로 가만히 지켜보자.

누군가에게 혹은 사회에 도움을 주기 위해 자신의 개성, 성격, 기술, 관심사 등을 활용했다고 생각되는 순간을 대여섯 개 정도 기억에서 찾아보자. 집, 휴가, 직장, 친구, 가족, 인간관계 등 되도록 삶의 다양한 분야를 구석구석 살펴보라. 마땅히 해야 할 일을 하고 있다고 느꼈던 때를 떠올리는 것도 도움이 된다. 아니면 너무 정신없이 푹 빠진 나머지 시간이 가는 줄 몰랐던 일도 좋다. 가장 빛났던 순간은 최근 몇 년 동안에 있었던 일에서 생각날 수도 있고, 아주 오래전 일에서 생각날 수도 있다.

브레인스토밍 과정에서 떠오르는 생각들을 간단히 적어보자. 아직 이야기 전체를 기록하는 단계는 아니므로 한꺼번에 모든 이야기를 적으려 하지 말자. 우선 후보에 올릴 만한 이야기들의 목록만 정리한다는 생각으로 기록해보라.

후보를 대여섯 개 정도 골랐으면 그중 세 개의 사례를 골라보자. 그리고 각 사례에 약 15~20분 정도를 할애해 그 일에 관해 자세히 적어보자.

명심하라. 이 과정에서는 지금까지와는 다른 방식으로 접근해야 한다. 앞에서는 자기 확신과 최고의 자기 모습 활성화에 담긴 힘을 보여주는 과학적 연구를 살펴봤다. 하지만 이 훈련을 하려면 '나는 사랑스러워'라든가 '나는 똑똑해' 같은 일반적인 전제들을 멀리해야 한다. 심장이 두근거렸던 상황을 떠올리고 거기서 가장 핵심적이고 구체적인 요소들을 적어야 한다.[9]

연구에 따르면 이런 일들을 단순히 생각하는 것만으로는 충분하지 않다.[10] 뇌를 자극하고 자기 것으로 만들려면 글로 써야 한다. 지금 당신이 이 책을 읽기만 하고 훈련 과정은 건너뛴다면 이는 턱걸이 운동에 관한 글을 읽기만 한 것과 똑같다. 읽기만으로는 이두근이 튼튼해지지 않는다. 다음은 기억에 관해 글을 쓸 때 도움이 될 만한 몇 가지 조언이다.

단순한 사실의 나열이 아닌 하나의 이야기를 만들어라

기억을 쓸 때는 발단, 전개, (절정), 결말의 구성을 갖춘 하나의 이야기로 써야 한다. 우리의 뇌는 이야기를 만드는 데 최적화되어 있다.[11] 우리가 단순히 나열된 사실보다 이야기를 훨씬 더 잘 기억하는 것도 이런 이유 때문이다. 연구에 따르면 최고의 자기 모습에 대한 글쓰기는 삶의 가치관과 우선순위를 명확히 해주어 자신에 대해 일관된 이야기를 만들게 해준다.[12]

마음속으로 그 순간을 생생하게 재현하라

글을 쓰면서 구체적인 세부 정보들을 샅샅이 찾아야 한다. 기억을 재생하면서 사소하고 작은 요소나 굵직한 요소 모두 글로 쓴다. 워털루 대학교의 조앤 우드 Joanne Wood 와 연구팀은 진부한 자기계발 격언, 예를 들면 '나는 자신감이 있고 담대하다' 같은 말을 반복하면 자존감이 낮은 사람들은 더욱 자존감이 떨어진다는 연구 결과를 보여준다.[13] 이는 자존감이 낮은 사람들이 자신의 행동이나 감정과 일치하지 않는 말을 반복하면 오히려 역효과가 난다는 뜻이다.

사람들은 단순히 칭찬받기만을 원하지 않는다. 칭찬을 받을 만한 삶을 살고 싶어 한다. 자기 확신이 없을 때, 칭찬이 자신의 행동이나 특정 사건과 일치하지 않을 때 오히려 역효과가 난다. 글을 쓸 때 최대한 상세하게 구체적으로 써야 하는 것도 이 때문이다. 명백하고 생생한 증거가 있는 강점이 도움이 된다.

기억 속 상황에서 다음 질문들에 대답해보라

당신은 어디에, 누구와 함께 있었는가? 무엇을 하고 있었는가? 어떤 행동을 하고 있었는가? 그 행동의 결과는 무엇이었는가? 누가 그 행동의 영향을 받았으며 어떻게 받았는가? 그 순간 어떤 기분이었는가? 그 감정을 다시 소환해보자. 그리고 그 감정을 글로 써보자.

위 과정을 모두 마쳤으면 하이라이트 릴 폴더에 담는다.

하이라이트 릴을 구체적이고 생생하게 만들수록 자기 자신과 최고의 행동, 당시의 좋은 감정들 사이를 잇는 정신적 연결 고리가 강해진다. 이 훈련은 최고의 자기 모습에 접근할 수 있도록 해주는 첫 번째 단계다. 3장에서도 언급했듯이 마음 맨 앞에 배치할 이야기는 생생하게 살아 있어야 한다. 자신에 관한 긍정적인 이야기들을 전면에 배치하면 미래에도 그렇게 행동할 가능성이 커진다.

또한 이 방식은 적당한 선에서 타협하지 않고 더 나은 결정을 내리도록 도와준다. 예를 들어 알코올 중독자가 최고의 자기 모습을 선명하게 기억할 수 있다면 술의 유혹이 찾아와도 보다 건강한 선택을 하려 할 것이다. 최고의 자기 모습을 구체적으로 적어본 저소득층 학생은 이전보다 수업에 더 잘 참여하고 공부도 더욱 열심히 할 것이다.

자, 이제 당신이 특별했던 순간을 자세하게 묘사한 이야기들을 세 편 이상 만들었다. 축하한다! 잘하고 있다. 우리 연구에 따르면 당신이 최선을 다해 만든 이 새로운 정체성은 감정을 더욱 단단하게 만들어 잠재력을 발휘해야 할 순간 당신이 무슨 일을 할 수 있는지 보여준다.[14] 힘든 하루를 보내거나 스트레스를 받아 자기 회의와 의구심이 들 때 그저 이 이야기에 집중하는 것만으로도 더 큰 힘과 회복력이 생긴다.

하지만 아직 최고의 자기 모습에 관한 이야기가 완성된 것은 아니다. 가장 가까운 사람들을 통해 나의 가장 가치 있는 모습을 발견하는 과정은 종종 생각지 못한 깨달음과 놀라움을 선사하곤 한다. 내가 다른 사람의 특별함을 때론 그들보다 더 잘 알듯, 다른 사람들 역시 나의 영향력을 더 잘 알고 있다. 또한 나에 관한 다른 사람의 언어는 강렬한 충격을 주기도 해서 잠자고 있던 잠재력을 일깨운다.

CHAPTER 6

하이라이트 릴
작업을 시작하라

요한 하리Johann Hari는 저서 《물어봐줘서 고마워요》를 통해 우울과 불안의 진짜 원인을 들여다보고 자신을 치유하는 방법을 이야기한다. "알고 보니 나 자신은 해결책이 아니다. 유일한 답은 그 너머에 있다." 하리는 오로지 자신의 내면만을 들여다볼 것이 아니라 타인에게 다가가야 삶이 나아진다고 말한다. 깊은 충만함과 행복을 느끼고 싶다면 다른 사람의 세계에 내가 어떤 보탬이 될지를 파악해야 한다. 나만의 독창적이고 귀중한 그 무엇으로 주변과 세상에 보탬이 되는 법을 깨달아야 한다는 의미다.

하이라이트 릴이 단순히 자기 이야기와 기억을 기록하는 수단에 그치지 않는 이유도 여기에 있다. 개인의 틀에서 벗어나 공동체로, 나아가 만들고 싶은 세상으로, 그 세상에 사는 이들에게로, 뭔가를 배우고 싶은 이들에게로 나아가야 한다. 다음은 이 장에서 배울 두 가지 중요한 훈련이다.

먼저 행하라

잘 아는 사람, 존경하고 고마운 사람을 선택하라. 그 사람의 특별한 강점에 얽힌 기억 한두 가지를 적되 나 또는 다른 사람에게 미친 긍정적 영향력과 강점을 적어보자. 그런 다음 그가 자신의 하이라이트 릴을 시작할 수 있도록 이 기억을 전하라. 그러면 이후 그들이 나에 관한 하이라이트 릴을 써줄 때 이 과정이 본보기가 될 것이다.

하이라이트 릴을 모아라

누군가에게 고마운 말을 전할 때 자신의 좋은 점에 관한 이야기도 듣고 싶다고 말하라. 최고의 내 모습에 관한 기억이 그들에게 있는가? 다양한 인간관계에서 다양한 이야기들을 모아라.

이게 전부다. 그렇게 어렵지 않다. 친구나 지인, 주변의 사람들이 당신에게 이런 이야기를 듣고 진심으로 고마워하는 모습을 보면 칭찬 미루기 같은 습관도 쉽게 버릴 수 있다. 당신이 해준 칭찬은 누군가의 마음을 움직이고, 그 마음은 다시 고마움이 되어 당신에게 되돌아온다.

그리고 더 탄탄한 인간관계의 문을 열어줄 것이다. 바로 이것이 하이라이트 릴의 핵심이다.

⋮ 누구에게 감사를 전할 것인가

고마움은 감정이다. 감사함은 머리가 아니라 마음으로 느끼는 감정이다. 도움을 받으면 감사한 마음이 절로 든다. 살면서 좋은 것들을 누리는 게 얼마나 큰 행운인지를 깨달을 때도 감사한 마음이 든다. 자신을 도와준 이들, 굳이 도와줄 이유가 없는데도 마음을 다해 도움을 준 이들에게도 깊은 고마움을 느낀다. 고마움이라는 감정은 우리에게 에너지를 주고 그 에너지는 다른 사람에게 도움을 베풀고 싶다는 마음을 싹틔운다.

왜 인간은 이런 감정을 갖는 걸까? 앞서 인간은 혼자서는 생존할 수 없도록 만들어진 존재라고 말했던 것을 기억하는가? 다른 동물들에 비해 인간은 그렇게 빠르지도, 강인하지도 않지만 열 살 된 자식을 살뜰히 보살펴주는 유일한 동물이다. 인간은 신체적으로는 나약하지만 한 종으로서는 월등히 강하다. 고도로 사회적인 동물로서 공동의 꿈을 함께 이뤄나가기 때문이다. 따라서 공동체 구성원의 결속력을 단단히 해주는 감사함이란 감정은 인간에게 대단히 유용한 감정이다. 감사는 서로 도와야 한다는 상호적 규범을 만들고 이 규범은 신뢰와 사회적 유대감을 형성한다.[1]

이것이 감사가 존재하는 첫 번째 이유다. 진화적으로 감사가 인류의 생존을 지속시켰기 때문이다. 이 감정을 지녔던 조상은 생존할 확률이 더 높았고 자손들에게 물려주었을 가능성도 더 컸다. 당신과 나는 고마워할 줄 아는 조상의 후손인 셈이다.

하지만 지난 20세기를 돌이켜 보면 이 감사의 기능이 빛이 많이 바랜 듯 보인다. 런던 경영대학원에 있는 셀린 케세비르Selin Kesebir의 연구팀은 일정 기간 사용된 특정 단어의 빈도를 연구하면서 구글이 디지털화한 약 520만 권의 책들을 살펴봤다.[2] 그 결과 누군가에게 감사하거나 다른 사람에게 복을 빌어줄 때 사용하는 단어들의 사용 빈도가 급격히 줄어들었다는 사실을 발견했다. 1900년 이후 '감사gratitude'라는 단어는 55퍼센트 감소했으며 '고마움thankfulness'이라는 단어는 84퍼센트나 감소했다.

동굴에 틀어박혀 홀로 사는 사람이 아니라면 이런 흐름에 또 다른 변화가 일고 있음을 알아차렸을 것이다. 긍정심리학 분야가 생겨나면서 감사 관련 연구도 전보다 훨씬 더 많이 이뤄지고 있다. 그리고 그 연구들이 보여주는 결과는 명확하다. 바로 감사한 일에 집중하면 삶이 더 나아진다는 것이다.[3]

감사하는 마음과 태도를 가지면 삶의 긍정적 경험을 음미하게 되고 뇌가 삶의 좋은 점들에 집중하게 된다. 좋은 것들을 그냥 가볍게 지나치는 것이 아니라 충분히 느끼고 생각하며 이를 누리게 된 행운에 감사해한다. 그리고 이런 감정은 시기심, 고통, 탐욕 같은 부정적 감정을 떨치도록 도와준다.

다행스럽게도 감사하는 태도와 마음가짐은 타고나는 것이 아니다. 다시 말해서 누군가는 운이 좋아 감사한 마음을 크게 느끼고, 누군가는 운이 나빠 시기심과 고통에 사로잡히는 것이 아니다. 누구든 감사할 수 있다. 누구든 집중하고 실천하면 이 감정에 불을 밝힐 수 있다. 누구든 이 감정을 권리이자 당연한 축복으로 누릴 수 있다. 긍정적인 태도는 이런 방식으로 우리 삶에 더 깊은 만족을 주며, 감사는 그 감정을 다른 사람과 주고받을 수 있는 공간을 열어준다.

심리학 교수인 로버트 에먼스Robert Emmons와 마이클 맥컬로Michael McCul-lough의 연구를 살펴보자. 두 사람은 연구를 진행하기 위해 주간 단위로 10주 동안 그리고 일간 단위로 2주 동안 감사 일기를 쓸 참가자들을 모았다. 그리고 다양한 통제집단을 두었다. 첫 번째 통제집단은 일상생활에 집중하게 했고, 두 번째 통제집단은 일상의 다툼이나 문제에 집중하게 했다. 세 번째 통제집단은 다른 사람과 자신을 비교하는 데 집중하게 했다.

연구 결과 감사 일기를 쓴 집단은 통제집단보다 긍정적 감정이 훨씬 높았다. 그뿐 아니라 신체적 건강이 더 좋아졌고 수면의 질이 높아졌으며 타인과 더 깊은 유대감을 느꼈다. 개인적 문제를 겪고 있는 다른 사람을 도와주고 공감하는 경우도 더 많았다. 흥미롭게도 감사를 표현한 사람들은 활력이 더 넘치고 운동에 더 많은 시간을 투자했다는 결과도 있었다.

자, 이제 감사를 표현하는 훈련을 시작해보자. 우선 주변 인간관계를 살펴보며 감사를 전할 사람들을 선택하라. 그리고 그 사람이 어떤 강점을 발휘해 도움을 주었는지 성찰하라. 그다음에는 그 기억을 당사자들에게 전한다. 굳이 그 사람을 직접 만날 필요는 없으며 이메일 또는 문자메시지로 전하면 된다.

굉장히 쉬워 보이지 않는가? 게다가 이 방식은 인간관계를 견고히 해주는 강력한 방법이라는 연구 결과도 있다. 망설일 이유가 없다.

텍사스 대학교의 아미트 쿠마르Amit Kumar와 시카고 대학교의 니컬러스 에플리Nicholas Epley는 이 문제에 관한 통찰력을 보여준다. 두 교수는 실험 참가자들에게 자신의 삶에 영향을 준 사람에게 감사의 편지를 쓰게 했다. 왜 고마운지, 그들이 어떤 일을 했는지, 그것이 참가자들의 삶에 어떤 영향을 미쳤는지를 자세하게 써야 했다.

편지를 발송한 뒤 쿠마르와 에플리는 편지를 보낸 이들에게 자신의 감정을 −5에서 +5까지 10단계 중 한 단계로 말하게 했다. 마이너스는 일반 감정보다 부정적인 감정이고 플러스는 긍정적인 감정이다. 또한 이들은 이 훈련 과정이 얼마나 어색하고 당황스러웠는지 0~10 중 한 단계로 말하게 했다. 0은 전혀 어색하지 않은 감정이고 10은 극도로 어색한 감정이다.

그다음에는 편지를 받는 사람들의 기분이 어떨 것 같은지 예측해서 수치로 말해달라고 했다. 또한 편지를 받은 이들이 고마움의 구체적인 이유를 읽고 나서 얼마나 놀랄 것 같은지도 예측해달라고 했다.

마지막으로 쿠마르와 에플리는 편지 수신인들에게 그 편지를 받았을 때 실제로 어떤 기분이었는지 위의 숫자 스펙트럼 중 하나로 표현해달라고 했다.

어떤 결과가 나왔을까? 다들 예상했겠지만 실험 결과는 감사의 편지를 쓰는 행위가 긍정적 감정을 더욱 활성화한다는 과거의 연구를 재차 입증했다. 편지를 쓴 사람들은 편지를 쓰기 전보다 쓰고 난 후 긍정적 감정이 2단계 상승했다. 이 실험 결과와 같이 누군가에게 고마운 이유를 말하는 것이 왜 기분을 좋게 하는지를 보여주는 증거는 많이 있다. 무료로 누릴 수 있는 이 혜택을 더 자주 누리지 않는 것이 안타까울 뿐이다.

한편 이 연구는 칭찬 미루기 문제를 해결할 단서도 보여준다. 같은 연구를 다섯 차례 똑같이 실험한 결과 편지를 쓴 사람들은 수신인들이 느낄 긍정적 감정을 과소평가하는 경향이 있었다. 수신인들이 편지를 받을 때 어색해하는 정도도 두 배 정도 과대평가해서 예측했다. 그리고 수신인이 감사 편지를 받았다는 사실과 감사의 내용에 얼마나 놀랄지는 과소평가했다. 그러나 예측과 다르게 수신인들은 긍정적 감정을 훨씬 크게 느꼈다.

감사 편지를 쓸 때 흔히들 하는 오해가 있다. 사람들 대다수가 편지 쓰는 데 소질이 없다고 생각해서 몹시 걱정했다는 점을 주목하자. 그러나 편지를 받은 사람들은 보낸 사람이 편지를 대단히 잘 썼다고 생각했다. 점수로 표현하자면 9~10점 정도로 높은 점수였다.

이 연구는 고마움을 표현할 때 보이지 않는 힘이 얼마나 강력하게 우리를 억누르는지를 잘 보여준다. 안타깝게도 이 보이지 않는 힘은 우리가 더 나은 인간관계를 만들고 건강하고 행복한 삶으로 가는 중요한 길목을 차단한다.

20세의 티나는 한국에서 태어나 미국 중서부 지방에서 자랐다. 티나의 가족은 감정 표현을 자주 하는 편이 아니었다. 티나는 언니와 사이가 무척 좋았지만 서로의 관계가 얼마나 소중한지에 대해 구체적으로 대화한 적은 없었다. 부모님과는 이런 이야기를 더더욱 나누지 않았다. 하지만 하이라이트 릴을 진행한 후 티나는 이렇게 말했다. "글을 읽는 동안 무척 행복하고 감사했어요. 제 주변 사람들이 얼마나 멋진 사람들인지, 제가 그들의 친구, 딸, 동생, 여자 친구라는 사실이 얼마나 감사한 일인지 깨달았죠." 티나는 가족들과 훨씬 더 가까워졌고 감사한 마음을 이전보다 더욱 자주 표현하게 되었다.

이제 당신은 칭찬 미루기에 속아 넘어가지 않을 것이다. 수많은 연구 결과들로 무장했기 때문이다. 과학적 근거를 확인했으니 이제 소중한 이들에게 고마움을 표현하는 선물을 보내보자. 인간관계가 훨씬 더 돈독해질 것이다. 누군가의 좋은 점을 알아차리고 직접적으로 표현할 때 그와 더불어 당신 역시 더욱 특별한 사람이 될 것이다.

⋮ 인생의 중요한 15명에게 편지 쓰기

당신이 알고 있는 15명에게 감사의 편지를 써보자. 걱정할 필요 없다. 한꺼번에 15통의 편지를 써야 하는 것은 아니다. 2주 동안 천천히 나눠서 편지를 쓰면 긍정적 감정을 더욱 풍성하게 느낄 것이다. 하루에 한 명씩 집중하며 편지를 쓰는 방법도 좋다. 편지를 쓰는 시간은 각자 편한 시간을 고르면 된다. 일단 편지를 쓰기 시작하면 원래 쓰려고 했던 이야기보다 훨씬 더 많은 말들을 쓰고 싶어질지도 모른다.

어떤 사람은 편지 쓰기가 무척 즐거울 수도 있다. 또 어떤 사람은 유독 글을 쓰기가 힘들 수 있다. 그래도 괜찮다. 단지 다른 출발점에서 각자의 관계를 튼튼히 하는 것뿐이다.

그렇다면 누구에게 편지를 써야 할까? 인생에서 소중한 사람들을 생각해보자. 친구나 가족도 있을 것이고 멘토나 중요한 사람, 직장 동료도 있을 것이다. 반드시 자주 보는 사람일 필요는 없지만 되도록 나에 대해 다방면으로 잘 아는 사람이 좋다. 나중에 이들에게 나의 하이라이트 릴을 부탁해야 한다는 점을 기억하자.

이 목록에는 아직도 연락하며 지내는 고등학교 동창도 있을 수 있고 최근 1~2년 사이에 가까워진 친구도 있을 수 있다. 대학 시절 진로를 정할 때 중요한 역할을 한 교수나 대학 동기, 자주 연락하며 지내는 의사나 간호사 등 모두 목록에 넣을 수 있다. 나를 잘 아는 사람, 관계를 더 돈독히 하고 싶은 사람이면 누구든 목록에 넣을 수 있다. 감사의 말을 전하고 싶은 사람, 내 좋은 점을 말해줄 사람들의 목록을 만드는 것이 목표다.

처음에는 어색하기도 하고 좀 낯설게 느껴지기도 하지만 이 불편함을 잘 극복한다면 전에는 맛보지 못했던 기쁨을 느낄 수 있다. 이것은 오늘날 SNS 속 공허한 인간관계에 필요한 해독제이며 소중한 사람들과 더욱 깊은 유대 관계를 만들어준다.

이미 이 단계를 거친 사람들의 생각도 들어보자. 나는 하이라이트 릴을 만든 컨설팅 회사 직원들과 인터뷰를 하면서 이런 질문을 했다. "이 과정을 이제 막 시작하려는 사람들에게 해주고 싶은 조언이 있다면 무엇입니까?" 그러자 사회의 다양한 분야에서 다양한 위치에 있는 사람들을 선택하라는 답이 가장 많았다.

> "삶의 모든 분야에 있는 사람들, 한동안 연락하지 않던 사람들을 선택하라." (벤, 뮌헨)
> "최대한 많은 사람에게 물어보되 일단 친구, 가족, 동료, 직장 상사, 팀원들부터 시작하라." (루이스, 시카고)
> "최대한 목록을 풍성하게 만들어라." (잭, 영국)
> "시간을 들여 신중하게 선택하라. 다양한 분야, 다양한 관점에서 의견을 들려줄 사람들을 선택하라." (마티나, 마드리드)
> "폭넓은 범위의 사람들을 선택하라. 특히 나를 개인적으로 잘 아는 사람, 실제로 나를 오랫동안 봐온 사람들을 골라라." (나세르, 인도)

흥미롭게도 하이라이트 릴을 경험하기 전에는 칭찬 미루기 습관 때문에 대다수가 최소한의 사람들을 선택하고 싶어 했다. 어떤 경우에는 이 방법을 거부하기도 했다. 그렇지만 하이라이트 릴을 경험한 후에는 완전히 달라졌다. 마치 거울 나라의 앨리스가 거울을 들여다봤을 때처럼 모든 것이 달라진다. 하이라이트 릴을 읽은 사람들은 어째서 이 과정이 중요한지 이해하게 되고 곧 더 많은 사람에게 의견을 들으려 한다. 아마 이 과정을 시작하는 누구라도 똑같이 느낄 것이다.

자, 이제 목록을 작성해보자. 특별히 고마움을 전하고 싶은 사람은 누구인가? 누구의 세상을 밝혀주고 싶은가? 내 하이라이트 릴에 다양한 기억을 공유해줄 사람들은 누구인가? 내 칭찬을 읽은 후 가장 이야기를 나누고 싶은 사람은 누구인가?

⋮ 두려움을 멈추고 사람들에게 다가가라

사회적으로 관계를 맺은 사람들에게 먼저 편지를 써 하이라이트 릴 이야기를 보내는 방법은 다음과 같은 장점이 있다. 첫째, 자신에게 긍정적인 감정과 자부심을 더 많이 느낀다. 둘째, 다른 사람에게 고마운 감정이 생긴다. 셋째, 다른 이들이 나에 관한 글을 써주도록 용기를 줄 수 있다.

하지만 이 모든 장점에도 불구하고 대다수는 지금 당장 이 방법을 시작하지 않을 것이다. 한 걸음 더 나아가는 과정이 불안하고 두려워서 그럴 수도 있다. 목록에 누구를 넣을지 고민하다 고통과 아픔을 느낄 수도 있다. 그들이 내 하이라이트 릴에 어떤 이야기를 쓸지 불안한 생각이 들 수도 있다. 그러나 부디 이 모든 감정이 다 괜찮다는 사실을 잊지 않길 바란다.

이런 생각이 드는 이유는 바로 칭찬 미루기 때문이다. 지금 당장은 불안할 수 있다. 귓가에 이런 말들이 맴돌지도 모른다. '이런 이야기를 주고받다니, 너무 이상해. 너무 불안해. 너무 …해.' 아마 이 과정을 밟지 말아야 할 수백, 아니 수천 가지 이유가 떠오를지도 모른다. 하지만 정말 그 목소리에 귀를 기울여야 할까?

나는 컨설팅 회사 파트너들과 인터뷰하면서 이런 문제들에 관해 물었다. "가족이나 친구, 동료에게 내 최고의 모습을 써달라고 부탁해야 한다는 사실을 알았을 때 어떤 기분이 들었나요?" 그들의 대답을 통해 몇 가지 사실을 깨달았다. 첫째, 칭찬 미루기가 모든 사람에게 걸림돌이 되지는 않는다. 내가 인터뷰를 한 30명 중 여섯 명은 이런 질문이 아주 편하다고 대답했다. 그들은 이 과정이 흥미진진하고 궁금할 뿐이라고 했다.

하지만 대다수는 누군가에게 칭찬을 부탁하는 일이 크나큰 압박으로 느껴졌다. 물론 호기심도 있지만 대체로 불편하거나 불안한 경우가 많았다. 이런 부류의 사람들이 극복해야 할 정신적 장애물은 세 가지다. 첫째, 누군가에게 "내가 얼마나 멋진 사람인지 말해줘"라고 부탁하는 것에 대한 두려움이다. 둘째, 남들에게 민폐를 끼칠 것이라는 걱정이다. 셋째, 자신이 나약해 보이는 것에 대한 불안이다. 하지만 쿠마르와 에플리의 연구에서 봤듯이 이런 걱정들은 모두 오해다. 실제로 사람들은 서로 하이라이트 릴 이야기를 공유하고 싶어 했으며 공유를 통해 장점이 강화되고 약한 부분이 개선되는 걸 느꼈다.

영국에서 태어나 현재 미국 위스콘신주에 사는 클로에 이야기를 들어보자. 20세인 클로에는 대학교 수업 시간에 하이라이트 릴을 하게 되었다. 그녀는 내게 이렇게 말했다. "처음에는 조금 겁이 났어요. 불편하기도 했고요. 마치 '이봐, 내 어디가 좋은지 말해줘'라고 말하는 기분이었거든요. 하지만 한편으로는 좀 설레기도 했어요."

클로에는 칭찬을 부탁하는 일에 양가적 감정을 느꼈다. 한편으로는 궁금하고 설레면서도 다른 한편으로는 두려워했다. 1장에서 언급했듯이 이럴 때는 좋은 감정보다 나쁜 감정이 더 세다. 그래서 선뜻 시작하지 못하고 결국 칭찬 미루기가 승기를 잡는다.

나중에 클로에와 다시 인터뷰하면서 부탁을 받은 주변 사람들의 실제 반응은 어땠냐고 묻자 그녀는 이렇게 대답했다. "다들 이 과정을 무척 즐기는 것 같았어요. 몇몇 친구들은 정말 재미있다고 말하더군요. 저를 위해 이런 글을 쓰게 되어 무척 행복하다고도 했죠."

뒤에서 또 다른 복합적 감정과 이를 극복하는 방법에 대해 알아볼 것이다. 앞으로 나아가는 유일한 길은 의심을 거두고 불편한 감정을 통과하는 것뿐이다. 호기심이나 어색함 심지어는 불안과 두려움조차 지극히 정상적인 감정임을 잊지 말기 바란다. 또한 하이라이트 릴을 읽을 때 느끼는 생생한 즐거움 역시 자연스러운 감정이다. 이 과정을 겪은 사람의 거부감이나 두려움에 대한 경험담을 들으면 다들 공감할 것이다. 하지만 그럴 만한 가치가 있는 여정임을 잊지 말기 바란다.

⋮ 누군가와 마음을 나눈다는 것

올해 53세인 토론토 출신의 에바는 글로벌 건강 사업 분야의 컨설팅 기업 파트너다. 내가 에바를 처음 만난 것은 기업 임원을 대상으로 하는 프로그램에서였다. 당시 그녀는 하이라이트 릴 과정을 모두 마친 참가자였는데 프로그램이 진행되는 동안 뛰어난 통찰력과 세심함으로 사람들에게 다가갔다.

처음에는 에바 역시 사람들에게 하이라이트 릴을 부탁하기가 무척 부끄러웠다. 가족과 친구, 동료들이 원하지 않는데 억지로 자신에 관한 좋은 이야기를 써달라고 부담을 주는 것 같아 마음이 불편했다. 하지만 곧 이 훈련이 단순히 칭찬을 부탁하는 것 이상의 의미가 있다는 사실을 깨달았다. 이 훈련을 통해 자신의 잠재력을 인지하고 밖으로 끌어올릴 수 있다는 것을 알게 된 것이다.

하이라이트 릴을 하기 전 에바는 이런저런 걱정이 많았지만 과정을 마친 후에는 사람들이 즐거운 마음으로 긍정적 피드백을 주고 있다는 사실을 알게 되면서 무척 행복하고 즐거웠다.

알고 보니 사람들은 이 과정을 진심으로 즐거워했어요. 나에 관한 이야기들을 공개적으로 즐겁게 말해주었죠. 하지만 이런 과정이 촉매제가 되지 않았다면 아마 이런 말들을 주고받지 못했겠죠.

여기서 에바가 하이라이트 릴을 긍정적 기억을 공유하는 촉매제에 비유한 것은 대단히 중요한 통찰력이다. 하이라이트 릴은 평소 잠겨 있던 방의 문을 여는 열쇠가 되어 사람들은 마음을 열고 누군가에게 고마운 감정을 온전히 전한다. 열쇠가 없다면 이 마음의 문은 그 누군가의 생이 끝난 후에야 열릴 것이다.

에바의 이야기는 노스캐롤라이나주 샬럿에 사는 엠마의 사례와 비슷하다. 엠마는 젊은 시절 상당 기간을 컨설팅 회사 파트너 자리에 오르기 위해 고군분투하며 보냈다. 그러다 보니 친구나 가족과 함께하는 시간은 종종 희생되었다. 그런 그녀에게 처음 사람들에게 하이라이트 릴 이야기를 부탁할 때 어떤 기분이었냐고 묻자 이렇게 대답했다. "굉장히 설레고 궁금했어요. 약간 겁이 나기도 했고요. 다른 사람에게 제 좋은 점을 말해달라고 부탁하는 일이 흔하지는 않으니까요."

엠마의 감정이 설렘과 호기심에서 두려움과 망설임으로 옮겨 간 것은 우리가 마음속에서 일어나는 여러 가지 동기에 어떻게 반응하는지를 보여준다. 한편으로는 남들이 나의 어떤 모습을 특별히 좋게 보는지 알고 싶은 마음도 있지만 이 욕망은 칭찬 미루기와 상충한다. 누군가에게 내 좋은 점을 물어보기가 불편하기 때문이다. 이런 이유로 우리의 내면에서는 불협화음이 일어난다.

이번에는 엠마에게 사람들의 실제 반응이 어땠는지, 그들이 선선히 그러겠다고 대답했는지 물었다. 그러자 그녀는 이렇게 말했다. "대다수가 진심으로 원해서 승낙하는 것 같았어요. 저라도 그랬을 거예요. 그들 중 누구라도 제게 그런 질문을 했다면 저 역시 똑같이 반응했을 테니까요."

경력만 놓고 본다면 엠마는 비교적 젊은 나이에 사회적 성취를 한 편이었다. 그녀는 하이라이트 릴을 읽은 후 들었던 복잡하고 벅찬 감정들의 실체가 궁금하다고 말했다. 친구들과 가족들이 들려준 긍정적 이야기의 파도를 경험한 그녀는 일과 관련 없는 사람들과의 인간관계에 더 많은 시간을 써야겠다고 생각했다. 물질적 성공을 이루는 것보다 그들과의 관계가 삶을 더 충만하게 해준다는 사실을 깨달았기 때문이다.

하이라이트 릴이 사회 구성원 간의 상호작용을 더 좋은 방향으로 이끄는 것도 바로 이 점 때문이다. 이야기를 나눌 적당한 플랫폼만 있다면 사람들은 서로에 관한 이야기들을 진심으로 나누고 싶어 한다.

⦙ 관계를 더 풍요롭게 만들 기회

49세인 소피아는 시카고에 있는 컨설팅 회사의 파트너로 성격이 대단히 밝은 편이다. 처음 그녀를 만난 것은 몇 년 전 내가 진행하는 비즈니스 수업에서였다. 소피아는 침착하면서도 자신감 있는 태도로 수업에 참여했다. 팀별 프로젝트에서도 자연스럽게 리더를 맡았고 수줍어하거나 머뭇거리지 않고 팀원 모두가 맡은 일을 잘 해낼 수 있도록 이끌었다. 그녀는 팀원들이 기여한 부분에 적극적으로 고마움을 표시했고 그런 모습에 나는 무척 감명을 받았다.

하지만 하이라이트 릴을 진행하는 시간이 되자 그녀는 사람들에게 자신의 좋은 점을 말해달라고 부탁하는 것이 지나치게 무리한 부탁 같다며 난감해했다. 수업 시간 동료들과의 관계에서는 활력과 자신감이 넘쳤기에 하이라이트 릴도 쉽게 할 수 있을 것 같았는데 막상 그녀는 이 과정에 거의 참여하지 않았다. 다른 사람에게 무리한 부탁을 하는 것 같다는 게 이유였다. 마치 돈이나 자동차를 빌려달라고 부탁하는 기분이라고 했다.

소피아는 부탁할 내용이 모조리 자신에 관한 긍정적 이야기뿐이라는 사실에도 무척 난감해했다. 그녀는 비판적 피드백을 받는 데 익숙했고 심지어 다른 사람에게 그런 피드백을 부탁하기도 했다. 그래서 부정적 피드백이라면 얼마든지 괜찮다고 생각했다. 자신의 부족한 점을 알아야 더 발전할 수 있다고 여겼기 때문이다. 하지만 긍정적 피드백을 부탁한다는 것은 도저히 내키지 않았다. 소피아는 이렇게 설명했다. "부정적 피드백보다 훨씬 더 큰 뭔가를 요구하는 기분이었어요. 제게 고마운 점이나 저의 긍정적인 면을 말해달라는 부탁은 평소에 주고받던 말이 아니었으니까요."

이런 이유로 소피아는 하이라이트 릴 과정에 거의 참여하지 않았다. 하지만 수업이 점점 하이라이트 릴 중심으로 진행되자 결국에는 참여하기로 했다. 처음에는 그저 가볍게 시도만 해볼 요량이었다. 그런데 막상 부탁을 받은 사람들이 전혀 부담스러워하거나 짐이라고 여기지 않자 소피아는 몹시 놀랐다. "정말 큰 부담일 거라고 생각했거든요. 그런데 남동생에게 말을 꺼내자 남동생은 정말 아무렇지도 않다는 듯 흔쾌히 해주었어요. 다들 이 일을 무척 재미있어했죠."

사실 나는 이런 이야기를 무수히 많이 들었다. 부탁을 하면 상대방이 크게 부담스러워하리라 생각했는데, 막상 하고 보니 오히려 상대방이 좋아했다는 이야기 말이다. 스톡홀름에서 온 오스카도 그렇게 말했다. 그는 사람들에게 이런 부탁을 하는 것이 지나친 요구라 생각해서 무척 망설였다. "정말 두려웠어요. 사람들에게 그런 부탁을 한다는 게 정말 불편하게 느껴졌죠."

그 후 하이라이트 릴을 마친 오스카에게 처음 느꼈던 두려움이 정말 그럴 만한 일이었는지 묻자 이렇게 대답했다. "전혀요. 사람들은 정말 그 일을 좋아했어요. 몇몇 사람들은 자기가 쓴 글을 주기도 전에 저에게 와서 이렇게 묻기도 했어요. '내가 뭐라고 썼는지 말해줄까?' 대다수가 이런 부탁을 받았다는 사실 자체를 무척 기쁘게 생각하는 것 같았어요."

칭찬 미루기는 우리가 다른 사람에게 어떤 영향을 미치는지 알지 못하게 할 뿐 아니라 소중한 관계를 더욱 풍요롭게 할 기회를 눈앞에 두고도 부끄러움 뒤로 숨어버리게 한다.

⋮ 나를 드러내도 큰일은 일어나지 않는다

많은 사람이 하이라이트 릴 부탁을 꺼리는 이유는 자신이 약해 보인다고 생각하기 때문이다. 가브리엘라의 사례를 보자. 콜롬비아 메데인에서 자란 가브리엘라는 정말 열심히 살았다. 온갖 역경을 극복하고 주어진 모든 일을 놀라운 투지와 기개로 훌륭히 잘 해냈다.

열세 살 때는 승마를 하다가 낙마 사고를 당해 두 달 동안 침대에 똑바로 누워서 지내야 했다. 옆으로 돌아눕지도 못할 정도로 심각한 사고였고 앞으로 다시 걸을 수 있을지도 불투명했다. 세월이 흘러 이제 열세 살 난 아이의 부모가 된 그녀는 사고가 났던 당시 부모님의 심정이 어땠을지 가늠조차 되지 않는다고 말했다. 하지만 자신이 그 상황에 어떻게 대처했는지는 또렷이 기억했다. "솔직히 말하면 그때가 제 인생 최고의 순간이었어요. 이 말은 진심이에요. 저는 이렇게 생각했어요. '지금 내가 이 일을 잘 극복한다면 살면서 생기는 그 어떤 어려움도 다 극복할 수 있을 거야'라고요."

당시 학교 선생님은 몸이 회복될 때까지 숙제하지 않아도 된다고 했지만 가브리엘라는 과제를 성실히 해서 빠짐없이 제출했다. 누워 있는 동안에는 TV로 미국 방송들을 보며 영어를 독학했다. 이때 배워둔 영어는 가브리엘라의 삶에서 큰 역할을 했다. 영어 실력 덕분에 국제관계와 경제학 분야에서 석사 학위를 받고 이후 미국에 있는 큰 컨설팅 회사의 파트너가 되었다. 나중에는 남아메리카에 직접 컨설팅 회사를 차려 운영하다가 12년 후 매각했다.

가브리엘라가 하이라이트 릴을 해야겠다고 결심했을 때 나는 지인들에게 이런 부탁을 하는 것을 어떻게 생각하느냐고 물었다. "두 가지 생각이 교차했어요. 일단은 재미있고 설렜어요. 직업적으로나 학문적으로 이 주제에 무척 관심이 많거든요. 그래서 이 과정이 정말 재미있을 거라고 생각했죠." 하지만 그녀 역시 칭찬 미루기의 압박을 피하지는 못했다.

한편으로는 사람들에게 이런 부탁을 해도 괜찮지 않을까 생각했어요. 하지만 내키지 않는 마음도 있었죠. 두려운 마음도 좀 있었고요. 저를 비난하는 게 아니고 오직 칭찬만 써준다는 사실을 잘 알고 있는데도 그런 마음이 들더군요. 거리가 너무 좁혀진 느낌, 저 자신이 발가벗겨진 기분이 들었어요.

가브리엘라는 중요한 점을 지적하고 있다. 긍정적 기억을 주고받는 이 과정에서 많은 사람이 약해 보일지 모른다는 생각 때문에 좋으면서도 두려운 감정을 느낀다.

하이라이트 릴을 하면 칭찬 미루기의 억압 때문에 주로 사적인 영역에만 있던 부분을 누군가에게 말해달라고 부탁하고, 그것을 공유하게 된다. 그리고 아이러니하게도 사적인 영역이 공개되면서 관계가 개선되고 더욱 돈독해진다. 하지만 이런 긍정적 효과에 도달하기에 앞서 자신이 약해 보일지 모른다는 사실에 공포심을 느끼는 사람이 많다. 가브리엘라처럼 성공한 사람도 그런 감정을 느꼈다. 어떤 사람이든 이런 상황에 대한 공포나 두려움은 어느 정도 있기 마련이다.

하지만 용기를 낸 만큼 보상을 받는다. 가브리엘라는 칭찬을 부탁하는 행위에 처음 느꼈던 거부감을 떠올리며 이렇게 말했다. "그런 두려움에 휘둘려서는 안 돼요. 하이라이트 릴 과정을 진행하며 얻은 교훈이죠."

사회적으로 관계를 맺은 사람에게 칭찬을 부탁하기가 두렵고 걱정되는 것은 지극히 자연스러운 감정이다. 이 두려움이 근거 없는 감정은 아니지만 그렇다고 해서 정당한 감정이라는 의미는 아니다. 칭찬 미루기 때문에 높고 단단해진 마음의 벽을 깨려고 하다 보면 처음에는 불편한 감정도 들고 심지어는 발가벗겨진 기분도 든다. 하지만 여러 격언과 연구들에서 봤다시피 우리는 이런 부담감과 어색함을 지나치게 과대평가하며, 긍정적 영향을 미칠 경험은 지나치게 과소평가한다.

하이라이트 릴 과정을 모두 끝낸 사람은 이런 의심들을 떨쳤다는 사실에 매우 기뻐한다. 과정을 처음 시작하는 사람들에게 조언을 해달라고 부탁하자 가브리엘라는 이렇게 대답했다. "마음을 열고 당신이 주변 사람들과 세상에 어떤 영향을 미쳤는지 알 기회를 얻었다고 생각하세요. 그렇게 알게 된 사실들이 당신을 더 행복하게, 더 영향력 있게, 더 당신답게 만들어줄 수 있다는 점도 기억하세요."

하이라이트 릴을 경험한 다른 사람들도 가브리엘라와 비슷한 조언을 했다.

> "용기를 내서 최대한 많은 사람에게 물어보세요. 롤모델에게나 있다고 생각했던 강점이 자신에게도 있다는 사실을 알게 될 거예요." (오스카)
>
> "마음을 열고 하이라이트 릴을 시작하세요. 남들에게 자신이 너무 낱낱이 드러난다는 생각에 움츠러들지 마세요. 그 두려움을 극복하면 반드시 보답받을 수 있어요." (에바)
>
> "타인의 눈을 통해 최고의 내 모습을 발견한다는 건 정말 멋진 일이에요." (리)

칭찬 충격의 또 다른 면을 알게 되면 칭찬 미루기가 어떤 영향을 미치는지, 왜 그것에 휘둘리지 말아야 하는지 알게 된다. 아직도 다른 사람에게 자신의 좋은 점을 말해달라고 부탁하기 망설여진다면 머뭇거리지 말고 일단 한번 해보자. 어색함을 극복한 보람이 있을 것이다.

내 수업을 들은 티머시라는 학생은 겸손을 미덕으로 여기는 전형적인 영국인이다. 티머시는 하이라이트 릴을 읽은 후 이렇게 말했다. "정말 이 과정에 참여하고 싶지 않았어요. 친구와 가족들에게 그런 이야기를 물어본다는 사실이 너무 창피하고 어색하게 느껴졌죠. 그런데 뜻밖에도 그들은 시간을 내서 정말 많은 이야기를 써주었어요. 벅찰 정도로 고마웠어요. 25편의 하이라이트 릴 보고서가 마치 25가지 선물처럼 느껴졌죠."

이제 당신은 모든 것을 다 갖췄다. 시작하기만 하면 된다.

⋮ 상대에게 필요한 칭찬이란

지금 당신의 머릿속에는 고마움을 표현할 사람들과 당신의 강점을 말해줄 수 있는 사람들이 떠오를 것이다. 그중에서 딱 한 사람만 골라보자. 만일 이 과정을 처음 시작하는 사람이라면 가장 고마운 사람을 선택해보자.

그다음 과정은 예상하는 그대로다. 5장에서 최고의 내 모습을 글로 썼던 것을 기억하는가? 그 과정과 거의 비슷하다. 다만 대상이 자신이 아니라 다른 사람이라는 점만 다를 뿐이다. 그 사람의 강점이 가장 크게 영향을 미쳤던 순간을 최대한 상세하게 적어보자. 이후 2주 동안 매일 한 사람씩 골라 이런 기억을 한두 가지씩 적어보자.

이 글을 쓸 때는 다음 3단계를 거치기를 추천한다.

첫 번째 단계에서는 15분 동안 그 사람만의 독특한 강점과 그 강점의 가치를 생각해보자. 그 사람의 추도사를 낭송한다 생각하고 마음속에 떠오르는 생각들을 하나하나 적어보자. 그 사람이 그토록 특별한 이유는 무엇인가?

- 그 사람은 내게 어떤 의미인가?
- 그 사람의 가장 빛나는 점은 무엇인가?
- 그 사람이 특별한 이유는 무엇인가?
- 그 사람을 떠올리면 어떤 기분이 되는가?

이 책의 집필을 시작할 무렵 나는 잉그리드의 하이라이트 릴을 쓰고 있었다. 잉그리드는 내가 공동 창업자로 있는 에센틱의 운영책임자다. 나는 그동안 보아온 그녀의 강점들과 그녀가 이뤄낸 성과들을 곰곰이 생각했다. 내 기억 속 그녀의 최고 모습은 내 말에 열심히 귀를 기울이는 모습이었다.

잉그리드는 나와 이런저런 주제로 대화를 할 때 의견을 직설적으로 표현한다. 내가 지나치게 낙관적일 때도 있고 좀 자제해야 할 때도 있기 때문이다. 그녀와 대화를 하다 보면 일을 문제 없이 제때 잘 끝낼 수 있으리라는 믿음이 생긴다. 하지만 이런 내용은 아직 구체적인 이야기들이 아니다. 그저 그녀의 좋은 점을 생각했을 때 떠오르는 감정과 생각들이다.

　이제 두 번째 단계로 들어가자. 구체적인 기억을 수집해보자. 그 사람이 가장 빛나던 순간을 아주 구체적으로 떠올려보자. 그 사람 특유의 기질, 능력, 관심사 등을 활용해 아주 좋은 영향을 미쳤던 몇몇 순간들을 기억해보자. 최근 몇 년 사이의 기억이 떠오를 수도 있고 몇 주전 기억이 떠오를 수도 있으며 아주 오래전 기억들이 생각날 수도 있다. 브레인스토밍하는 동안 떠오르는 정보와 생각들을 간단히 기록해보자. 아직 이야기를 본격적으로 쓸 때는 아니다.

　채택될 가능성이 큰 이야기들 몇 개를 추린 다음 그중 한 가지를 골라 15분 정도 그 일에 대해 아주 상세히 기술해보자. 물론 여러 가지 기억을 써서 보내줄 수도 있지만 일단은 한 가지 이야기부터 차근차근 적어보자. 글을 쓰는 동안 그 순간의 기억을 충분히 음미해보자. 마음속에서 그 순간들을 몇 번이고 재생해보자.

　'…했던 때가 기억난다' 같은 말로 시작하면 도움이 될 것이다. 그 지점에서 천천히 기억을 들여다보자. 글을 쓰려면 그 기억에서 몇 걸음 밖으로 나와야 한다. 이런 감사의 편지에 담긴 힘을 보여주는 과학적 증거들은 앞서 이미 살펴봤다. 여기서는 기억을 글로 쓸 때 필요한 몇 가지 조언을 주려 한다.

　사람들은 단순히 칭찬받기만을 원하지는 않는다. 칭찬의 내용대로, 정말 그런 사람답게 행동하고 싶어 한다. 따라서 좋은 점을 글로 쓸 때는 일반화는 피하는 것이 좋다. 가령 '너는 참 똑똑해'라든지 '자녀들을 정말 잘 키우셨어요' 같은 말들은 설령 사실이라 해도 별 감흥을 주지 못한다. 마음속 기억을 아주 구체적으로 하나씩 소환해보라. 그리고 그 상황을 세세한 부분까지 묘사해보자. 그 순간 있었던 아주 사소하고 미미한 부분들도 적는다.

예를 들어 '당신은 늘 내가 특별한 사람이라고 느끼게 해준다' 같은 말도 쓸 수 있다. 아주 좋은 표현이긴 하지만 어딘가 막연하다. 그보다는 이렇게 쓰도록 하자. "얼마 전 우리 집 근처 골프장을 나란히 걷고 있었잖아. 그때 내가 점심으로 싸온 체더치즈와 마요네즈 샌드위치 기억나? 그 이상한 점심 식사를 보더니 우리 엄마가 안 볼 때 네가 슬쩍 내게 아몬드 초콜릿 바를 줬잖아."[4] 이런 식으로 쓰면 상대의 마음을 더 크게 움직일 수 있다. 아주 사소하고 작은 장면들을 다시 떠올리게 되기 때문이다.

이야기의 주인공에게 솔직한 글을 쓰자. 그 사람의 직장 상사에게 보여줄 글이 아니다. 그 사람의 이력서도 아니다. 그저 그 사람만 읽을 글이다. 그러니 '당신'이나 '너' 같은 2인칭 대명사를 사용하자. '그녀' 혹은 '그'의 이야기를 하는 것이 아니다.

한 사람의 삶의 경험에 관한 이야기들은 그 사람을 구성하는 요소다. 따라서 어떤 일을 이야기할 때는 단순한 사실의 나열이 아니라 한 편의 이야기가 되도록 써야 한다. 서두가 있고(하이라이트 릴에서는 특정 기억의 배경 등) 본론이 있으며(그 사람이 어떤 일을 했는지/그 일이 누군가에게 어떤 영향을 미쳤는지) 결론이 있다(그의 강점 혹은 최고의 모습 덕분에 해결된 문제/내가 느낀 감정). 이런 식으로 글을 구성하면 읽는 사람에게 훨씬 더 큰 감동을 줄 수 있다.

물론 완벽한 이야기는 없다. 진솔하게 쓰되 그 이야기를 온전히 직접 써나가는 것이 중요하다. 내가 잉그리드를 위해 쓴 글을 예로 들자면 다음과 같다.

잉그리드. 당신이 딸 리지의 결혼 준비에 관한 이야기를 들려주었던 때가 기억나네요. 당신은 결혼 준비를 하는 리지를 보면서 음악이며 하객들 자리 등 결혼식에 필요한 기본적인 것들이 제대로 준비되어 있지 않다는 사실을 알게 되었다고 했죠.

당신이 리지 결혼식 준비를 도와준 이야기를 들려주는데 문득 그런 생각이 들더라고요. 바로 그런 일들이 당신이 에센틱을 위해 하는 일이라는 생각이요. 당신은 늘 좋은 아이디어와 계획을 말하고 그런 것들이 실제 비즈니스에 적용될 수 있도록 해줘요. 쉽지 않은 일이죠. 그런데도 그런 일들을 무척 수월하게 해내요.

당신의 이야기를 들으면서 저는 주어진 모든 상황에서 필요한 단계들을 합리적으로 밟아나가는 당신의 능력을 깨달았어요. 그것도 무척이나 자연스럽게 말이죠. 나 같은 사람들은 당신처럼 척척 해내지 못할 거예요.

회사에서 당신이 목표를 달성하기 위해 얼마나 큰 노력을 기울이는지 봤어요. 막연한 이상을 현실로 이뤄내기 위해 당신이 기울인 노력을요. 고객에게 우리 일을 이해시키고, 좋은 아이디어들을 내고, 웹사이트를 만들고, 스티브와 함께 그 웹사이트가 제대로 돌아가는지 쉼 없이 검증하고 또 검증했죠. 공감 능력을 발휘해 방향을 잡지 못하고 갈팡질팡하는 고객들을 도와주었고요. 아주 초창기부터 당신은 회계사며 변호사, 각종 공공기관 담당자들을 만나 우리 에센틱을 제대로 된 회사로 만들어나갔어요.

당신이 한 이 모든 일뿐 아니라 그 모든 일을 수월하게 해내는 특별한 능력에 저는 크게 감동했어요. 당신 같은 사람을 엄마로 둔 리지는 무척 행운아라는 생각이 드네요. 당신을 알게 된 저 역시 더없이 운 좋은 사람이고요!

이제 세 번째 단계로 들어가 이야기를 써보자. 다음은 초보자를 위한 양식이다. 편집 가능한 문장이니 다음 예문을 활용해 당신과 상대방이 알고 있는 특별한 기억과 고마웠던 기억에 관해 써보자. 당신의 생각과 언어로 이야기를 수정하면 된다.

요즘 제가 읽고 있는 책 《인생 전환 프로젝트》를 토대로 인간관계를 발전시키고 사회에 더 좋은 영향력을 미치는 방법을 고민하고 있습니다. 아실지 모르겠지만, 당신은 제 인생에서 무척 중요한 사람입니다. 제가 본 최고의 당신 모습에 대한 기억을 들려드리고 싶습니다. 혹시 괜찮으시다면 당신이 본 최고의 제 모습도 들려주셨으면 합니다.

그때가 기억납니다. … [여기서부터 고마웠던 기억을 기록한다.]

상대에게 더 많은 기억을 들려줄수록 그 사람도 당신에 관한 기억을 더 많이 들려줄 것이다. 그 사람에 관한 이야기에 더 많은 에너지와 애정을 쏟을수록 그도 당신에 관한 이야기에 더 많은 사랑과 노력을 쏟을 것이다. 나는 지난주에 한 친구를 위해 세 개의 이야기를 썼는데 이야기는 이틀에 걸쳐 썼고 약 65분 정도 시간을 들였다. 일단 글을 쓰고 그대로 두었다가 다음 날 교정하는 방식으로 썼다.

당신이 쓴 하이라이트 릴 이야기를 읽은 사람들은 아마도 칭찬 충격을 경험할 것이다. 그들은 자신이 미친 좋은 영향력을 깨닫고 행복해하면서 고마운 마음에 서둘러 그 고마움을 되돌려 주려 할 것이다. 고마움이 이런 방식으로 선순환하고 글을 쓴 사람과 읽은 사람의 사이는 더욱 가까워진다.

명심해야 할 점은 하이라이트 릴이 단순히 '내가 얼마나 대단한 사람인지 말해줘' 같은 칭찬 릴레이가 아니라는 사실이다. 소중한 사람들에게 주는 선물이며, 타인이 나를 보는 방식을 이해하는 데 필요한 정보를 모으고 최고의 내 모습에 관한 이야기를 듣게 해주는 도구다. 이처럼 배우려는 자세와 사고방식은 칭찬에 연연하지 않고 발전과 향상에 초점을 두기 때문에 고질적인 칭찬 미루기 습관을 버리는 데도 도움이 된다.

하이라이트 릴을 삶의 우선순위에 두고 2주 동안 매일 하루에 한 사람씩 정해 하이라이트 릴을 써보자. 삶이 이전보다 훨씬 행복해질 것이다. 스스로 기쁨을 누릴 뿐만 아니라 그동안 만나온 사람들에게 기쁨을 선물할 수 있다.

⦂ 하이라이트 릴을 한꺼번에 읽어야 하는 이유

여기서는 반反직관적으로 보이는 몇 가지 조언들을 하고자 한다. 일단 사람들이 보내준 이야기들을 받자마자 바로 읽지 마라. 이야기들이 도착하는 대로 하나씩 읽지도 마라. 사람들이 보낸 이야기들이 다 모일 때까지 기다려라.

이 말을 지키기가 매우 어렵다는 것을 잘 알고 있다. 사람들이 이야기를 다 보내려면 어느 정도 시간이 걸리기 때문에 마지막 편지가 도착할 때까지 참고 기다리려면 꽤 조바심이 날 것이다. 하지만 4장에서 말한 긍정적 트라우마를 경험하려면 이야기들을 한꺼번에 읽어야 한다. 다음은 토론토에 사는 에바가 한 말이다.

> 모든 이야기가 파도처럼 한꺼번에 밀려오면서 벅찬 감동에 휩싸였습니다. 사람들이 보낸 이야기를 조금씩 읽지 않고 기다렸다 한꺼번에 읽으면 마법 같은 순간을 경험하게 되죠. 이런 방식에는 정말 강력한 힘이 있다고 생각해요. 하나씩 읽을 때보다 훨씬 더 깊고 의미 있는 감동을 줍니다.

에바가 옳다. 칭찬 충격의 힘을 기억하는가? 그동안 살아오며 만들어간 이야기들을 다시 생각해볼 수 있게 해주는 그 힘 말이다. 조각조각 흩어진 기억을 읽으면 이 효과가 감소한다. 특히 만원 버스 안에서 휴대폰으로 읽으면 효과는 더더욱 줄어든다. 사람들이 준 피드백들을 한꺼번에 경험할 때 느끼는 충격이야말로 하이라이트 릴의 정수다.

그러므로 칭찬 충격이 주는 힘을 느끼려면 이야기들이 다 모일 때까지 기다려야 한다. 몇 주가 걸릴 수도 있고 몇 달이 걸릴 수도 있다. 이 따금 그 이야기들이 있다는 사실을 알려주는 알람 같은 것이 필요할 정도로 오래 걸릴 수도 있다. 하지만 이야기들이 충분히 모이면 이제 그 이야기들을 읽는 법을 알아야 할 때다. 일단 내 경우 읽기에 충분한 기준은 최소한 10개 이상이다. 다음 장에서 '하이라이트 릴 읽는 법'을 알아보도록 하자.

CHAPTER 7

최고의 자신을
발견하는 법

이제 드디어 당신의 하이라이트 릴을 읽고 확인할 시간이다. 지금까지 당신은 자신에 관한 이야기를 세 편 이상 썼다. 또 사회적 관계에 있는 사람들에게 감사의 편지를 쓴 후 긍정적 감정도 경험했다. 어쩌면 이미 주변 사람들과 하이라이트 릴을 주고받게 되어 행복을 누린 이도 있을 것이다. 그리고 이제 당신에게는 각기 다른 사람들로부터 받은 최소한 10개 이상의 이야기가 있다. 죽어서 듣는 추도사가 아니라 살아서 듣는 찬사다.

이렇게 묻는 사람도 있을 것이다. "아직 이 과정을 다 마치지 않았는

STEP 2 · 하이라이트 릴 프로젝트 : 내 안의 가능성을 깨워라 153

데 어떻게 하죠?" "그냥 이 책을 읽기만 했는데 어떻게 하죠?" 물론 책을 계속 읽어도 괜찮다. 반드시 과정을 다 마치지 않아도 상관없다. 하지만 하이라이트 릴을 완성한 후 이 장을 읽으면 훨씬 잘 이해될 것이다. 아직 하이라이트 릴을 완성하지 않았다면 이 책의 나머지 부분을 읽고 용기를 내서 모든 과정을 밟길 바란다.

하이라이트 릴을 완성한 후에는 두 가지 일을 해야 한다. 먼저 하이라이트 릴을 최대한 활용하고 싶다면 이를 제대로 읽어야 한다. 부디 믿어주길 바란다. 하이라이트 릴을 읽는 방법은 대단히 중요하다.

두 번째 과정은 다음 장에서 다룰 것이다. 하이라이트 릴을 읽을 때 경험할 수 있는 생각과 감정에 관한 내용이다. 이 장과 다음 장에서 배울 내용은 지난 5년간 하이라이트 릴을 만든 5,000명 이상의 사례를 연구하고 분석해 발견한 내용과 에센틱의 도움을 받아 수집한 자료들을 토대로 한 것이다.

⦂ 하이라이트 릴 읽는 법

당신의 하이라이트 릴을 소중히 여기고 그 가치를 염두에 두어라. 이는 대단히 중요한 문제다. 당신의 주변 사람들은 이전에 이런 이야기를 한 번도 해본 적이 없을 수도 있다. 당신도 평생토록 주변 사람들에게 이렇게 분명한 긍정적 피드백을 받아본 적이 없을 것이다.

하이라이트 릴을 읽으려면 적절한 장소와 충분한 시간이 필요하다.

개인적 이야기가 담긴 하이라이트 릴을 대충 훑어보고 싶은 사람은 없다. 누구나 여유를 갖고 천천히 읽고 싶을 것이다. 그 이야기를 써준 사람과 함께했던 순간들을 떠올리며 그 기억을 천천히 음미하고 싶은 게 당연하다.

시간은 약 한 시간 정도를 권한다. 15분은 충분하지 않다. 시간 기근에 허덕이는 시대다 보니 나와 이 과정을 함께했던 사람들은 대부분 15분을 할애했다. 개중에는 좀 더 천천히 읽지 않은 것을 후회한 사람도 있었고 하이라이트 릴을 읽다 시간이 훌쩍 많이 흐른 것을 깨닫고 깜짝 놀란 사람도 있었다. 영국 북부 지방에 있는 맥주 업체의 임원인 게리는 내게 이렇게 말했다. "처음에는 글을 읽는 데 10분 정도 걸릴 줄 알았어요. 그런데 다 읽고 나니 50분이 지나 있더라고요. 생각보다 많은 감정이 밀려왔어요. 다 읽고 방을 나오는데 뭔가 전보다 훨씬 인간적인 감정이 느껴지더군요."

장소는 방해받지 않을 만한 곳 혹은 주의가 산만해지지 않는 조용한 공간이 좋다. 붐비는 버스 안이나 사람들이 있는 술집 혹은 친구들과 함께 어울리는 자리는 피한다.

하이라이트 릴을 처음 읽을 때는 사람들의 시선을 의식하지 말고 오롯이 그 이야기들이 나를 통과하도록 두어야 한다. 그래서 혼자 조용히 읽을 수 있는 공간을 선택해야 한다. 처음 읽을 때는 이야기 속 순간들을 다시 떠올리게 된다. 사람들이 주변에 있으면 감정을 숨기고 싶은 경우가 많아서 이 과정이 잘 진행되지 않는다. 하지만 하이라이트 릴을 읽을 때는 감정을 오롯이 경험하는 과정이 대단히 중요하다. 타인의 기억과 경험 속 자신의 모습에 몰입하다 보면 긍정적 트라우마에 빠지기도 한다.

이 책을 읽으며 눈치챈 사람도 있겠지만 대다수가 자신의 하이라이트 릴을 읽을 때, 특히 처음 읽을 때 격렬한 감정을 느낀다. 실제로 많은 사람이 큰 소리로 엉엉 울거나 눈물을 흘린다. 혼자만의 공간과 시간이 필요한 이유다. 흥미로운 점은 그다지 슬픈 기억이 아닌데도 운다는 사실이다. 이렇게 감정이 고조되어 있어서 주변에 사람들이 있으면 방해가 된다. 어쩌면 우는 이유를 구구절절 설명해야 할 수도 있다. 아마 대부분 이런 상황을 원치 않을 것이다.

나는 런던 경영대학원의 학과장으로 있을 때 하이라이트 릴을 처음 읽었다. 고등학교 때 친구가 써준 아주 오래전 일화를 읽은 후 마음이 정화되는 기분이었다. 친구의 언어로 기록된 그 시절 추억들을 떠올리면서 뭔가 씁쓸하고도 즐거운 기분이 들었다. 그러다 누이가 써준 이야기를 읽는데 종이 위로 굵은 눈물방울이 툭 떨어졌다. 전혀 슬프지 않았는데도 울고 있었고 한동안 감정에 빠져 있었다. 전혀 예상치 못했던 반응이었기에 나도 놀랐다.

학과장실에 있을 때는 주로 방문을 열어두곤 했다. 하지만 당시에는 편하게 글을 읽고 싶고 방해 없이 그 순간에 몰입하고자 문을 닫았다. 그리고 문을 잠갔다. 그렇게 하이라이트 릴을 읽는 동안 나는 전에는 한 번도 들어가보지 못한 생경한 감정의 영역에 들어섰다. 이 감정의 영역에 가본 적이 없는 이들은 그 느낌을 이해하기 무척 어려울 것이다.

다른 이들도 마찬가지였다. 그들은 하이라이트 릴을 읽으며 감정이

격해진다는 사실에 무척 당혹스러워했다. 앞서 언급했던 시카고 출신의 루이스를 기억하는가? 루이스는 이렇게 말했다. "긍정적인 이야기에도 눈물이 날 수 있어요. 어쩌면 그렇게 긍정적인 이야기를 듣는 데 익숙하지 않아서 눈물이 나는 건지도 모르죠. 저는 친구들이 쓴 글을 읽을 때 그렇게 눈물이 나더라고요."

여기서 잠시, 자신의 긍정적 영향력에 관한 이야기를 듣는다니 얼마나 재미있을지 생각해보자. 그것도 평소에는 그런 이야기를 좀처럼 하지 않던 친구들에게서 말이다. 나 역시 루이스와 똑같은 감정을 느꼈다. 친구들이 들려준 이야기들은 정말 놀랍고 감동적이었다. 하지만 내가 하이라이트 릴을 통해 그 문을 열지 않았다면 결코 느끼지 못했을 감동이었다.

어린 시절 말에서 떨어지는 사고를 당한, 콜롬비아 출신의 가브리엘라 역시 진한 감동을 받았다. "한 시간 동안 어린애처럼 엉엉 울었어요. 한 시간 동안 우는 일은 거의 없거든요. 그 점이 무척 흥미롭더라고요. 제 감정 반응은 정말 엄청났어요."

이런 감정 반응은 남녀노소와 국적, 문화적 배경을 가리지 않고 비슷하게 나타난다. 대학생들 역시 하이라이트 릴을 하면서 강렬한 감정 반응을 경험했다. 앞서 소개한 미시간 대학교의 론은 이렇게 말했다. "대체로 이 과정이 좋았어요. 처음에는 이야기들이 전부 모일 때까지 기다려야 해서 좀 짜증 났는데 그렇게 하길 백번 잘했다는 생각이 들더군요. 읽는 내내 눈물이 났어요. 장담하는데, 살면서 그 이야기를 들춰 볼 때마다 전 울 거예요."

유치원에서 동생의 젖은 바지를 갈아입힌 일화를 통해 자신이 인정 많은 사람임을 알게 된 미트는 이렇게 말했다. "이야기들을 읽는 동안 제가 그렇게 무장해제되어 큰 소리로 울리라고는 정말 생각도 못 했어요. 어떤 이야기들은 아직 아물지 않은 상처를 건드리기도 했어요. 그 상처를 견뎌온 지난 세월이 스쳐 지나가더군요. 울다가 웃다가 한 이야기도 있어요. 그 사람이 나를 그렇게 생각하는지 몰랐거든요."

많은 사람이 하이라이트 릴을 읽고 강한 감정 반응을 보이거나 우는 이유는 그 이야기가 사랑, 고마움, 긍정적 감정으로 가득하기 때문이다. 그 이야기에는 우리가 어떻게 자랐는지, 우리의 재능을 어떻게 발휘하며 살았는지가 담겨 있다. 그리고 그 재능을 더 이상 외면하지 못하게 만든다. 하이라이트 릴은 우리가 할 수 있는 좋은 일들을 구체적으로 보여주기 때문이다.

자, 이제 시간을 내서 당신의 하이라이트 릴을 천천히 읽어보자.

⋮ 이야기 속에서 공통점 찾기

하이라이트 릴을 다 읽었다면 아마 고무적이고 강렬한 감정을 경험했을 것이다. 잠시 그 감정에 푹 빠져보자. 하루나 이틀 정도 지나면 그 이야기들을 다시 읽고 싶을 것이다. 선물의 포장을 풀듯 천천히 음미하며 읽고 싶을 뿐 아니라 그 이야기들을 관통하는 주제와 공통점을 발견하고 싶다는 생각이 들 것이다. 많은 사람이 사용하는 방법은 가장 공감

가는 이야기 혹은 가장 감동적인 이야기를 간단히 기록하는 것이다.

하이라이트 릴을 통해 최고의 내 모습을 찾고 이를 지속할 방법을 찾으려면 거기에 담긴 이야기들을 꼼꼼히 읽고 분석해야 한다. 여기서 깨달은 점들을 보다 인지적 관점에서 보기 위해서다. 그 첫 단계로 시간을 들여 글쓴이가 들려주는 구체적인 핵심 단어와 표현들을 찾아본다. 디지털 화면으로든 종이로든 그 단어에 강조 표시를 하며 이 작업을 진행한다. 내 경우에는 이 단어들을 컴퓨터 문서로 각각 정리해둔다. 복사하기와 붙여넣기 기능을 사용하면 작업이 수월해지기 때문이다.

이야기의 의미나 핵심을 전체적으로 포괄하는 한 단어가 없는 경우도 있다. 이럴 때는 자신만의 언어로 이야기의 본질을 압축적으로 표현해도 괜찮다. 이야기를 관통하는 주된 생각을 적어보자. 그 글을 쓴 사람은 그 기억을 통해 무엇을 이야기하고 싶었을까? 그 사람은 무슨 말을 하려고 했던 걸까? 각 이야기에서 핵심을 가장 잘 표현한 단어나 문장을 골라보자.

다음은 내가 노스캐롤라이나 대학교 교수로 재직할 때 박사과정에 있던 학생이 내게 써준 글이다. 이 문장을 예로 들어보겠다.

교수님은 사람들을 단순히 업무 관계로 대하지 않고 인간적인 관심을 가지고 대해줍니다. 제게도 그렇게 하셨죠. 교수님과 함께 커피를 마셨던 시간, 제게 해주셨던 진로 조언, 경영학 석사과정 강의와 관련해 제가 보낸 이메일에 해주셨던 답장, 제가 상을 받게 되었을 때 아낌없이 축하해주셨던 일, 제 가족과 교수님 가족을 만나게 해주신 일, 가족 이야기며 그림, 여행 등 개인적인 관심사를 진솔하게 들려주셨던 일 등. 물론 이는 지도교수의 기본적 소양이라고도 볼 수 있지만 교수님이 제게 학문적으로나 인간적으로 보여주신 진심 어린 관심은 단순히 기본 이상이었다고 생각합니다. 감사합니다.

우선 다시 한번 고맙다고 말하고 싶다. 오랜 세월이 흘렀지만 여전히 이 학생에게 고맙다. 이 글은 읽을 때마다 자부심을 느끼고 행복해진다. 처음 글을 읽었을 때 알게 된 내 강점은 '다른 사람들에게 진심으로 관심을 가져준다'는 것이었고 이것을 그대로 기록해두었다.

하이라이트 릴을 다 읽고 각 이야기에 담긴 주요 생각들을 찾았다면 이제 모든 이야기를 관통하는 주제, 비슷한 점, 반복적으로 언급되는 개념 등을 살펴보자. 각 이야기의 핵심 단어를 정리해둔 기존 문서에 기록해도 좋고 '나의 주요 장점' 같은 제목을 달아 새 문서로 만들어도 좋다. 여기서 중요한 점은 사람들의 기억 속에서 드러난 주 개념을 찾는 것이다. 이 과정은 가장 중요한 강점을 파악하는 데 결정적인 도움이 된다. 사람마다 경험한 상황은 달라도 당신의 가장 빛나는 모습을 보는 관점은 비슷할지 모른다.

다음은 여러 글에서 일관적으로 드러난 주제를 찾는 방법이다.

- 내가 쓴 하이라이트 릴과 사람들이 써준 하이라이트 릴을 비교해 보고 연관성을 찾아본다. 개인적으로 나는 내가 사람들과 대화할 때 솔직하고 진정성 있다는 내용을 보면 무척 힘이 난다. 그런데 이

내용은 내가 나 자신에 관해 쓴 글에도 있다.

- 각기 다른 분야와 영역에 있는 사람들의 이야기에서 똑같이 등장하는 내용을 살펴본다. 직장에서 만난 사람들과 밖에서 만난 사람들이 써준 글에 비슷한 점이 많은가, 아니면 다른 점이 많은가? 가족과 친구들의 글은 어떤가? 하이라이트 릴을 써준 사람이 많을수록 분석하기 좋을 것이다.

- 하이라이트 릴에서 깨달은 점을 모아 자신만의 워드맵 혹은 워드클라우드(문서의 문구와 단어를 분석해 핵심 단어를 시각화하는 표현 기법—옮긴이)를 만들어보자. 워드클라우드 방식을 활용하려면 자주 사용되거나 일관되게 나온 단어나 문구를 중앙에 배치하고 빈도가 낮을수록 외곽에 배치하면 된다. 중심에서 멀어질수록 더 작은 글씨로 써도 좋다. 아니면 스프레드시트 양식의 문서를 활용해도 좋다. 일관되게 언급된 단어나 문구를 열에, 그 이야기의 출처는 행에 적는다.

- 워드클라우드 앱을 활용해 모든 이야기를 복사해 붙여넣는다. 그러면 가장 중요한 주제와 그렇지 않은 주제를 시각적으로 편하게 볼 수 있다. 모든 이야기를 다 읽고 정리한 개인적인 생각과 이 앱에서 보여주는 핵심 단어와 문구들을 비교하는 것도 재미있을 것이다. 직접 쓴 하이라이트 릴을 복사해 이 앱에 붙여넣은 후 어떤 단어들이 드러나는지 볼 수도 있다. 자기가 쓴 이야기와 사람들이 써준 이야기를 비교하는 것도 좋은 방법이다.

사람들과 주고받은 이야기들을 토대로 이 과정을 모두 마쳤다면 하이라이트 릴 폴더에 넣어두자. 이 내용은 후반부에서도 다시 참고할 것이다.

최고의 내 모습을 다양하게 표현하기

지금까지 한 이야기 분석은 주로 글에 집중한 것이다. 하지만 글만이 생각을 표현하는 유일한 수단은 아니다. 나는 사람들의 하이라이트 릴 과정을 도와주면서 예술을 활용하라는 조언을 자주 한다. 파스텔, 물감, 그림, 찰흙 심지어는 레고도 활용할 수 있다.

왜 예술적 표현이 필요할까? 예술은 언어가 표현하지 못하는 부분을 표현해주기 때문이다. 또한 물리적 흔적을 통해 글보다 빠르게 최고의 내 모습을 보여준다. 가장 인상에 남은 하이라이트 릴 이야기를 골라 다양한 도구로 표현해보자. 작품으로 만들어 걸어두거나 사진을 찍어 둘 수도 있고 컴퓨터 바탕화면에 저장해둘 수도 있다.

· 하이라이트 릴 훈련법 ·

예술로 나를 표현하기

큰 종이 한 장과 크레파스(파스텔, 색연필, 물감, 찰흙, 레고 등 무엇이든 상관없다)를 준비한다. 이제 가장 감동적인 하이라이트 릴 이야기를 고른다. 하이라이트 릴의 전반적인 내용을 의미 있는 방식으로 구체화하는 이야기 한두 편이 있을 것이다. 이야기를 고른 후 20분 정도 시간을 들여 표현하고 싶은 도구로 그 이야기를 표현한다.

연구에 따르면 사물을 그리고 표현하는 행위는 마음속 더 깊은 곳에 있는 기억을 더 잘 떠오르게 해준다.[1] 그리고 기본적인 학습 방식에 다른 방식의 학습 과정을 더하면 기본적 방식으로만 할 때보다 더 많은 내용을 기억할 수 있다.[2]

실제로 어떤 사람들은 기억 그 자체와 유사하게 보이도록 현실적인 방식으로 이야기를 그리기도 한다. 기억 속 최고의 모습과 최대한 비슷하게 그리는 것이다. 하지만 여기서는 리얼리즘 예술이 목표가 아니다. 잠재의식을 자유롭게 풀어놓았을 때 어떤 의식이 도출되는지 살펴보는 것이 이 과정의 또 다른 목표다. 그 이야기를 읽었을 때 어떤 색이 떠오르는가? 어떤 모양이 떠오르는가? 어떤 질감이 느껴지는가? 떠오르는 느낌과 질감과 색을 표현해보자.

그림을 다 그렸으면 친구와 함께 그 그림을 보라. 하이라이트 릴을 한 적이 있거나 현재 하고 있는 친구라면 가장 좋다. 아니면 하이라이트 릴을 써준 사람도 좋다. 그 사람과 함께 작품을 함께 감상하며 어떻게 생각하는지, 어떤 감정인지 말해보자. 다른 사람에게 자신의 이야기를 하면서 더 많은 점을 깨닫기도 하고 언어로 설명하는 과정에서 최고의 자기 모습을 인지하기도 한다. 이 과정을 모두 마치면 작품을 하이라이트 릴 폴더에 넣는다.

⋮ 나의 대표 강점은 무엇인가

핵심 단어 찾기, 일관된 흐름 파악하기, 예술적 표현 등 지금까지 배운 내용을 활용해 마지막 단계로 하이라이트 릴을 통해 자신만의 대표 강점 찾는 법을 알아보자.

대표 강점은 최고의 내 모습을 가능하게 해주는 독창적인 기질이나 성향이다. 이것은 당신을 특별한 사람으로 만들어준다. 당신이 지닌 모든 강점 중 가장 강하고 눈에 띄는 강점, 정체성의 중심이 되는 두드러진 강점을 찾아야 한다. 개인적으로 개념을 용어화하는 것을 그다지 좋아하지 않지만 필요하다면 이것을 '주목할 만한 강점'이나 '핵심 강점' 같은 말로 불러도 괜찮다.

대표 강점은 특별한 기술이 아니다. 지금 여기서 말하는 것은 회계 능력이나 글쓰기 능력, 강연 능력 같은 것이 아니다. 대표 강점은 그보다 훨씬 광범위한 개념이다. 이것은 특정 역할이나 직업, 인간관계에서의 위치 같은 것보다 더 중요하다. 당신이 생각하고 느끼고 행동하는 능력이자 당신과 주변 사람들의 삶에 긍정적 영향력을 미치는 핵심 능력이다.[3]

이 책 서론에서도 언급한 작가이자 동기부여 전문 강사인 마커스 버킹엄은 이렇게 말한다.

대표 강점은 단순한 기술 그 이상이다. 숫자나 특별한 도구를 다루는 기술적 능력에 국한되지 않는다. 강점은 그보다 넓은 소질이다. 문제를 해결하거나, 일을 잘 끝내거나, 사람들에게 영향력을 미치거나, 관계를 잘 맺는 자질이다.[4]

하이라이트 릴을 토대로 자신만의 대표 강점을 찾을 때는 한 단어 이상을 생각하라. '똑똑하다'나 '계획적이다'처럼 한 가지 표현에 국한되지 말고 최고의 모습일 때 드러나는 자연스러운 행동 방식을 모두 떠올려보자.

'타인의 눈에 비친 최고의 내 모습 훈련법'을 고안한 로라 모건 로버츠는 이렇게 말했다.

이것은 '나는 참 친절해' 같은 성격적 특징이나 개성을 찾는 것이 아니다. 우리는 연구를 통해 행동적 특징을 나타내는 표현을 사용할 때 최고의 자기 모습과 강점을 더욱 매력적으로 묘사할 수 있다는 사실을 발견했다. 따라서 '나는 참 친절해'라고 말하기보다는 '나는 사람들이 필요로 할 때 그들과 함께 있어줘'라고 말하라.

무심결에 하는 행동에 숨겨진 핵심 강점이 드러날 때가 많다. 상황에 대처하는 방법, 사람을 대하는 태도, 결정을 내리는 방식 등에서 자신의 근본적인 강점을 발견할 수 있다. 우리 자신을 딱 한 단어 혹은 하나의 특징으로 규정할 수 없듯 우리의 강점도 대단히 섬세하고 복합적이다. 대표 강점을 구체적으로 파악할수록 그 강점을 보다 진정성 있게 느끼고 더 깊이 인정하게 된다.

⋮ 강점은 기술이 아니다

당신이 어떤 일을 잘한다고 해서 반드시 그 일을 좋아하는 것은 아니다. 심지어 어떤 분야에 뛰어난 소질이 있다고 해도 이를 발휘할 때 즐겁지 않다면 대표 강점이 아니다.

예를 들면 나는 통계학에 아주 능숙하다. 박사과정을 밟을 때 통계학이 중요한 부분을 차지했고 논문을 발표할 때도 통계학을 많이 활용했다. 하지만 솔직히 말해서 나는 통계학을 그다지 좋아하지 않는다. 통계보다는 분석적인 동료들과 함께 연구하는 것을 훨씬 선호한다. 따라서 통계에 관한 학문적 역량과 주어진 자료 안에서 흐름을 파악하는 능력은 내 대표 강점이 아니다.

대표 강점과 기술을 확실히 구분하는 방법이 있다. 그 일을 할 때 활력이 생기기는커녕 기운이 빠진다면 대표 강점이 아니다. 이것을 가르쳐준 사람은 내 수업을 들었던 데이비드라는 수강생이었다. 어느 수업 시간에 데이비드는 가족과 친구들이 쓴 이야기를 읽어주었다. 그의 가족과 친구들은 위기 상황에서도 침착한 그의 모습을 많이 언급했다. 특히 위급한 상황에 대처하는 그의 능력을 높이 평가했다.

하이라이트 릴에 나타난 강점을 삶에서 어떻게 활용했는지 이야기할 때 데이비드는 이렇게 말했다. "제게 이런 강점이 있다고 해서 그 강점을 발휘할 상황이 자주 생기기를 바라진 않아요. 진심으로 그런 일들이 생기지 않았으면 합니다. 그 위기 때문에 제 인생이 몇 년이나 지체되었어요." 위기 상황에서도 침착하다는 사실을 인지하는 것은 인생을 살면서 큰 도움이 될 수 있다. 하지만 그는 그것이 자신의 대표 강점이 아니라는 사실을 잘 알고 있었다. 그 능력은 모든 에너지를 다 고갈시키기 때문이다.

누구도 기운을 다 소진하는 일을 하며 살아서는 안 된다. 설령 그 일을 잘한다 해도 말이다. 대표 강점은 잘하는 일과 좋아하는 일이 교차하는 지점에 있다. 당신이 하이라이트 릴을 읽으며 찾아야 할 것도 바로 그 지점이다.

· 하이라이트 릴 훈련법 ·

강점을 행동으로

15분 정도 시간을 들여 하이라이트 릴을 검토하고 성격이나 특징이 아닌 행동 방식을 보여주는 대표 강점 한 가지를 찾아 설명해보자. 내 경우를 예로 들자면 '사람들과 잘 지낸다'가 아닌 '다른 사람에게 진심으로 관심을 가지는 것'이다. 이 과정을 하다 보면 다른 사람과 다른 상황에서 경험한 여러 이야기에서 대표 강점들이 서서히 드러날 것이다.

⋮ 대표 강점 발견하기

여기서는 당신의 가장 중요한 강점을 파악하는 데 도움을 주기 위해 몇 가지 질문을 준비했다. 마틴 셀리그만의 연구에서 '강점 각인'으로 설명되어 있는 질문들이다.[5] 각 질문의 답을 종이에 적거나 컴퓨터로 기록하면 도움이 될 것이다. 이 과정 역시 질문들을 천천히 생각해볼 수 있는 조용한 장소에서 하는 것이 좋다.

1. 어린 시절부터 지금까지 줄곧 해온 활동이 있다면 무엇인가?

물론 지금은 어릴 때보다 그 일이나 행동을 훨씬 더 잘하겠지만 대표 강점들은 보통 뿌리가 깊은 경우가 많다. 아주 오래전부터 그런 습관이나 행동을 해오고 있을 가능성이 매우 크기 때문에 이 질문은 대표 강점을 찾는 데 도움이 된다. 가족과 친구들이 써준 어린 시절의 기억들을 읽어보자. 그리고 그 기억들을 어린 시절에 관한 나의 기억들과 조합해보자.

내 경우를 예로 들면 나는 또래 아이들보다 책 읽기와 글쓰기에 무척 관심이 많았다. 일곱 살 때부터 책을 읽고 글을 썼던 것으로 기억한다. 2학년 때는 학교 도서전 기간에 뉴욕에 있는 대형 서점 스콜라스틱 Scholastic에서 책을 주문하며 무척 설렜다. 그렇게 주문한 책들을 여름 내내 읽었다. 지금도 나는 여전히 독서를 좋아하며 책을 통해 다른 문화와 사람들을 만나는 시간을 무척 사랑한다. 지금 당신이 읽고 있는 이 책을 보며 눈치챘는지 모르겠지만 지금도 나는 스토리텔링과 글쓰기에 푹 빠져 있다.

2. 활력이 솟는 일, 내게 에너지를 주는 일은 무엇인가?

이야기 속 기억들을 떠올리다 보면 가슴이 떨리고 에너지가 샘솟는 기억들이 있다. 그 기억 속에서 당신은 무엇을 하고 있었는지 천천히 들여다보라. 그때 당신이 하고 있던 일이 대표 강점일 가능성이 매우 크기 때문이다.

내 경우에는 새로운 사람들을 만나 알아갈 때마다 '살아 있는 느낌'을 받는다. 그래서 사람들을 만나는 일은 내게 에너지를 준다. 당신이 지금 찾고 있는 것, 즉 사람들이 공유한 이야기들을 읽으며 찾고 있는 그 강점은 발휘할수록 설레고, 즐겁고, 열중하게 되는 그런 것이다. 잘하는 일인 동시에 좋아하는 일이다.

이런 힘은 많이 사용할수록 더 많은 에너지를 얻는다. 이런 힘을 발휘할 때면 지치지 않고 오히려 더 기운이 나는 것도 이런 이유 때문이다. 이는 당신이 대표 강점으로 새로운 행동, 새로운 시도를 할 때 중요한 핵심 요소가 될 것이다.

3. '해야 할 일' 목록에 올릴 필요가 없는 일이 있는가?

남들은 그 일을 하려면 일부러 해야 할 일 목록에 올려두고 애써 기억해야 하는데 당신은 그냥 밥 먹듯이 자연스럽게, 물 흐르듯 하게 되는 일이 있는가? 남들은 굳이 떠올리거나 애쓰지 않아도 수월하게 하는데 당신은 유독 그 일을 하려면 거듭 확인하고 힘들게 준비해야 하는 일이 있는가?

내 경우 이 책을 쓰는 일은 그리 어렵지 않지만 임원 회의 준비를 하려면 거듭 확인하고 기억해야 한다. 심지어 그렇게 하고도 회의 시간이 임박해서야 회의가 있다는 사실을 떠올리기도 한다. 늘 무리 없이 진행되는 듯 보이는 일, 거듭 두 번씩 확인하지 않아도 되는 일들이 당신의 대표 강점이 발휘되는 일인 경우가 많다.

4. 무슨 일을 할 때 진짜 '나답다'고 느끼는가?

사람들이 써준 이야기들을 다 읽고 직접 쓴 이야기와 기억들까지 모두 검토했는가? 그러면 그중에 혹시 '아! 이 일을 할 때 정말 나답게 사는 기분이었는데' 하고 느꼈던 일이 있는가? 그런 감정을 느꼈다면 그 일이 대표 강점을 사용하는 일일 가능성이 있다. 이 책의 1장에서 우리는 하이라이트 릴이 사람들을 더욱 진정성 있게 만들어주고 이것이 회복력으로까지 이어진다는 사실을 살펴봤다. 인간은 자신의 행동과 활동을 통해 자신의 진짜 모습을 드러내고 싶어 한다.

나를 나답게 느끼게 해주는 활동에 대표 강점이 있는 경우가 많다. 하이라이트 릴을 경험한 후 목적의식을 느끼는 것도 이런 이유다. 가장 뛰어난 자질과 진정성 사이에 연결 고리가 있다면 일상의 의미가 더욱 깊어진다.

5. 자연스럽게 잘하게 되는 일이 있는가?

남들보다 크게 노력을 기울이지 않았는데도 유독 잘하는 일이 있을 수 있다. 그렇다고 해서 그 일이 항상 쉽게 느껴진다는 의미는 아니다. 하지만 하이라이트 릴을 검토하다 보면 다른 일들에 비해 상대적으로 쉽게 해낸 일 한두 가지는 있을 수 있다. 사람들의 이야기에서 그런 일을 찾을 수 있는가?

대표 강점에는 두 가지 전형적인 특징이 있다. 첫째, 그 강점을 활용할 방법을 찾고 싶어 안달이 난다. 마치 태어날 때부터 그랬던 사람처럼 그 강점을 활용할 방법을 찾으려 애쓰며, 강점을 활용하고 난 후 자연스럽게 좋은 감정을 느껴 또 다른 방법을 찾아본다. 그런 식으로 그 강점을 더 자주, 더 다양한 방식으로 사용한다. 사람들이 써준 이야기들을 읽으며 이런 기분을 느꼈던 순간들을 찾을 수 있는가? 당신의 생활, 일, 가정, 그 외 분야에서는 어떤가?

둘째, 대표 강점의 또 다른 전형적 특징은 가파른 학습 곡선이다. 사람들이 써준 이야기와 직접 쓴 이야기들을 생각해볼 때 배우려고 애쓰거나 노력하지 않았는데 유난히 빨리 습득한 특정 기술이나 일이 있다면 무엇인가?

대표 강점을 발휘할 때는 조금만 연습해도 꽤 큰 성취를 하는 경우가 많다. 이런 힘을 활용해 자신의 영향력을 신속히 발휘하는 방법들을 찾을 수 있다. 이는 대단히 흥미롭고도 중요한 점이다. 약점이나 한계에 매달리는 것보다 최고의 강점을 개발하는 것이 더 나은 성과를 낸다는 사실을 보여주기 때문이다.

앞서 언급한 레베카를 기억하는가? 자칫하면 긴 세월 동안 문제를 개선하기 위해 전전긍긍하며 보내다가 사람들에게 좋은 영향력을 미치지 못한 채 나쁜 감정에 짓눌려버릴 수도 있었다. 그러나 레베카는 강점을 활용하는 쪽에 투자해 긍정적 감정을 느끼면서 더 빠르게, 더 나은 방향으로 발전할 수 있었다.

• 하이라이트 릴 훈련법 •

대표 강점 정확히 찾기

30분 정도 시간을 들여 지금까지 배운 모든 내용을 활용해 자신의 대표 강점을 묘사해보자. 하이라이트 릴을 통해 알게 된 강점들을 최대한 많이 떠올리는 것이 좋다. 앞에서 연습했던 것과 마찬가지로 대표 강점 역시 행동 방식을 보여주는 묘사여야 한다. 이 과정을 마치면 하이라이트 릴 폴더에 보관하도록 하자.

사람들이 내게 써준 이야기들을 다 검토했으면 이 역시 같은 폴더에 보관하자. 훗날 이 폴더를 자꾸 들춰 보고 싶을 테니 잘 관리하는 것이 좋다.

⋮ 나만의 강점 프로필 작성하기

하이라이트 릴에서 가장 설레는 지점은 당신이 얼마나 특별한 사람인지 알게 될 때다. 하이라이트 릴을 할 때는 다른 사람들과 비교해 '반드시' 지녀야 하는 장점을 이야기하지 않는다. '강한 동의'나 '강한 부정'을 숫자로 표시하지 않아도 된다. 우리는 우리를 가장 잘 아는 사람들이 써준 친밀한 이야기들을 통해 우리를 우리답게 만드는 근본적인 지점부터 올라가는 상향식 방법으로 이 작업을 시작했다. 그리고 이 이야기들을 활용해 대표 강점들을 찾았으며 이 모든 것이 우리와 밀접한 관련이 있었다.

그렇기는 하지만 지금까지 우리가 해온 방식보다 좀 더 객관적인 접근법도 있다. 자신의 강점들을 맨 아래가 아닌 맨 위에서 찾아보는 방법이다. 마틴 셀리그만과 동료들이 말한 '보편적 강점universal strengths'처럼 포괄적이고 고차원적인 대표 강점들에 자신이 얼마나 잘 맞는지를 살펴볼 수도 있다.[6]

셀리그만과 동료들의 연구에 따르면 다양한 문화와 국적을 아우르는 전형적인 강점 24가지가 있다. 당신도 나도 이 24가지 강점들을 모두 지니고 있지만 각 강점이 드러나는 정도는 사람마다 다르다. 어떤 강점은 당신의 대표 강점 중에서도 최상위층에 있지만 어떤 강점은 숨어서 강하게 드러나지 않는다. 요컨대 사람마다 고유의 지문이 있듯 저마다 특유의 강점 프로필이 있다.

셀리그만의 연구에 나온 자신의 특징적 강점을 확인하고 싶은 사람은 온라인에서 무료 버전을 테스트해볼 수 있다(viacharacter.org). 테스트 결과는 강점 중 가장 두드러진 강점부터 순서대로 보여주며 당신이 어떤 유형인지에 관한 정보도 제공한다. 이 테스트는 조사와 연구를 토대로 한 것이지만 선택해야 하는 대답들이 일반적인 개념에서 세부적 개념으로 내려오는 하향식 방법이라 개인적이고 상세하지 않을 수 있다. 또 하이라이트 릴 이야기를 읽을 때 발견한 중요한 점이 언급되지 않을 수도 있다.

하지만 상향식이든 하향식이든 두 접근 방식을 모두 상호 보완적으로 활용할 수 있다. 다음에 제시한 24가지 보편적 강점을 살펴보고 각자의 하이라이트 릴 이야기와 연결해보자. 그리고 모든 이야기를 통틀어 가장 자주 드러나는 강점을 찾아보자.

⋮ 마틴 셀리그만의 24가지 보편적 강점

첫 번째 단계는 하이라이트 릴 이야기를 한 편 읽고 이야기에 드러난 자신의 강점이 아래에 제시한 셀리그만의 24개 강점 중 어떤 강점과 가장 유사한지 살펴본다. 하이라이트 릴 이야기들을 모두 이런 식으로 한 번에 한 편씩 읽고 강점을 비교해본다. 한 이야기에서 언급된 강점들이 셀리그만의 보편적 강점 여러 개에 해당할 수도 있다. 그래도 상관없다.

1. **아름답고 빼어난 것을 이해하고 감상하는 능력:** 주위의 아름다운 것을 보거나 다른 사람의 뛰어난 능력을 인식하고 정서적으로 교감하며 그 진가를 알아챈다.
2. **용기:** 소신껏 행동하며 의심과 두려움이 들어도 위협과 어려움, 불편함, 고통 등을 정면으로 마주한다.
3. **창의력:** 창의적이다. 유용한 것을 개념화하고, 가치 있는 결과로 이어지는 아이디어들을 많이 떠올린다.

4. **호기심:** 나만의 방식 혹은 다른 사람의 관점에서 새로운 경험을 추구한다.

5. **공정함:** 모든 사람을 공정하고 평등하게 대한다. 모두에게 동등한 기회를 주며 같은 원칙을 적용한다.

6. **관용:** 누군가가 나를 화나게 했을 때 혹은 내게 안 좋은 행동을 했을 때 그들을 용서하며 그 정보를 미래에 그들과의 관계에 사용한다.

7. **감사함:** 무수히 많은 일에 감사하며 다른 이에게 고마움을 표현한다.

8. **정직함:** 나 자신과 타인에게 정직하다. 내 모습과 반응을 꾸밈없이 솔직하게 표현하려 노력하며 행동에 책임을 진다.

9. **희망:** 현실적이지만 미래에 대해서는 낙천적인 생각들로 가득하다. 나 자신을 믿으며 모든 일이 잘될 것이라는 자신감이 있다.

10. **겸손함:** 내 강점과 재능이 무엇인지 잘 알지만 스스로 대단하다고 생각하지 않는다. 주목받거나 관심의 한복판에 있는 것을 좋아하지 않는다.

11. **유머:** 즐거운 삶을 추구한다. 다른 사람을 웃게 해주려 노력하고, 힘들고 스트레스 가득한 상황에서도 유머를 잃지 않으려고 한다.

12. **판단력:** 결정을 내릴 때는 모든 면을 성찰한다. 내 신념과 상충하는 의견도 모든 요소를 살피고 성찰한다.

13. **친절함:** 다른 사람에게 도움을 잘 베풀고 자주 공감한다. 아무 대가도 바라지 않고 주기적으로 호의를 베푼다.

14. **리더십:** 의미 있는 목표를 성취하기 위해 책임감 있게 팀을 이끈다. 팀 구성원들의 관계가 잘 유지되도록 노력한다.

15. **사랑:** 관심과 온정, 배려를 주고받는 친밀하고 사랑이 풍부한 관계를 추구한다.

16. **학습 열정:** 새로운 지식을 배우는 데 적극적이다. 혹은 현재 가지고 있는 지식이나 기술을 더욱 깊고 탄탄하게 만들기를 좋아한다.

17. **인내:** 온갖 어려움, 반대 의견, 좌절에도 불구하고 목표를 향해 나아간다.

18. **다양한 관점:** 누군가에게 조언할 때는 다양하고 상대적인 관점에서 생각하고 말하며 전체적인 맥락을 명확히 하기 위해 개인적 경험과 지식을 활용한다.

19. **신중함:** 신중하고 조심성 있게 행동한다. 불필요한 위험은 피하고 늘 계획을 꼼꼼하게 세운다.

20. **절제:** 내 감정과 행동을 조율한다. 늘 규칙적이고 절제된 생활을 한다.

21. **사회적 지능:** 내 감정과 생각을 잘 인지하고 이해하며 주변 사람들의 감정도 잘 이해한다.

22. **영성:** 영적인 충만함을 느낀다. 내 삶의 목적과 의미를 믿으며 우주라는 거대한 흐름 속에서 매일의 의미를 찾는다.

23. **팀워크:** 팀에 도움이 되고 유용한 사람이다. 팀의 목표 달성에 도움이 되어야 한다는 책임 의식을 느낀다.

24. **열정:** 활기가 넘치고 에너지로 가득하다. 적극적이고 열정적인 태

도로 삶을 대한다.

위 목록에서 한두 가지 강점에 따라 하이라이트 릴 이야기들을 분류하고 15분 정도 시간을 들여 하향식 분석을 해보자. 24가지 강점 중 나의 하이라이트 릴에 가장 자주 등장하는 강점은 무엇인가? 가장 자주 나오는 항목 한두 가지에 표시해보자. 이 훈련은 개인적인 이야기를 인간의 보편적 강점 항목에 맞춰 생각하게 해준다.

모두 마쳤으면 하이라이트 릴 폴더에 보관하자. 이 폴더는 대표 강점을 상기시키는 장치이자 구체적 증거가 될 것이다. 셀리그만의 보편적 강점 테스트를 모두 마쳤다면 해당 페이지도 폴더에 저장하도록 하자.

이 장에서 우리는 하이라이트 릴을 최대한 활용하기 위해 이야기를 읽고 해석하는 구조적 틀을 만들었다. 다음 장에서는 하이라이트 릴을 경험함으로써 어떤 느낌을 받는지, 이것이 어떤 방식으로 자신과 사람들에게 영향을 미치는지 살펴볼 것이다. 그러면서 이 과정을 거친 다른 사람들의 반응과 자신의 반응을 비교해보고 이런 성찰 과정을 통해 자신의 강점을 최대한 활용할 준비를 할 수 있는데, 이 부분은 이 책의 마지막에서 다룰 것이다.

CHAPTER 8

최고의 자신을 발견하면서
알게 되는 것들

사람마다 하이라이트 릴을 읽고 보이는 반응은 다르다. 하지만 나는 세계 각지를 돌아다니며 수천, 수만 명의 사람과 대화하고 사례를 연구하면서 대다수가 네 가지 경험을 한다는 사실을 알게 되었다. 첫째, 겸손과 자극을 느낀다. 둘째, 긍정의 사각지대를 깨닫는다. 셋째, 자신이 주변에 미치는 영향력을 알게 된다. 넷째, 자신의 정체성과 강점을 확실히 알게 된다. 이 네 가지 감정 중 유독 강하게 느껴지는 감정도 있고 한 가지 이상의 감정을 느끼기도 한다.

이 네 가지 반응은 칭찬 충격의 핵심으로서 4장에서도 언급한 긍정적 트라우마다. 나는 이 트라우마가 실제 위협을 대체하기를 바란다. 긍정적 트라우마가 중요한 이유는 이 경험이 인간관계를 더욱 깊게 해주고, 삶의 의미를 깊이 깨닫고 세상을 더 나은 곳으로 만들겠다는 의지를 심어주기 때문이다.

하이라이트 릴을 읽는 경험은 마치 자신의 추도문을 읽는 것과 비슷해서 지난 삶을 돌아보고 변화로 나아가게 해준다. 노벨이 자신의 부고 기사를 읽고 삶의 방식을 바꿨듯이 우리도 가까운 사람들의 기억과 이야기 속에 있는 자신의 모습을 통해 삶의 의미를 깨닫고 새로운 의욕을 느낄 수 있다.

이 장에서는 위 네 가지 경험에서 무엇을 깨닫고 확인하게 되는지 살펴볼 것이다. 이 과정은 하이라이트 릴에서 오는 성찰과 감정을 받아들이는 데 도움을 줄 뿐 아니라 자신을 위해 만든 긍정적 트라우마를 정확히 인지하게 해준다.

⋮ 겸손과 의욕

수업 시간에 이 방식을 처음 소개하면 대부분이 하이라이트 릴을 읽기만 해도 겸손해질 수 있다는 사실을 믿지 않는다. 직관과 반대되는 개념이기 때문이다. 흔히들 칭찬을 들으면 우쭐해지고 거만해지기 쉽다고 생각한다. 다음은 아직 이 책을 읽지 않은 지인에게 이 과정을 설명하는 가상의 대화다.

나: 가족이나 친구, 동료들이 나에 관해 아주 좋은 말들만 써줬어. 이제 그걸 읽어보려고 해.

지인: 정말? 자발적으로? 그 사람들이 그냥 너의 좋은 점들을 써줬단 말이야? 정말 좋은 사람들이네.

나: 아니, 그렇진 않아. 내가 써달라고 부탁했어.

지인: 뭐라고? 그러니까 네 말은 너에 대해 좋은 말들을 써달라고 부탁했다는 거야?

나: 맞아. 최고의 내 모습에 관한 기억을 써달라고 부탁했어.

지인: 그럼 그들이 네 약점이나 앞으로 개선할 부분도 같이 적어준 거야?

나: 아니. 내 가장 좋은 점들만 적어줬어. 나는 내 강점에만 집중하려고 해.

지인: 와, 그건 좀 한쪽에 치우친 것 같은데. 강점과 약점 모두 들어봐야 하는 거 아니야?

한번 생각해보자. 만일 저 지인이 하이라이트 릴을 통해 가장 흔하게 느끼는 감정이 오만이 아니라 겸손이라는 사실을 알게 된다면 얼마나 놀랄까?

수많은 인터뷰에서 만난 사람들은 하이라이트 릴을 통해 진심으로 겸손해질 수 있었다고 말했다. 뮌헨에서 세 아이를 홀로 키우는 벤의 사례를 살펴보자. 벤은 런던 경영대학원에서 하이라이트 릴 프로그램을 수료했다. 다음은 벤이 하이라이트 릴을 읽고 들려준 이야기다.

사람들이 기꺼이 시간을 내서 과거를 회상하고 저를 기억해주었다고 생각하니 저절로 겸손해지더군요. 제가 축복받은 사람이라는 생각도 들었어요. 그들은 마치 제게 작은 보물을 주고 싶어 하는 사람들처럼 보였어요. 그들의 이야기를 통해 제가 어떻게 변해왔는지, 어떻게 해서 지금의 내가 되었는지를 이해하게 되었죠.

이는 40~50년 정도 인생을 경험한 성숙한 사람들이 가장 전형적으로 보이는 반응이다. 그렇다면 이른바 눈송이 세대snowflake generation(미국에서 90년대생을 가리키는 말로 너무 나약해서 눈처럼 쉽게 녹아내린다는 표현이다—옮긴이)는 어떨까? 다른 세대에 비해 자기중심적이고 유약하다고 평가받는 이 젊은이들은 하이라이트 릴을 읽고 난 후 의욕이 떨어지고 거만해졌을까?

그렇지 않다. 대학생들에게 하이라이트 릴을 읽고 난 후 소감을 물었더니 역시 대부분이 가장 강하게 느낀 감정으로 겸손과 감사를 꼽았다. 앞서 여러 번 언급한 배우이자 학생인 미트 트레이시도 마찬가지다. 미트는 하이라이트 릴을 통해 그녀가 가장 진정성 있고 특별한 존재가 될 때는 타인에게 공감할 때이며 그 공감력이 자신의 대표 강점 중 하나라는 사실을 깨달았다. 그녀는 수업에 늦은 친구를 차로 데려다주는 일이건, 가족이 필요로 할 때 함께 있어주는 일이건 누군가에게 공감하고 그 사람을 돕는 일을 진심으로 좋아했다. "누군가에게 제가 최고로 보였던 그 순간이 제게도 최고의 순간이었고, 가장 좋아하는 일을 했던 순간이었다고 생각하니 겸손해지더군요."

미트가 겸손해진 이유는 그녀의 강점이 눈에 확 띄지는 않아도 가족과 친구들이 사소한 일상의 행위에서 그 강점을 발견해주었기 때문이다. 그녀는 항상 자신이 부족한 사람이라고 생각했다. 하지만 사람들은 그녀가 공감 능력이 뛰어나다고 인정했고 그녀는 여기에 깊이 감동했다. 그리고 다른 사람을 돕는 행위처럼 자신이 누군가를 깊이 배려할 때 가장 빛난다는 사실 앞에 더욱 겸손해졌다.

내가 인터뷰했던 젊은 사람 중 상당수는 칭찬 글을 읽고 자기만족에 빠져 안주하기보다는 새로 발견한 강점을 더욱 발휘하고 싶다는 자극을 받았다. 미시간 대학교에 다니는 론은 이렇게 말했다. "자극을 받기도 했고 책임감도 느꼈어요. 어떻게 하면 이 강점들을 더 잘 사용할 수 있을지 고민 중이에요."

그는 주변 사람들이 그의 대표 강점으로 꼽은 조직력을 더욱 잘 발휘하고자 노력했다. 그룹 프로젝트를 주도하고, 친구들과 주말여행을 계획하고, 여자 친구에게 특별한 데이트를 선사하기 위해 지역 축제들을 검색하면서 더없는 설렘과 감사함을 느꼈다.

이 경험을 하지 않은 이들은 칭찬을 듣고 겸손과 의욕을 느낀다는 말이 선뜻 와닿지 않을 것이다. 아마도 좋은 이야기들만 가득한 하이라이트 릴을 읽고 '내가 이렇게 괜찮은 사람이니 더 나아질 필요가 없겠네'라고 생각할 것이라고 넘겨짚기 쉽다.

하지만 최고의 자기 모습을 발견하면 더 자주 그런 모습으로 살아가고 싶은 마음이 커진다. 2장에서 만났던 톰을 기억하는가? 그는 뇌전증을 앓았던 딸이 써준 이야기를 읽고 너무도 큰 감동과 자극을 받아

이렇게 말했다.

한 인간으로서 저는 가족들을 위해, 세상을 위해 뭔가 좋은 일을 할 때 행복한가를 생각하면 '그렇다'고 대답합니다. '내가 완벽한가?' 라는 질문에는 '전혀 그렇지 않다'고 대답하죠. 내가 세상에 어떤 영향을 미치는지 들으면 그런 일을 더 해야겠다는 의지가 강해진다고 생각해요.

하이라이트 릴은 사람마다 지닌 고유의 잠재력을 서로에게 일깨워준다. 자신이 다른 사람에게 얼마나 큰 영향을 미칠 수 있는지 깨닫고 나면 최고의 모습을 더 자주 발휘하려고 노력한다. 함께 나아가는 길에 불이 밝혀지는 것이다.

· 하이라이트 릴 훈련법 ·

동기부여

나에 대해 사람들이 써준 이야기들을 다 읽었다면 잠시 하던 일을 멈추고 마음을 들여다보자. 10분 정도 시간을 들여 이야기를 읽은 개인적 소감을 적어보자.

어떤 기분이 드는가? 개인적으로 어떤 경험을 했는가? 교만한 마음이 들었는가, 아니면 겸손한 마음이 들었는가? 이 상태로 안주해야겠다는 생각이 들었는가, 아니면 더 많은 일을 해야겠다는 의욕이 생겼는가?

긍정의 사각지대

많은 사람과 인터뷰를 하면서 수도 없이 등장했던 두 번째 주제는 바로 긍정의 사각지대다. 생각보다 많은 사람이 하이라이트 릴을 통해 그동안 몰랐던 긍정의 사각지대를 발견했다. 설령 이미 아는 내용이라 해도 하이라이트 릴을 진행하다 보면 자신의 강점에 관한 새로운 정보를 얻기도 하고, 심지어 자신에게 있는지조차 몰랐던 새로운 강점을 발견하기도 한다.

한번은 어떤 사람이 하이라이트 릴을 다 읽고 이런 말을 했다. "어떻게 40년이 넘도록 사람들이 이토록 소중하게 여기는 제 모습을 저만 모르고 살았을까요?" 2장에서 언급한 코미디언 데이브 마허의 사례를 생각해보자. 잠시 죽은 사람이었던 그는 추도사를 통해 자기도 몰랐던 강점과 자질을 다른 사람들이 인정해주었다는 사실을 알고 무척이나 놀랐다.

우리는 약점에는 날카롭고 예민하지만 강점에는 둔하고 무지하다. 대다수가 거의 자기 학대 수준으로 약점과 단점을 찾는 데만 급급하며 강점은 간과한다. 이렇듯 몸에 밴 칭찬 미루기 습관은 서로에 관한 긍정적 정보를 나누지 못하게 하고, 오직 상대의 단점만 집요하게 파고드는 사고의 틀에 우리를 가둔다. 하이라이트 릴처럼 강점을 들여다볼 기회가 따로 마련되지 않는 이상 이 틀에서 벗어나기는 쉽지 않다. 데이브는 자신의 추도사를 읽고 이렇게 말했다. "추도사를 읽고 나니 '와, 나도 꽤 좋은 사람이네' 하는 생각이 들더라고요."

스톡홀름 출신의 오스카 역시 사람들에게 자신의 좋은 점을 말해달라고 부탁하기가 두려웠지만 결국 부탁했고 사람들이 써준 이야기들을 읽으며 몹시 놀랐다. 그는 스스로 자만심이 강하고 화를 잘 내는 성격이라고 생각했고 그런 성격 때문에 고민도 많았다. 때론 그런 자신의 모습이 싫기도 했다. 평소 그는 조심스러운 말투로 이렇게 말하곤 했다. "제 말이 거칠더라도 양해해주세요. 가끔 더럽게 잘난 척할 때가 있거든요." 하지만 주변 사람들은 그런 그의 모습을 '자기 의견이 분명한 성격'으로 봤고 오스카는 그런 반응에 무척 감동했다.

오스카는 살면서 만난 소중한 사람들이 그의 자신감과 솔직함을 귀하게 여겨준다는 사실이 행복하고도 놀라웠다. 하지만 사람들이 볼 때 그런 모습이야말로 그를 특별하게 만드는 요소였다. 자신의 모습을 인정받은 오스카는 솔직함을 약점이 아닌 강점으로 받아들였고 자신을 바라보는 관점의 폭을 넓히게 되었다.

물론 오스카가 이 강점을 최고의 영향력으로 활용하려면 올바른 방법을 택해야 한다. 10장에서도 살펴보겠지만 이런 강점을 현명하지 못한 방식으로 사용하면 삶의 걸림돌이 되기도 한다.

앞서 언급한 뮌헨 출신의 벤 이야기를 좀 더 해보려 한다. 벤은 4남매 중 막내로 자랐다. 벤의 부모님은 약국 두 곳을 개업해 운영하느라 집에 거의 없었고 늘 바쁘게 일했다. 대가족의 보살핌을 받으며 자란 그는 그런 가족의 분위기를 좋아했지만 한편으로는 남매들 속에서 부모님의 관심을 끌기 위해 치열하게 경쟁해야 했다.

형이나 누나들은 저보다 훨씬 똑똑했어요. 다들 학교 성적도 좋았고 기계처럼 공부만 했어요. 그런 형과 누나들을 보며 이렇게 생각했죠. '아, 나도 저렇게 해야 하는구나.' 하지만 형이나 누나처럼 할 수 없을지 모른다는 생각도 들었어요. 막내라 그런지 좀 게으른 편이었거든요. 부모님이 저를 대하는 훈육법도 형이나 누나들과는 달랐던 것 같아요.

벤은 자신만의 길을 가기로 했다. 약학을 공부하지 않고 사업을 시작한 것이다. 그는 스톡홀름 경제대학교에서 석사 학위를 받은 후 런던에 있는 한 투자은행에 취직했고 이후 뉴욕에 있는 또 다른 투자은행에서 몇 년간 일했다. 그는 자신이 거쳐온 직업들에 대해 이렇게 말했다. "상어가 있는 연못에 뛰어들어 어떻게든 살아남으려고 발버둥 쳤던 시절이었죠."

시간이 흐를수록 벤은 분석적인 일보다는 사람들과 교류하는 일이 자신에게 더 잘 맞는다는 사실을 깨달았다. 그래서 은행 일을 관두고 컨설팅 업계에 발을 디뎠고 이후 10년 동안 승진을 거듭해 컨설팅 회사의 파트너가 되었다.

몇 년 후 그는 하이라이트 릴을 하게 되었는데 직장이 아닌 다른 곳에서 만난 사람들이 들려준 이야기에 매우 놀랐다. 사람들이 들려준 기억 속에서 벤이라는 사람의 가장 주축을 이루는 강점은 호기심이었다. 그는 무척 감동했다. 하이라이트 릴에서 받은 느낌을 다양한 예술 방식으로 표현하는 시간에 그는 호기심을 그의 대표 강점으로 이야기

해준 사람의 글을 그림으로 그렸다. 하지만 안타깝게도 그의 직장에서는 이 호기심을 선호하지 않았다. 직장 동료 중 단 한 명도 그의 강점으로 호기심을 언급하지 않았다. 벤은 긍정의 사각지대를 깨닫고 이렇게 말했다.

> 좀 충격이었어요. 제 친구나 가족들은 제가 그동안 잊고 있던 강점들, 직장 경력에 그다지 도움이 되지 않는다고 여겼던 제 특징들을 강점이라고 말해주었거든요. 친구나 가족들이 말하는 제 강점은 늘 새로운 것을 찾거나 새로운 뭔가를 만들어내려고 노력하는 모습이에요. 그들은 제가 수많은 아이디어로 반짝였던 시절, 모든 일에 호기심 가득하고 매사에 재미를 추구하던 제 어린 시절을 기억하고 있었죠.

벤은 왕성한 호기심과 열정을 직장에서 발휘할 수 없다는 사실이 무척 괴로웠다. 직장에서는 최고의 자기 모습을 발휘할 수 없었다. 그는 일상적인 업무에서 자신의 강점을 활용하다 보면 이 문제를 해결할 수 있다고 판단했다. 이 부분은 3단계에서 보다 구체적으로 배울 것이다.

벤의 이야기는 하이라이트 릴을 통해 긍정의 사각지대를 발견했을 때 삶에서 중요한 변화를 만드는 방법을 보여준다. 또 주어진 재능을 의도적으로 활용해 더 많은 행복과 의미를 찾을 수 있다는 점도 일깨워준다.

긍정의 사각지대 발견하기

하이라이트 릴 이야기들을 읽고 충분히 음미했다면 10분 정도 시간을 들여 개인적 소감을 써보자. 자신은 무심히 지나쳤는데 다른 사람은 높이 평가하는, 긍정의 사각지대가 혹시 보이는가? 자신의 강점 이야기를 듣고 가장 놀라웠던 점은 무엇인가?

⋮ 물고기는 물속에 있는 줄 모른다

지금까지 우리가 본 것은 한 가지 유형의 사각지대다. 이 유형의 사각지대가 어떤 방식으로 강점에 관해 새로운 정보를 터득하게 해주는지 살펴봤다. 이제 두 번째 유형의 사각지대도 살펴볼 차례다. 이 유형의 사각지대는 강점이 미치는 영향력을 깨닫는 것이다.

하이라이트 릴을 읽다 보면 사람들이 지극히 사소한 일을 기억하고 시간을 들여 그 일에 얽힌 일화를 써주었다는 사실에 놀랄 때가 있다. 몇 년 전 혹은 몇십 년 전에 있었던 아주 사소한 일이 그들에게 얼마나 대단한 영향을 주었는지 이야기할 때도 있다. 때론 가족이나 친구, 동료들이 최고의 내 모습이라며 언급한 그 일이 너무 사소해서 기억조차 나지 않을 때도 있다.

앞서 살펴본 토론토 출신의 에바 이야기를 다시 살펴보자. 에바는 하이라이트 릴 만드는 과정이 처음에는 마치 '칭찬 낚시질'처럼 느껴졌다. 하지만 하이라이트 릴을 모두 마친 후에는 자신이 다른 사람에게 미친 영향력에 충격을 받았다. 그녀는 자신의 뛰어난 역량을 이미 잘 알고 있었고 주변 사람들이나 업계 사람들 역시 그 점을 높이 사고 있었다. 하지만 하이라이트 릴을 한 후에야 자신의 사교적 역량이나 포용력이 어느 정도 수준인지 깨달았으며 그 역량이 자신만의 강점이라는 사실을 알았다. 전에는 이 강점이 어떻게 자신을 특별한 사람으로 만들어주는지 잘 알지 못했다.

'모두가 그렇게 하진 않는구나' 생각이 들면서 문득 깨달음의 순간이 찾아왔어요. 제겐 지극히 평범한 일들이었을 뿐 그것이 특별한 강점이라는 사실은 전혀 몰랐어요. 그러다 이런 생각이 들었죠. '이 점은 나만의 특별한 강점인 것 같아. 나만이 할 수 있는 그런 일.' 전에는 이런 제 모습을 대수롭지 않게 여겼어요. 하이라이트 릴을 하고 난 후 달라졌죠.

에바는 사람들이 소속감을 느끼도록 도와주면서 무척 보람을 느꼈다. 무엇보다 사람들의 말에 귀를 기울여 모두가 중요한 사람이라고 느끼도록 해주어 공동체와 유대감을 조성했다. 그녀에게는 지극히 자연스러운 일이었지만 이 점이 그녀를 특별한 사람으로 만들었다. 하지만 정작 그녀 자신은 하이라이트 릴을 경험한 이후에 비로소 자신이 사람들에게 용기를 주고 저마다 특별한 사람이라고 느끼도록 해주었다는 사실을 깨달았다. 대표 강점을 활용해 미래에 더 큰 영향력을 발휘할 방법을 찾은 것이다.

리암은 올해 42세로 뭄바이에서 태어나 시드니에서 살고 있다. 리암 역시 하이라이트 릴을 읽으며 긍정의 사각지대를 인지했다. 그의 경우는 여느 사람들과 달리 그 사각지대가 강점이 아니라 다른 사람에게 목표를 성취하는 구체적인 방법을 보여주는 방식에 있었다. 그는 목표에 꾸준히 집중하는 능력이 뛰어났고 사람들은 그가 그 방법을 알려줄 때 무척 좋아했다. 하지만 그는 그것이 평범한 일이라고 생각했다.

> 하이라이트 릴에서 새롭게 알게 된 사실은 없었어요. 하지만 예전의 일들이 떠올랐죠. 누군가에게 의미 있는 일이었는데 제가 잊고 있던 일 혹은 오랫동안 생각하지 않았던 일들이요. 하이라이트 릴은 새로운 발견이라기보다는 재발견에 가까웠어요.

어떻게 우리는 다른 사람에게 무척 깊은 의미가 있었던 행동을, 그들이 몇 년 또는 몇십 년 동안 기억했던 행동을 잊어버릴 수 있을까? 그 이유는 자신의 강점이 자연스럽게 느껴지다 보니 지극히 단순하게 보였기 때문이다. 에바의 포용력이나 리암의 비전 제시 능력은 특별한 강점처럼 보이지 않는 경우가 많으며 쉬운 일 혹은 아무것도 아닌 일로 치부되기도 한다. 누구나 별다른 노력을 기울이지 않아도 자연스럽게 잘하게 되는 일이 있다. 때론 공기처럼 익숙해져서 그 강점이 미치는 영향력의 깊이를 완전히 잊어버리기도 한다.

'물고기는 자기가 물속에 있는 줄 모른다'는 말을 들어본 적 있는가? 물고기는 물 밖 세상을 한 번도 경험해보지 못했기에 자신이 물속에 있는 줄 모른다. 마찬가지로 우리도 자신의 강점에 너무 익숙해진 나머지 밖에서 바라보지 못할 때가 많다. 공기처럼 익숙해져서 단순한 일상적 행동 정도로 평가절하하기도 한다.

하지만 그런 강점은 분명 누군가에게 큰 영향을 미친다. 그리고 이런 사소한 행동이 누군가에게 좋은 영향력을 미친다는 사실을 알게 되면 삶에 새로운 동기가 생길 수도 있다. 이 강점을 활용해 자신이 하는 일과 사랑하는 사람들의 삶에 더 큰 변화를 만들고 싶다는 바람이 생길 수도 있다.

1장에서 살펴본 것처럼 자신의 행위가 다른 사람의 삶에 영향을 미친다는 사실을 깨달으면 삶의 의미와 목적의식이 뚜렷해진다. 앞서 시카고 출신의 소피아를 기억하는가? 소피아는 사람들에게 자신에 관한 긍정적인 이야기를 들려달라고 부탁하는 일이 마치 자동차를 빌려달라고 부탁하는 것만큼이나 어렵다고 했다. 그런 그녀의 강점은 복잡하고 어려운 일을 맞닥뜨렸을 때 두려워하지 않는다는 점 그리고 혼란스러운 상황에서 최고의 결정을 내린다는 점이었다. 그녀는 이 두 가지 면에서 강하다는 사실을 알고 있었지만 이 강점들로 사람들에게 좋은 영향을 주는 방법은 알지 못했다.

다음은 소피아가 하이라이트 릴을 읽고 난 후 밝힌 소감이다.

이미 알고 있는 사실들이었지만 솔직히 저의 그런 강점들이 다른 사람에게 어떻게 영향을 줄 수 있는지는 몰랐어요. 그저 하던 일을 했을 뿐이죠. 그게 특별하다는 생각은 한 번도 해본 적이 없었고 늘 그런 사고방식에 갇혀 있었죠. 제가 했던 일 중 75퍼센트는 그냥 옳다고 생각해서 한 일이에요. 그런데 그 일이 변화를 일으킬 수도 있다는 걸 알게 되면서 제 일상의 순간들을 생각하는 방식이 달라졌어요. 그 순간들이 얼마나 중요한지도 다시 생각하게 되었죠. 제가 크게 신경 쓰지 않았던 그 작은 순간들이 누군가에게 아주 큰 영향을 줄 수도 있다는 사실에 정말 놀랐어요.

소피아는 하이라이트 릴에 드러난 자기의 강점들을 이미 알고 있었다. 하지만 그 강점들을 발휘해 어떤 행동을 했을 때, 자신에게는 지극히 사소한 그 행동이 다른 사람에게는 큰 의미가 될 수도 있다는 사실은 미처 몰랐다.

3장에서 만난 브라질 출신의 안토니아도 자신의 강점이 다른 사람에게 영향을 미칠 수 있다는 사실을 깨닫고 크나큰 자신감을 얻었다. 안토니아는 상파울루의 가난한 지역에서 자라 수많은 고난과 역경을 딛고 삶의 여러 분야에서 성공을 거뒀다. 시카고 대학교에서 경영학 석사 학위도 취득했고 국제적인 컨설팅 회사에서 파트너가 되었으며 얼마 지나지 않아 경영 이사라는 자리에 올랐다. 하지만 성과가 잘 나지 않자 자기 회의감이 들기 시작했다. 이후 하이라이트 릴에서 삼촌이 써준 글을 읽고서 그녀는 자신의 행동이 얼마나 큰 영향력이 있었는지 다시 생각하게 되었다.

그때 일은 잘 기억나지 않아요. 하지만 삼촌은 이런 말을 하셨죠. "안토니아, 네가 열세 살 때 우린 함께 지냈었어. 어느 날 우리 가족이 어떤 일로 다투고 있었는데 네가 그 일을 해결하며 이렇게 말했단다. '다들 이렇게 해야 해요.' 그때 너는 우리 모두에게 가야 할 길을 제시했어. 우리 가족은 네 말대로 하기로 했단다." 저는 잘 기억하지 못하는 일을 삼촌은 기억하고 계셨죠.

안토니아는 자신이 뛰어난 문제 해결사라는 사실은 알고 있었지만 자신의 행동과 결정이 얼마나 효과적인지에 관해서는 의심하고 있었다. 하이라이트 릴을 할 때만 해도 그녀는 새로운 업무에 적응하느라 그런 의구심과 회의감을 완전히 떨치지 못한 상태였다. 그러나 이야기를 다 읽고 난 후 어릴 적 경험들이 큰 의미로 와닿았다. 새 직장에 적응하며 악전고투하느라 과거의 자기 모습은 까맣게 잊고 있었던 것이다.

하이라이트 릴 덕분에 안토니아는 타인의 기억 속 자신의 모습을 다시 들여다볼 수 있었다. 그리고 안정감과 든든함을 느꼈다. 자신에게는 아무것도 아닌 하찮은 일들을 다른 사람은 강점으로 인정해주고 소중히 여겼다는 사실을 알게 되었다.

하이라이트 릴을 읽을 때 사람들이 가장 많이 놀라워하는 부분은 자신에게는 정말 아무것도 아닌 작은 일이 누군가에게는 아주 큰 일이 되기도 한다는 점이었다. 누군가는 그 일을 위해 큰 노력을 들이기도 한다. 다음은 런던 출신의 46세 앤드루의 이야기다.

제 아내가 들려준 이야기예요. 영국 북부 지방에 살고 계신 장인, 장모님이 크리스마스 날 우리 집에 오시다가 고속도로 휴게소에서 차가 망가졌죠. 저는 하던 일을 멈추고 두 분을 데리러 갔어요. 휴게소에 도착해 차 문제를 해결하고 두 분을 우리 집까지 모시고 와서 그날 우리 가족은 크리스마스 저녁을 함께 보낼 수 있었죠. 그때만 해도 아내가 제가 한 일을 그렇게 고마워하고 있는 줄은 몰랐어요. 하이라이트 릴에서 아내가 써준 글을 생각하기만 해도 기분이 좋아져요. 제가 한 일을 그렇게 대단한 일이라고 생각하지 않았거든요.

앤드루는 자신에겐 별것 아닌 사소한 일을 다른 이들이 얼마나 고마워하는지를 알고 무척 놀랐다. "주로 일상에서 있었던 소소한 일들에 관한 이야기가 많았어요. 엄청나게 큰 사건은 없었죠. 그런데 그 작은 일들이 제 마음을 울리고 큰 감동을 주더군요." 자신의 행동이 누군가에게 좋은 영향을 미친다는 사실을 깨달은 그는 사람들을 더 돕고 싶다는 생각이 들었다.

사람들이 저마다 지닌 강점을 발휘하도록 누구보다 애쓰며 살아온 마커스 버킹엄은 이렇게 말했다.

깊이 생각해보면 우리는 세상과 관계를 맺는 자신만의 방식을 낱낱이 밝혀야 할 가치가 있다고 생각하지 않는다. 때론 누군가 그냥 그 길을 가도록 내버려둬야 할 때도 있다. "아냐, 아냐, 그게 바로 당신이야. 좀 이상해 보여도 괜찮아. 모두가 똑같은 길을 가지 않아도 돼." 그리고 이 사실을 받아들이려면 다소 시간이 걸린다. "솔직히 말하면 바로 이게 내가 세상과 관계를 맺는 나만의 방식이야."[1]

· 하이라이트 릴 훈련법 ·

자신의 긍정적 영향력 인정하기

10분 정도 시간을 들여 자신이 다른 사람에게 어떤 영향을 주었는지 생각해 보고 그 사실을 알게 된 느낌을 적어보자. 하이라이트 릴을 읽으면서 미처 알지 못했던 강점의 사각지대를 발견했는가? 당신에게는 대단치 않은 일인데 누군가 높이 평가한 사소한 행동이 있는가? 주변 사람들이 들려준 이야기에서 어떤 부분이 놀라웠는가? 지금보다 더 많이 발휘할 수도 있는 강점인데 무시하고 과소평가하는 강점이 있는가?

⋮ 나는 생각보다 더 나은 사람이었다

하이라이트 릴에서 크게 놀라운 점을 발견하지 못한다 해도 타인이 나를 보는 시선에서 마음의 평화와 따스한 온정을 느끼기도 한다. 1장에서 살펴본 대로 우리는 누군가 자신의 솔직한 모습을 봐줄 때 진정성을 느낀다. 코마에 빠졌던 데이브는 이렇게 말했다. "과격하고, 걸핏하면 싸우고, 툭하면 삐딱하게 반대하는 제 모습을 사람들이 그런 방식으로 볼 수 있다고는 전혀 생각하지 못했어요. 제 존재가 뼛속까지 이해받고 있다는 확고하고도 구체적인 증거들이 가득했죠."

타인이 자신의 진정한 모습을 알아준다고 생각했을 때 느끼는 긍정적 감정의 정체는 무엇일까? 텍사스 대학교의 심리학 교수 빌 스완Bill Swann은 이를 '자기검증self-verification'이라고 부른다.[2] 스완 교수에 따르면 자기검증은 사회적 현실 속에서 자기개념self-conception(사회적 맥락 속에서 자신의 능력이나 태도, 느낌 등에 대한 주관적 인식—옮긴이)을 확인해주는 구체적 증거를 찾으려는 경향이다.

내 경험적 연구에서도 사람들은 자기가 자기를 보는 시선과 타인이 자기를 보는 시선이 동일하길 바랐다. 타인의 기대가 실제 자신이 할 수 있는 것보다 크거나 작으면 이런 일관성은 흐름이 깨진다. 따라서 실제 자신의 모습을 타인이 정확히 알아줄 때 우리는 진정성과 안정감을 느낀다.

하이라이트 릴 연구에서 본 자기검증의 가장 흥미로운 점은 긍정에 집중한다는 사실이다. 하이라이트 릴은 진정한 자기 모습을 인정받고 이해받을 수 있는 흥미로운 관점을 제시한다. 이 진정한 자신의 모습에는 강점도 있으나 성격의 어두운 이면도 포함된다. 코마에 빠졌던 데이브는 자신의 추도사를 '내 성격의 모난 부분들을 보듬어주는 이야기들'이라고 표현했다. 사람들은 데이브에게서 과격함과 호전성도 봤지만 이런 점들이 굳건한 의리가 되는 것도 봤다.

앞서 언급한 국제 컨설팅 회사의 파트너로 일하는 루이스도 이런 감정을 느꼈다.

관점이 다른 이야기 한두 편이 있었어요. 제가 약점이라고 여겼던 부분을 누군가는 강점으로 봤다는 사실이 무척 흥미롭더라고요. 단순한 감동 그 이상이었던 것 같아요. 이전에는 제가 그렇게 대단한 사람이 아니라고 생각했거든요. 그런데 사람들의 생각은 저와 다르더라고요.

어떻게 보면 루이스가 약점으로 여겼던 부분을 다른 사람은 강점으로 봤기 때문에 자기검증이 이뤄지지 않았다고 생각할 수도 있다. 하지만 루이스는 하이라이트 릴을 통해 오히려 자신이 검증받은 느낌을 받았다. 같은 특징을 두고 자신과 타인의 관점이 달랐지만 자신이 약점으로 여긴 그 특징을 사람들은 강점으로 본다는 사실을 깨달았기 때문이다.

루이스는 특히 사람들 앞에서 연설할 때 불안해지는 모습을 약점이라고 생각했다. 하지만 동료, 친구, 가족들은 그녀의 의사소통 능력을 강점으로 꼽았다. 다들 루이스가 의사 전달에 뛰어난 사람이라고 생각했고 그녀의 말을 듣고 싶어 했다. 이 이야기를 듣고 그녀는 연설을 일로 여기는 것이 문제라고 생각했다. 일이라고 생각하니 실수 없이 완전무결하게 해내야 한다는 부담감에 더욱 초조해졌던 것이다. 그냥 사람들과 이야기하는 소통의 한 형태라고 생각했다면 워낙 잘하는 분야이므로 불안감이 없었을 것이다.

자기검증은 삶의 여러 분야에서 자신의 성향을 알아주고 인정하고 높이 평가하는 사람들이 있다는 사실을 깨달을 때 이뤄진다. 이를 느끼려면 타인의 관점이 나와 다를 수도 있다는 사실을 받아들여야 한다. 그랬을 때 다양한 사람들에게서 일관된 이야기를 들으면 마음이 놓인다. 상파울루 출신의 안토니아도 여러 이야기를 관통하는 공통점을 발견하고 감동을 받았다.

> 여러 이야기에 공통점이 있었어요. 제가 가족과 친구, 직장 동료, 다른 시기와 다른 장소에서 만난 사람들에게 하이라이트 릴을 부탁해서 정말 다양한 사람들에게 피드백을 받았는데도 어떤 일관된 점이 보이더라고요. 사람들이 한 가지 공통적인 특징을 언급했다는 사실은 제게 큰 자극을 주었어요. 바로 이 점 때문에 하이라이트 릴이 매우 중요하다고 생각해요.

자신에 관한 이야기들을 읽다 보면 자기검증과 일관성을 느낀다. 사람들이 자신의 강점을 인정해주고 가치 있게 생각해주었기 때문이다. 물론 강점에는 어두운 면이 있을 수도 있다. 하지만 그 강점의 긍정적 역할에 집중할 때 더 동기부여가 되고 에너지가 생긴다.

특히 여러 곳에서 만난 다양한 사람들에게서 일관된 이야기를 들을 때면 더욱 강하게 동기부여가 된다. 45세인 제이콥은 뉴욕의 컨설팅 기업 파트너다. 제이콥의 경우 어린 시절부터 현재의 모습에 이르기까지 모든 이야기에 나타난 공통적인 주제는 공감 능력이었다.

> 그 점은 어린 시절 제 모습에서부터 약 40년이 지난 현재의 모습에

이르기까지 일관되게 나타나고 있었어요. 그러니 어린 시절부터 발달해 지금까지 이어진 능력이라고 봐야겠죠.

하지만 하이라이트 릴에서 정반대의 사실을 깨닫기도 한다. 어린 시절에 드러났던 대표 강점을 성인이 되어 전혀 활용하지 않기도 한다. 호기심이 대표 강점이었던 벤 역시 직장 생활에서 호기심을 발휘하지 않고 있었다.

어린 시절과 10대 시절 가장 돋보였던 제 모습이 직장에서는 전혀 드러나지 않는다는 사실에 무척 놀랐어요. 다른 직장 동료나 파트너들과 마찬가지로 '튀지 않는' 사람으로 지내는 제 모습에 무척 놀랐죠. 덕분에 제 성격에서 호기심 분야를 다시 탐구하게 되었어요.

대다수가 하이라이트 릴을 읽고 일관된 강점을 발견하지만 어떤 사람들은 그동안의 삶에서 핵심 역량을 전혀 발휘하지 않고 살았다는 것을 깨닫기도 한다.

· 하이라이트 릴 훈련법 ·

칭찬 충격 시동 걸기

10분 정도 시간을 들여 다른 사람들이 써준 이야기에서 내가 어떤 사람으로 인식되고 있었는지 살펴보고 느낌을 적어보자. 사람들이 나의 진정한 모습을 잘 안다고 느꼈는가? 동료와 가족, 친구들의 이야기에 드러난 강점이 제각기 달랐는가? 어린 시절부터 지금까지 일관되게 언급되는 강점이 있는가?

이제 네 가지 훈련을 모두 마쳤다. 각 과정에서 기록한 내용을 모두 모아보자. 지금까지 배운 놀라운 사실들을 잠시 생각해보자. 그리고 이렇게 들은 칭찬이 생각과 관점을 어떻게 바꿨는지도 성찰해보자. 이 과정이 전반적으로 어떤 긍정적 영향을 주었는가?

하이라이트 릴이 없었다면 아무 일도 일어나지 않았을 것이다. 보이지 않는 억압 때문에 이런 경험을 하지 않고 살았다는 것을 생각하면 정말 기이한 일이다. 이제 이 과정에서 느낀 소감들을 적어 하이라이트 릴 폴더에 담아두자.

가면 증후군에 주의하라

앞서 우리는 너무 익숙해져서 무시하게 되는 강점도 있다는 사실을 살펴봤다. 이따금 우리는 어떤 강점들은 그저 단순한 특징이나 사소한 행위, 주목받을 만한 가치가 없는 행동으로 여기기도 한다. 이 강점들이 상대적으로 뛰어난 역량이며 큰 변화를 일으키기도 한다는 사실을 잊고 사는 것이다. 이는 어쩌면 가면 증후군imposter syndrome 때문일 수도 있다.

1978년 심리학자 폴린 클랜스Pauline Clance와 수잰 임스Suzanne Imes는 훌륭히 잘 살아왔음에도 불구하고 자신이 똑똑하지 않다거나 무능하다거나 창의적이지 않다고 믿는 사람들의 잘못된 심리 상태를 가면 증후군이라고 정의했다.[3] 가면 증후군에 빠진 사람들은 목표를 이루고자

하는 의욕도 매우 강하지만 한편으로는 자신의 성취가 사기로 판명되거나 들통날까 봐 두려워한다.

내가 어릴 적 어머니는 20년 넘게 어느 회사 임원의 비서로 일하고 있었다. 아버지는 트럭 운전사였고 할아버지와 삼촌들 모두 트럭 운전사였다. 형도 나중에 트럭 운전사가 되었다. 우리 가족 중 대학에 진학한 사람은 아무도 없었다. 그러나 나는 트럭 운전보다는 뭔가 배우는 것을 좋아했다.

운전대보다는 책을 손에 쥐었던 나는 나중에 펜실베이니아 대학교에 진학했다. 그리고 어쩌다 보니 스물한 살에 코넬 대학교에서 박사과정을 밟게 되었다. 대학에 대해 정말 아무것도 몰랐던 나는 대학에서 박사과정 제안을 받았을 때 이곳이 아이비리그 중 하나라는 사실도 몰랐다. 한 친구의 아버지가 코넬 대학교가 명문대라고 말했을 때 그 아버지와 논쟁을 벌였을 정도였다.

4년 후 조지아 공과대학교에서 경영학 교수 자리를 제안했다. 정말 일어날 성싶지 않은 일이 일어난 것이다. 누군가를 가르친다는 사실이 낯설게 느껴졌다. 경영학 석사과정을 밟는 학생들 대부분이 나보다 나이도, 경험도 많았다.

앞서도 말했지만 나는 서른다섯 살이 되도록 인생을 몽유병 환자처럼 살았다. 이따금 나는 주변에 평지풍파를 일으키고 싶지 않았기에 몽유병이 이끄는 곳으로만 걸어갔던 건 아닐까 생각한다. 그리고 내가 학계에 전혀 어울리지 않는 사람임에도 무작정 "나를 들여보내 주세요" 하고 들어가 사람들을 속인 건 아닐까 하는 생각도 든다. 고개를

숨인 채 학교에서 가르쳐준 말만 하고 지내면 아무에게도 내가 부적격자라는 사실을 들키지 않고 무사히 그 시절을 통과할 수 있으리라 생각했는지도 모른다. 그렇다. 생각해보면 나 역시 어느 정도 가면 증후군을 앓았던 것 같다.

가면 증후군은 참 이상하다. 정반대 증거들이 수두룩한데도 자기 의심의 수렁에서 벗어나질 못한다. 그 수렁은 너무도 깊어서 가면 증후군이라고 인식하는 순간에도 벗어나지 못한다. 특히 똑똑하고 성공한 사람들, 눈에 띄는 업적을 이룬 사람들, 명문대에 들어갔거나 좋은 직장에 들어가 크게 승진한 사람들에게 이 증상이 자주 찾아온다.

혹시 당신도 좋은 학교나 좋은 직장에 들어간 것이 실수나 우연이라고 생각한 적이 있는가? 당신이 부적격자라는 사실을 누군가 알아채고 사기꾼이라고 생각할까 봐 전전긍긍한 적이 있는가? 자신의 자질과 능력에 대해 과도하게 불안해하는 사람은 아주 많다.[4] 대다수가 자신이 정말 그 자리에 있을 자격이 있는지 궁금해한다.

톰 행크스의 사례를 살펴보자. 그는 70여 편이 넘는 영화와 TV 드라마에 출연했으며 아카데미상을 두 번이나 받았다. 만약 당신이 〈스플래쉬〉, 〈빅〉, 〈시애틀의 잠 못 이루는 밤〉, 〈필라델피아〉, 〈아폴로 13호〉, 〈토이 스토리〉, 〈라이언 일병 구하기〉, 〈유브 갓 메일〉, 〈찰리 윌슨의 전쟁〉, 〈스파이 브릿지〉의 주인공이었다고 생각해보라. 그 성취감과 자부심이 얼마나 대단하겠는가? 하지만 그는 그런 자신의 능력을 지금도 의심한다.

우리가 누구든, 무슨 일을 했든 문득 이런 생각이 들 때가 있습니다. 내가 어쩌다 여기까지 왔지? 내가 이 일을 계속할 수 있을까? 언젠가는 저들이 사실 내가 사기꾼이라는 사실을 알아채고 모든 것을 앗아가면 어쩌지? 우리 모두 아슬아슬한 줄타기를 하는 기분으로 살죠.[5]

그만 그런 것은 아니다. 그래미상을 세 번이나 받은 입지 탄탄한 작가라면 얼마나 자긍심 넘치는 삶을 살지 생각해보라. 그 주인공은 퓰리처상과 토니상 후보에 오르기도 했다. 시인이자 작가인 마야 안젤루의 이야기다. 하지만 안젤루는 자신의 능력과 재능을 늘 의심했다. "무려 11권의 책을 썼는데도 매번 이런 생각이 들어요. '아, 이제 내 정체가 탄로 나겠구나. 모든 사람을 상대로 판을 벌였으니 이제 내 실체가 드러날 거야.'"

배우이자 시나리오 작가인 티나 페이는 자신도 사기꾼이지만 다른 사람들도 모두 사기꾼이라고 생각하며 그런 감정에 대처한다고 했다.

가면 증후군이 생기는 원인은 세 가지가 있다.[6] 물론 모두 하이라이트 릴을 통해 극복할 수 있다.

첫째, 물고기는 자기가 물속에 있는 줄 모른다는 말 기억하는가? 가면 증후군은 자신의 강점에 익숙해져서 그 가치를 깎아내릴 때 생긴다. 자신에게는 자연스러운 일 혹은 쉬운 일인데 세상이 그 일을 과대평가한다는 생각에 자신의 강점을 선뜻 인정하지 못하는 것이다.

둘째, 익숙하지 않은 행동을 시작할 때는 누구나 불편하고 어색하다. 새로운 역할이나 행동을 처음 할 때는 자신이 어울리지 않는다고 느낄 수 있다.

런던 경영대학원의 허미니아 아이바라Herminia Ibarra는 우리가 어떻게 스스로를 변화시켜 새로운 정체성과 역할에 적응하는지를 연구한다.[7] 그녀의 연구에 따르면 새로운 행동은 처음에는 부자연스럽게 느껴지기 마련이다. 익숙하지 않아서 어색한 기분이 들고 피상적이거나 가식적인 행동이라고 느껴진다. 그래서 왠지 남을 속이는 것 같은 기분이 든다. 이런 기분이 들면 새로운 경험을 시도하고 거기서 뭔가를 배우려는 태도에서 한 걸음 뒤로 물러서기도 한다.

셋째, 가면 증후군은 자부심과 겸손에 관한 사회적 규범 때문에 생기기도 한다. 4장에서도 언급했듯이 지나친 자부심은 사회에 해롭다. 맞는 말이다. 집단 구성원이 겸손할 때 그 집단이 더 잘 된다. 하지만 지나친 겸손은 잠재력을 끄집어내고 최고의 역량을 발휘하지 못하게 막는다.

그러면 어떤 결과가 생길까? 어떤 분야에서 성공을 거두고 나면, 특히 일에서 성공하면 자신이 그럴 만한 자격이 있는 사람인지 의심하기 시작한다. 현재의 성공에 안주한다면, 굳이 위험을 무릅쓰고 더 큰 성취를 탐하지만 않는다면 사람들이 거짓을 알아차리지 못하고 그냥 넘어간다고 생각한다. 일종의 위축감이 들면서 기존에 했던 일을 계속하려고 한다.

문제는 이런 위축감이 새로운 일을 시도할 때마다 두려움으로 바뀐다는 점이다. 두려움 때문에 더 큰 영향을 줄 수 있는 일을 시도조차

하지 않게 된다.[8] 성장과 배움을 멈추는 것이다. 적당한 자리에 안주한 채 최고의 역량을 발휘할 잠재력을 찾지 않고 그냥 자동운전 모드에 진입한다. 나도 30대에는 그랬다. 일상의 틀에 갇혀 안온함만을 추구했다. 가면 증후군이 내 뒷덜미를 잡았지만 하이라이트 릴 덕분에 중대한 전환점을 맞게 되었다.

대부분 사람에게 가면 증후군은 잠시 생겼다가 사라진다. 새로운 일을 시작하거나 어떤 환경에서 서툰 모습으로 시작할 때 가면 증후군이 잠시 생길 수도 있다. 하지만 다양한 분야에 이 가면 증후군이 광범위하게 자리 잡아 사회적 불평등이 초래되기도 한다. 심리학 교수 브래드 존슨Brad Johnson과 사회학 교수 데이비드 스미스David Smith는 〈하버드 비즈니스 리뷰〉 논문에서 "남성 위주의 계층적 문화가 가면 우울에 영향을 미칠 수 있기" 때문에 여성과 소수 계층이 이 가면 증후군의 해를 입는다고 말했다.[9]

집안에서 처음으로 대학에 진학한 재능 있는 대학생들 그리고 과학, 기술, 공학, 수학 분야에 종사하는 여성들이 소속감을 느끼지 못하는 경우가 있다. 부모가 대졸인 학생들이 주류인 환경에서 대학을 다니거나, 남성 지배적 환경에서 일하며 소수자의 위치로 내몰리기 때문이다. 이들은 자신이 가면을 쓰고 있다고 느끼기도 한다. 이때 주어진 환경에서 최선을 다하기보다 걱정과 불안에 잠식된다면 자기충족적 예언self-fulfilling prophecy(자기가 예상하는 대로 실제 현실에서 이뤄지는 현상—옮긴이) 대로 될 가능성이 높다.

성공할 능력이 충분하다 해도 불안과 불신, 부정적 자기 대화는 삶에 위협을 가한다. 1장에서도 봤듯이 이런 불안은 우리의 에너지를 소진하기 때문에 이미 가지고 있는 창의력과 문제 해결 능력을 발휘하지 못하게 만든다.

가면 증후군이 장기적으로 문제가 될 때도 있다. 다른 사람은 '가지고 있는데' 자신은 '가지고 있지 않다'는 믿음 때문이다. 이런 식으로 생각하다 보면 자신은 영원히 갖지 못할 거라고 믿게 된다. 그것이 어떤 것이든, 그것을 얻기 위해 얼마나 힘들게 노력했든 상관없다. 결과적으로 위축되어 현 상태를 망치지 않으려 전전긍긍하고, 역량을 발휘할 방법을 찾지 않은 채 그저 수동적으로 기다리는 자세로 살게 된다. 변하고 배우려면 도전이 필수다. 하지만 가면 증후군에 빠지면 그저 운이 좋아서 지금 위치에 왔다고 생각하기 때문에 위험이나 실수를 지나치게 두려워하고 불안해한다.

그러나 하이라이트 릴을 통해 자신이 얼마나 특별한 사람인지를 보여주는 구체적인 증거들을 확인하면 자신에게 변화와 발전의 힘이 있음을 깨닫는다. 위축된 마음가짐이 성장의 마음가짐으로 바뀌는 것이다.

하이라이트 릴은 자신의 긍정적 영향력을 확인함으로써 가면 증후군을 극복하도록 도와준다. 자신의 가치를 제대로 평가하고 자신이 세상에 미치는 영향을 이해하게 된다. 한 사례로 미시간 대학교에 다니는 아르준은 지인들로부터 자신을 검증해주는 이야기들을 들으면서 자신이 이룬 성취가 '그저 어쩌다 보니 운이 좋아서' 얻은 것이라는 생각을 비로소 떨치게 되었다.

아르준은 항상 피드백 샌드위치feedback sandwich(상대에게 피드백을 줄 때 먼저 강점과 좋은 점을 말해 긍정적 분위기를 만든 후 중간에 핵심 내용이나 문제점 등을 말하고 마지막에 상대에 대한 기대와 인정, 격려 등으로 마무리하는 피드백 기법—옮긴이)만 받았다고 말했다. 사람들이 그에게 긍정적 이야기를 해줄 때 긍정적인 정보들 사이에 문제점과 단점을 콕 집어 언급하곤 했다는 의미다. 그러다 보니 그는 늘 부정적 측면에만 집중하고 강점은 무시하게 되었다.

하지만 하이라이트 릴은 피드백 샌드위치와 완전히 달랐다. 오로지 강점에만 집중하게 해주고 앞으로 나아가는 방법을 제시해주었다. 그는 스스로 능력을 증명할 걱정을 하지 않고 그저 최고의 역량을 발휘하면 되었다. 아르준은 이렇게 말했다. "이 피드백은 가면 증후군을 완전히 없애버렸어요. 하이라이트 릴은 제가 옳다는 걸 입증해주고 자신감을 주었습니다."

안토니아 역시 컨설팅 회사의 경영 이사로 승진했을 때 가면 증후군을 겪었다. "왜인지는 잘 모르겠지만 어느 순간 제가 사기꾼이 된 기분이 들었어요." 그녀는 극심한 두려움에 빠졌다. 사람들을 속여 그 자리에 올랐다는 생각이 들었고, 사람들에게 자신의 실체가 발각될 것 같아 불안했다. 그러다 하이라이트 릴을 통해 자신을 바라보는 관점을 바꾸고 불안과 두려움에 대처하게 되었다.

하이라이트 릴을 통해 받은 편지들은 제 인생의 전환점이 되었습니다. 지금까지 사람들과 나눴던 그 어떤 대화보다도, 그 어떤 치유법보다도 좋았습니다. 그토록 오랜 세월 고통받았다고 생각하니 좀 서글퍼지더군요. 그동안 저는 저를 다그치고 상처를 주며 살았어요. '난 능력 있는 사람이 아니야. 난 능력 있는 사람이 아니야. 맙소사, 도대체 무슨 일이 일어난 거야? 안토니아, 도대체 무슨 일이 생긴 거니? 난 절대 능력 있는 사람이 아니야. 그냥 가면을 쓰고 있는 거야'라고 말하곤 했죠.

안토니아에게 하이라이트 릴이 중요했던 이유는 이런 부정적 감정과 자기 대화들이 일의 효율성까지 무너뜨리고 있었기 때문이다. 심지어 이 부정적 감정과 언어들은 직장이 아닌 다른 곳에서의 태도와 행동까지 망치고 있었다.

우리는 늘 결점을 먼저 보곤 합니다. 잘하지 못하는 일, 고쳐야 하는 일만 보죠. '나는 뚱뚱해', '난 머릿결이 안 좋아', '난 직장에서 일을 잘 못해', '우리 집은 깨끗하지 않아'라고 말이죠. 그러다 보니 진심으로 좋아하는 일을 하지 않게 돼요. 자신이 그런 일을 할 만한 가치가 없다고 생각하니까요.

그녀의 통찰력은 강렬하고도 슬프게 와닿았다. 어떻게 일군 성공인데 아직도 자신을 이리도 가혹하게 평가한단 말인가? 안토니아는 늘 뭔가를 성취하는 삶을 살았다. 넉넉지 않은 형편이었지만 명문대에 진학해 경영학 석사 학위를 받았고 직장에서는 경영 이사의 자리에까지 올랐다. 경력으로만 보자면 상위 1퍼센트 안에 드는 성공이다. 직장 내에서도 늘 사람들을 돕는 일을 한다. 하지만 정작 그녀는 자신의 능력을 불신했다. 자신의 가치를 의심했다. 조만간 탄로 날 가면을 쓰고 사는 기분이었다. 이런 위축감은 뇌를 잠식해 더욱 생산적으로 될 수 있는 길을 막아버릴 뿐 아니라 삶의 질까지 떨어뜨린다.

안토니아의 이야기를 깊이 생각해봐야 하는 이유는 그녀처럼 자신에게 지나치게 엄격하면 결국에는 자신을 가두고 아무것도 하지 못할 수 있기 때문이다. 삶에 활력을 불어넣을 수 있는 자질을 감춘 채 잔뜩 움츠리고, 이로써 삶의 경험을 극도로 제한하는 악순환에 빠진다.

그녀의 이야기가 중요한 마지막 이유는 하이라이트 릴이 왜 도움이 되는지 일깨워주기 때문이다. 하이라이트 릴은 소중한 사람들에게 가치를 인정받음으로써 자기 확신을 얻게 해준다. 또한 정신적 혼란을 없애주고 자신을 평가절하하는 태도나 지나치게 비판적인 생각의 악순환에 빠지지 않도록 도와준다. 타인이 자신에게 들이대는 잣대보다 자신이 자신에게 들이대는 잣대가 더 엄격하기 마련이다.

사실 우리 대부분이 지금보다 더 잘해야 한다고 생각한다. 그러나 하이라이트 릴은 우리가 지금 이대로도 괜찮은 사람임을 상기시킨다. 우리가 어디에 속해 있는지, 어떤 가치가 있는 사람인지를 일깨워준다. 물론 우리는 지금보다 더 나아지고 싶다. 하지만 우리 자신에게 좀 더 친절해질 필요가 있다.

하이라이트 릴은 최고의 모습으로 다른 사람의 삶에 긍정적 변화를 일으키는 동안에도 자기 자신을 더욱 잘 보듬고 보살피도록 해준다.

⋮ 때론 거절당할 수도 있다

많은 사람이 하이라이트 릴을 통해 긍정적 감정을 경험했고 과학 연구 역시 긍정적 결과들을 보여주고 있다. 하지만 여기서 잠시 하이라이트 릴을 통해 겪는 두 가지 부정적 경험을 이야기하려 한다.

'왜 좀 더 좋은 말을 해주지 않았을까요?'

누군가 써준 글을 읽고 실망한 적이 있는가? 혹은 글을 써주지 않아서 실망한 적이 있는가? 이는 매우 중요한 문제다. 자신이 속한 공동체에서 의미 있는 사람들에게 칭찬 글을 부탁했기 때문이다. 누군가는 공들여 글을 써주었을 수도 있고, 누군가는 솔직하게 감정을 드러냈을 수도 있다.

내 경우 몇몇 사람은 여러 문단에 걸쳐 아주 상세한 기억들을 써준 덕분에 나도 그 기억을 생생하게 되짚을 수 있었다. 이런 이야기들은 강력한 힘을 발휘했고 내 마음을 크게 움직였다. 또 어떤 사람들은 한두 문장으로 짧게 써주기도 했는데 상대적으로 무척 빈약한 글이었다. 주로 나에 관한 구체적인 기억보다는 마치 내 행동 보고서를 쓰듯 짤막하게 쓴 문장들이었다. 나는 그런 글들을 읽으며 이들도 다른 사람처럼 나에 대해 상세히 써주었으면 좋았겠다고 생각했다.

또 구체적인 기억을 전혀 써주지 않아 당혹감을 주는 사람도 있다. 하이라이트 릴을 경험한 사람들을 대상으로 인터뷰를 하다 보면 간혹 그런 경우도 있다. 누군가 특정 순간에 관한 이야기를 반드시 써줄 줄 알았는데 그 중요한 이야기를 한마디도 언급하지 않아 실망하는 사람도 봤다. 가장 가치 있다고 확신하는 강점 혹은 반드시 인정받아야 하는 강점 이야기가 단 한 줄도 없을 때도 있다. 그러나 사람들이 써주는 이야기를 통제하거나 조정할 수는 없다. 듣고 싶은 말을 듣지 못하는 경우도 허다하다.

내가 준을 처음 본 것은 런던 경영대학원에서 수업을 진행하면서였다. 45세인 준은 어머니로부터 세 개의 기억이 담긴 편지를 받았는데 수업 시간에 수강생 75명 앞에서 분통을 터뜨리며 말했다. "아니, 어떻게 지난 30년 동안 어머니에게 감동을 준 일이 하나도 없을 수 있죠?"

준의 이 말은 수업 시간에 격론을 불러일으켰다. 아마도 수업 중에 소중한 누군가가 나를 보는 방식과 내가 나를 보는 방식이 다를 수 있다는 내용을 많이 다루었기 때문일 것이다. 이런 결과가 실망스러울 때도 있고 더러는 고통스러울 때도 있다. 하지만 잊지 말아야 할 점은 사람들이 의도적으로 상처를 주려고 그렇게 한 것이 아니라는 점이다. 그들은 우리가 잘되고 행복하길 바란다. 어쩌면 그들이 우리의 진정한 모습을 보도록 해주는 것도 우리의 몫인지 오른다.

어떤 사람들은 서론, 본론, 결론을 갖춘 이야기가 아니라 그저 형용사들만 몇 개 나열하기도 한다. 이야기를 써달라고 부탁했는데 전혀 응답이 없거나 거절하는 사람도 있다. 파리에 사는 루이스도 그런 경험을 했다.

남편은 제 부탁을 거절했어요. 정말 말도 못 하게 속상하더라고요.

남편의 성격을 잘 알고 있었기에 그다지 놀라운 일은 아니었지만요. 상처받았다기보다는 실망했다는 표현이 더 정확할 것 같아요. 하지만 툭툭 털어버렸어요.

물론 좋은 추억을 함께했는데도 기대했던 이야기를 써주지 않거나 피드백을 아예 거절하는 경우는 그리 많지 않다. 이렇게 무뚝뚝한 반응은 인간관계에 옅은 상처를 남기기도 한다. 바로 이 점이 내가 우려하는 부분이다. 긍정적인 마음으로 접근했는데 도리어 상처를 받을 때도 있기 때문이다. 이런 경우에는 사람들이 줄 수 있는 것만 너그럽게 받아들이라고 제안하고 싶다.

사람마다 처한 상황과 있는 위치가 다르다. 누군가는 시간과 에너지가 많아 충분히 깊이 생각하고 글을 써줄 수 있다. 하지만 누군가는 그러지 못할 수도 있다. 수업 시간에 나는 이것이 다른 사람의 눈에 얼마나 이상하게 보일 수 있는지도 이야기했다.

어떤 이는 하이라이트 릴 부탁을 받았을 때 뭘 어떻게 해야 할지 모를 수도 있다. 또 어떤 이는 글솜씨가 좋아서 수월하게 글을 쓸 수도 있다. 심지어 이미 긍정심리학을 잘 알고 있고 감사하는 훈련을 남들보다 더 많이 한 사람이어서 최선을 다해 하이라이트 릴을 써줄 수도 있다. 사람마다 그 출발점이 모두 다르다는 사실을, 각기 다른 지점에서 관계를 맺고 있음을 잊지 말아야 한다.

사람마다 삶의 여정도, 서 있는 위치도 모두 다르다. 그들이 무슨 말을 써주었건 혹은 써주지 않았건 그 사람이 나쁘다는 의미는 절대 아니다. 즉 나쁜 관계를 암시하는 말이 아니다. 혹시라도 실망감이 든다면 떨쳐버리는 연습을 해야 한다. 하이라이트 릴을 만드는 과정을 하나의 실험이라고 생각하고 다른 사람이 내게 줄 수 있는 것을 넉넉한 마음으로 받도록 하자.

하이라이트 릴로는 충분하지 않다

이야기들을 야금야금 읽지 않고 모아두었다가 적절한 장소, 적절한 때에 한꺼번에 읽으면 대부분 칭찬 충격을 받는다. 도파민이 치솟으며 행복감을 느낀다. 글을 읽으며 울기도 하고 깊이 감동하기도 한다. 하지만 1년쯤 뒤에는 그 감정과 행동이 평균적인 수준으로 돌아간다는 사실을 깨닫는다. 더 나은 삶을 살고 싶다면, 나만의 특별한 강점으로 무장한 사람이 되고 싶다면 강점을 아는 것만으로는 충분하지 않다. 강점을 활용하는 새로운 방법을 찾아야 한다.

마틴 셀리그만이 진행했던 연구가 있다. 셀리그만은 홈페이지에서 실험 참가자를 모집했다.[10] 무작위로 선발된 577명의 남녀가 각기 다른 실험집단에 배정되었다. 그는 한 집단에게는 7장에서 소개한 강점 관련 온라인 설문 조사를 진행했고 정해진 피드백을 제공했다.[11] 다른 집단에게도 똑같이 온라인 설문 조사를 진행했는데, 이들에게는 일주일에 하루는 대표 강점 중 하나를 새로운 방식으로 활용하라고 했다. 가령 호기심이 대표 강점인 사람은 직장에서 새로운 방식으로 업무를 하거나 전혀 모르는 분야의 강의를 들을 수 있다. 대표 강점이 친절함이라면 자원봉사를 할 수도 있다.

셀리그만은 이후 6개월 동안 새로운 시도를 전혀 하지 않고 평범한 삶을 사는 통제집단과 새로운 시도를 한 실험집단을 비교하며 추적 관찰했다. 그리고 참가자들의 성취도와 우울 증상을 기록했다. 성취도는 얼마나 자주 기쁜가, 얼마나 자주 특정 활동에 푹 빠져 몰두하는가로 측정했다. 우울 증상은 외로움과 우울함, 수면 부족, 아침에 일어나기 힘든 증상 등으로 측정했다.

그 결과 설문 조사 후 자신의 대표 강점을 더 자주 활용한 실험집단은 통제집단보다 단기적으로 기분이 더 좋았다. 몇 주 동안은 성취도도 높았다. 하지만 그 효과가 약해지기 시작했고 6개월 후에는 통제집단과 별 차이를 보이지 않았다. 하지만 새로운 방식으로 자신의 대표 강점을 활용했던 집단은 장기적으로 행복감이 높고 우울감이 낮았다. 이들이 1~2주 정도 더 행복했다는 말이 아니다. 대표 강점을 새로운 방식으로 활용한 사람들은 6개월이 지나 연구가 종료된 이후에도 여전히 그 강점들을 잘 활용하고 있었다.

요크 대학교의 심리학 교수 미리암 몽그레인Myriam Mongrain과 트레이시 안셀모매슈스Tracy Anselmo-Matthews는 셀리그만의 실험을 똑같이 수행했다.[12] 이번에는 캐나다 사람들을 대상으로 한 대규모 실험이었다. 그 결과 대표 강점을 새로운 방식으로 활용해 새로운 습관을 만든 사람들이 행복 지수가 더 높다는 사실이 확인되었다.

이 연구 결과들은 강점을 아는 것만으로는 충분하지 않다는 사실을 보여준다. 강점을 활용해 새로운 행동 방식, 새로운 생활 습관을 만들어야 한다. 다음 장에서 다룰 내용도 바로 이 부분이며 이것이 하이라이트 릴의 최종 단계다. 다음 장에서는 새로운 습관 만드는 법, 강점을 확장하는 법 그리고 최고의 내 모습으로 삶을 살아가는 법에 관해 이야기할 것이다.

STEP 3

매일 최고의 자신으로
사는 법

CHAPTER 9

진정한 변화를 위한
습관 만들기

대다수 사람은 지금 주변에 미치는 영향보다 훨씬 큰 영향을 미칠 잠재력이 있다. 하지만 대체로 최고의 자기 모습을 자주 발휘하며 살지 않는다. 미국에 심리학 과정을 처음 도입한 철학자이자 교육자인 윌리엄 제임스William James는 이렇게 말했다. "우리 안에 있는 잠재성에 비하면 우리는 절반 정도만 깨어 있다. 불은 꺼져가는데 공기 구멍을 거의 막고 사는 셈이다. 우리는 우리에게 있는 정신적 능력의 지극히 일부만 사용할 뿐이다."

이 책을 쓴 목적은 당신의 잠재력을 깨우기 위해서다. 지금까지 자기 자신에 관한 이야기를 어떻게 만드는지 배웠다. 그리고 자신의 대표 강점을 찾아줄 하이라이트 릴을 모으는 과정에 대해서도 배웠다. 당신이 이 과정에서 이미 긍정적 전환점을 맞이했길 바란다. 그리고 칭찬 충격을 통해 기존에 적용했던 삶의 전제에 의문을 품고 자신의 진정한 능력을 꿰뚫는 통찰력을 얻었기를 바란다.

지금까지 당신은 아주 많은 것을 해냈다. 자랑스러워해도 좋다. 하지만 삶을 정말로 변화시키려면 주기적으로 그 특별함을 발휘할 방법을 찾아야 한다. 지금까지 하이라이트 릴은 당신이 살면서 최고의 강점을 발휘했던 크고 작은 순간들을 보여주었다. 확신하건대 아마 이 경험을 더 자주 하고 싶을 것이다. 그러려면 행동 방식에서 지속적인 변화가 필요하다. 더 특별해지려면 최고의 강점을 활용하는 습관이 일상이 되어야 한다.

3단계에 온 것을 환영한다. 다음 장에서는 특별해지기 위한 평범하고도 일상적인 접근 방식을 배울 것이다. 여기서는 지속적인 변화를 만드는 법을 이해하고 새로운 습관을 유지하는 법을 살펴보자.

⋮ 변화는 연습이 만든다

다행히 변화는 쉽다. 변화는 자기 이름을 쓰는 것처럼 쉽다. 평소 사용하던 손 말고 다른 손으로 말이다. 한번 시도해보자. 이 페이지의 한 귀퉁이나 종이에 이름을 써보자. 하지만 평소 필기할 때 사용하지 않는 손으로 써야 한다. 글씨를 쓰는 기분이 어떤가? 불편한가? 부자연스러운가? 어린애가 된 기분인가? 다른 손으로 글씨를 쓰면 필기 속도가 더 빠른가? 아니면 더딘가? 글씨체는 더 보기 좋은가?

이 글씨 쓰기 연습은 단순히 인식만 바꾼다고 해서 저절로 변화하는 게 아님을 보여준다. 흔히들 변화라고 하면 마음의 변화를 생각하기 쉽다. 물론 마음의 변화도 변화의 일부다. 하지만 변화는 생각만으로 이뤄지는 게 아니다. 변화는 물리적인 것이다. 새 스마트폰 사용법을 익히는 것처럼 아주 작은 변화에서부터 새로운 분야의 일을 하는 것처럼 큰 변화에 이르기까지 변화를 이루려면 손과 팔과 다리와 입을 새로운 방식으로 사용해야 한다.

평소 필기할 때 사용하지 않던 손으로 글씨를 쓰면 왜 불편하고 어색할까? 사용하는 펜은 같은데 말이다. 같은 이름을 같은 필기구로, 같은 글씨체로 쓰는데 왜 불편한 걸까? 두 손 모두 같은 구조의 뼈와 근육, 신경세포로 되어 있는데 왜 이런 불편함이 느껴지는 걸까? 왜 같은 글씨를 쓰는데 더 오랜 시간이 걸릴까? 왜 글씨가 비뚤비뚤할까?

정답은 연습이다. 살면서 경험하는 모든 일은 어려운 과정을 거친 후 익숙해진다. 넘어지지 않고 걸음을 배운 사람은 없다. 넘어지고 배우고 연습해서 잘 걷게 된다. 이름 쓰기, 연설하기, 운전하기 등 무엇 하나 처음부터 쉬운 일은 없다. 하지만 50번 연습하고 500번 더 연습하면 제2의 천성이 된다. 반복하면 자연스러워진다. 이 일이 어려웠던 때가 있었는지조차 잊을 정도로 익숙해진다. 끊임없는 연습만이 새로운 습관을 길들이는 방법이다.

몇 년 전 나는 큰딸 데이지와 함께 볼더링을 시작했다. 볼더링은 장비나 로프 없이 암벽을 등반하는 스포츠로 우리는 인조 암벽이 설치된 곳에서 시작했다. 꼭대기에 도달하면 약간 무섭기도 하고 짜릿하기도 하다. 영화 〈프리 솔로 Free Solo〉와 아주 비슷하다. 혼자가 아니라 두 명이라는 점과 기껏해야 3~4미터 암벽을 오른다는 점, 밑에 푹신한 매트가 깔려 있다는 점만 제외하면 말이다.

볼더링을 하려면 이두근과 악력을 강하게 단련해야 해서 딸과 나는 방문에 철봉을 설치했다. 데이지는 오만상을 찌푸려가며 턱걸이를 시도했지만 몸이 따라주지 않았다. 그렇지만 하루에 한두 개씩 매일 연습했다. 그렇게 한 달이 지나자 지상에서 7~8센티미터 정도 올라갈 수 있었다. 매일 발전하는 모습을 확인하려고 문틀에 그날 오른 높이를 연필로 표시했다.

석 달이 지나자 딸은 지상에서 30센티미터 정도 올라갔다. 6개월 후에는 처음으로 턱걸이를 완벽하게 해냈다. 딸의 몸도 변했다. 처음 턱걸이 훈련을 시작할 때는 근육이 제대로 붙어 있지 않았다. 하지만 점점 이두근을 더 많이 사용하게 되었고 근육도 더 강해졌다.

인간의 뇌도 근육과 같다. 훈련하면 뇌도 물리적으로 변하고 강해진다. 예컨대 GPS가 아무리 보편화되어도 런던의 택시 운전사들은 운전사 자격증을 따려면 도시 지도를 암기하는 능력을 포함해 다양한 필기 시험을 통과해야 한다. 머릿속에 런던 지도책 한 권을 통째로 집어넣는다고 생각하면 된다. 런던에 있는 2만 5,000개의 거리와 2만 개의 랜드마크 등 어마어마한 양의 정보를 머리에 저장해야 한다.[1]

그런데 도로와 지형지물을 학습하는 과정에서 예비 택시 운전사들의 뇌가 실제로 변했다. 특히 뇌에서 공간 정보를 처리하는 영역인 해마 영역이 점점 확장되었다(이런 현상은 버스 운전사에게는 일어나지 않는다. 버스 운전사들은 정해진 노선으로만 다니므로 모든 정보를 학습할 필요가 없기 때문이다). 굉장하지 않은가? 딸이 훈련에 적응하면서 이두근이 점점 커진 것과 마찬가지로 런던의 택시 운전사들의 뇌도 특정 신경세포와 신경 연결 부위가 강해지면서 생물학적 변화가 일어난다.

이렇게 뇌가 외부 환경에 따라 스스로 구조와 기능을 변화시키고 강화하는 특성을 '신경가소성 neuroplasticity'이라고 한다. 신경가소성은 인간 행위의 가장 핵심적인 요소다. 뉴런들이 선별적으로 특정 연결을 강화한다는 점에서 마법과도 같은 일이다.[2] 2장에서 특정 기억을 더 자주 할수록 그 기억과 관련된 신경 작용이 더 강해진다고 언급했다. 계속 떠올리면 마침내 그 기억이 뇌에서 장기 기억을 담당하는 피질에 각인된다. 이런 이야기를 하는 이유는 대표 강점을 자주 사용하는 것이 하이라이트 릴 과정의 핵심이기 때문이다. 어떻게 보면 생물학적으로 특별한 사람이 되는 것이라고 봐도 좋다.

평소 사용하지 않던 손으로 글씨를 쓰는 행위처럼 어떤 새로운 행동을 처음 시도할 때는 뉴런과 뉴런의 연결이 약하고 개발되지 않은 상태다. 그래서 첫 시도는 더디게 진행된다. 자기 몸을 사용하는데도 마치 꼭두각시 인형을 움직이는 것처럼 어색하게 느껴진다. 익숙하지 않은 손으로 글씨를 쓰면서 어떤 방법이 효과가 있고 어떤 방법이 효과가 없는지를 꼼꼼하게 관찰해야 한다. 집중력이 필요하다. '획을 아래로, 좀 더 아래로, 좀 더. 됐어. 자, 이제 오른쪽 획을 그어보자'라고 스스로 말하면서 말이다. 물론 결과는 어설프고 엉성하다.

하지만 이 훈련을 1,000번 한다면 어떨까? 그 손으로 글씨를 써야 한다는 신호를 뇌에 계속 보내면 뉴런과 뉴런 연결이 요구에 따라 점점 개발된다. 처음에는 좁고 미약했던 정보 이동 경로가 고속도로처럼 확장된다. 정보들이 더 빠르게, 더 쉽게 이동한다.[3] 마침내 특별히 생각하지 않아도 저절로 그 일을 하게 된다. 이런 현상을 자동화automaticity(장기 기억 네트워크에 저장된 정보가 여러 번 연습을 통해 자동으로 인출되는 과정—옮긴이)라고 한다.[4] 마침내 눈을 감고도 다른 손으로 글씨를 쓸 수 있을 정도가 된다. 글씨를 쓰는 동안 다른 일을 할 수 있을 정도로 뇌가 자유로워지며 그 행동이 편안하고 자연스럽게 느껴진다.

대표 강점을 습관으로 만들려면 새로운 방식으로 끊임없이 강점을 확장하는 연습을 해야 한다. 아주 조금씩이라 할지라도 매일 꾸준히 연습하는 것이 중요하다. 바로 이것이 다른 사람에게, 이 세상에 영향을 미치는 방법이다. 다음 장에서는 자신의 강점을 계속 확장시키며 활용하는 방법을 살펴볼 것이다.

⋮ 자신의 재능을 외면하지 마라

이 책을 통해 우리는 다음과 같은 사회적 통념이 틀렸다는 사실을 여러 번 확인했다.

- 누군가에게 고마움을 표현한다고 해서 관계가 어색해지는 건 아니다. 오히려 더 돈독해진다.
- 하이라이트 릴을 만드는 것은 이기적인 행위가 아니다. 오히려 자신의 대표 강점을 찾고 다른 사람의 삶에 도움을 준다.
- 자신의 강점을 알게 된다고 해서 현실에 안주하거나 거만해지지는 않는다. 오히려 더 열심히 일할 에너지를 얻고 겸손해진다.
- 주어진 시간이 짧다는 사실을 외면한다고 해서 문제가 해결되지는 않는다. 오히려 재능을 묵히는 등 문제를 만든다.

앞서 칭찬 미루기와 삶의 유한성에 대한 거부감, 이 두 가지 억압이 잘못된 결과를 낳고 진정한 잠재력을 발휘하지 못하게 막는다는 사실을 살펴봤다. 이번 장에서는 잘못된 전제 하나를 더 살펴보려 한다.

강점을 발휘한다고 해서 타성에 빠지는 것은 아니다. 잠재력을 끌어내 발휘하고 열심히 노력해서 자신이 걸어가는 길을 더 밝게 비출 수 있다.

강점을 발휘하며 살면 안도감이 생긴다. 강점을 발휘하기가 쉬워서 생기는 안도감이 아니다. 더 이상 다른 사람이 되려고 애쓰지 않아도 괜찮다는, 오롯이 자기 자신으로 존재해도 된다는 데서 오는 안도감이다. 좋아하는 일, 잘하는 일을 할 때 안도감이 드는 이유는 원래 해야 할 일을 진심으로 충실히 하고 있기 때문이다.

재능을 활용하면 자신의 가치관에 따라 행동하게 되고 더 큰 성취감을 찾게 되므로 삶의 균열과 마찰도 줄어든다. 물론 이 과정이 순조롭게 흘러가지만은 않는다. 진정성 있게 사는 것도, 자신만의 방식을 선택해 사는 것도 큰 용기가 필요하다. 시인 E. E. 커밍스는 이렇게 말했다. "자기 자신이 된다는 것은, 그것도 모두가 똑같은 사람이 되려고 밤낮으로 기를 쓰는 세상에서 그렇게 한다는 것은 인간으로서 가장 힘든 싸움을 한다는 의미다."

대표 강점과 가치, 꿈의 조합으로 당신은 세상 어디에도 없는 유일무이한 존재가 된다. 특별한 존재가 된다. 수많은 사람이 하이라이트 릴을 읽으며 책임감의 무게를 느끼는 것도 이 때문이다. 스스로 특별한 존재임을 느끼고 그렇게 되려고 노력한다는 것은 전보다 자신에게 훨씬 더 많이 투자해야 한다는 의미다. 늘 남들처럼 해오던 관성을 벗고 다르게 행동해야 한다. 강점들을 확장해 새로운 활동 영역에 배치하려면 자기만의 안전지대를 벗어나야 한다.[5] 하이라이트 릴을 읽다 보면 단 한 번이 아니라 평생 그런 모습으로 살고 싶다는 자극을 받을 것이다. 코마에 빠졌던 데이브도 그랬다.

사람들이 쓴 추도사를 읽으면서 늘 갈망했던 진중함이 이미 제게 있다는 걸 알았습니다. 그런데 갑자기 생각지도 못한 책임감이 느껴졌어요. 사람들이 말한 제 긍정적인 모습에 부응하며 살아야겠다는 생각이 들었습니다. 아무것도 하지 않은 채 추도사 수준의 관심이 끝도 없이 밀려 들어오기를 기대할 수는 없었어요.

자신의 잠재력을 명확히 알고 나면 그 능력을 외면하고 살기가 불가능하다. 그때부터는 어떻게 하면 그 재능을 낭비하지 않을지 고민하기 시작한다.

특별한 내 모습으로 살아가려면 용기가 필요하다. 강점을 자유자재로 활용해서 내 안의 잠재력을 현실의 능력으로 바꿀 수 있어야 한다. 장담컨대 이 과정에서 생기는 불편함을 딛고 힘을 얻은 것을 감사하게 될 것이다. 그 힘이 삶의 방식을 바꿀 것이기 때문이다.

런던 경영대학원에 교수로 부임하고 1년이 되지 않았을 때의 일이다. 학교 측에서 학과장직을 맡아줄 수 있는지 제안해왔다. 이전에는 한 번도 그런 자리에 있었던 적이 없었기에 결정하기에 앞서 고민이 많았다. 학과장이라는 직책이 참 재미있는 것이, 교수들은 대부분 각자의 분야에 있는 '상사'에 대해 전혀 개의치 않고 지낸다. 솔직히 말하면 대다수가 그런 상사가 있다는 사실조차 모른다. 자율과 자유는 이 직업에서 대단히 중요한 가치이며 사람들이 그토록 학계에 오고 싶어 하는 첫 번째 이유이기도 하다.

아무튼 나는 이전에 경영학과와 런던 경영대학원을 세계적인 수준의 교육기관으로 성장시키는 데 공을 세운 한 교수의 후임으로 학과장직을 맡게 되었다. 그 교수는 목표를 성취하려는 의욕도 강했고 이를 위해 무엇을 해야 할지 파악하는 감각도 대단히 뛰어났다. 그의 대표 강점 중 하나가 네트워크에 관한 깊은 지식과 이해였다. 그는 정치적 수완도 좋고 일을 처리하는 방법도 잘 알았다. 공식적, 비공식적으로 누구에게 의사결정과 업무 처리에 필요한 권한이 있는지도 잘 알았다. 그는 10년 동안 학교에서 영향력 있는 사람들과 돈독한 인간관계를 맺기 위해 노력했다.

반면에 나는 런던 경영대학원에 이제 막 발을 들인 신참이었다. 학교의 사회적, 정치적 네트워크에 대해서는 거의 몰랐다. 나를 아는 사람들은 잘 알겠지만 나는 정치적 수완에도 밝지 못한 사람이다. 게다가 확고한 신념을 가지고 삶을 이끌어가는 방식은 내 방식과는 정반대다. 나는 '겸손한 리더십'을 추구하는 편인데 이것은 주로 사람들에게 "무엇을 도와드릴까요?" 하고 묻는 것에서부터 시작한다.[6]

안타깝게도 내가 학과장을 맡은 그 과는 모든 일이 예전과 같은 방식으로 진행될 것이라 기대했다. 나 역시 처음에는 전 학장과 같은 리더십으로 접근하려고 했다. 그러나 자꾸만 한계에 부딪혔고 모든 업무를 비효율적으로 처리하게 되었다. 요컨대 나는 내게 주어진 새로운 역할을 잘 해내지 못했다.

결국 전 학과장 스타일을 흉내 내려는 시도를 그만두고 나만의 강점을 발휘하기로 했다. 내 하이라이트 릴에서 반복해서 언급된 주제는 나를 다른 사람에게 드러내고 표현하는 방식이었다. 한 사람은 이런 글을 써주었다.

댄은 함께 일하는 다른 사람을 편하게 해줍니다. 덕분에 다들 의식하지 않고 자신의 의견과 생각을 편하게 표현하죠. 직장에서 이런 분위기가 형성되니 다들 편하게 의견과 생각, 제안을 주고받을 수 있어서 좋습니다.

내 하이라이트 릴에서는 이 주제가 몇 번이나 반복해서 언급되었다. 친구와 가족, 이전 직장 동료들 모두 이것을 내 강점으로 이야기했다. 그래서 나는 새로 맡은 역할에서 이 강점을 발휘하기 위해 노력했다. 물론 모든 문제가 즉각 해결되지는 않았다. 모든 것을 한꺼번에 다 얻지는 못하리라는 사실을 나도 잘 알고 있었다.

그런데 내 스타일과 방식대로 일하자 전보다 훨씬 더 활력이 생겼다. 동료들과의 대화와 공식적인 회의에서도 이전보다 훨씬 더 좋아졌고 2년 후에는 눈에 띌 만한 성과도 냈다. 동료들은 내가 나만의 강점을 발휘하고 있다는 사실을 눈치챘으며 그 부분을 몹시 높이 산다는 피드백을 보내주었다.

만일 내가 내 약점을 고치는 데 집중해야만 한다고 생각했다면 상황이 어떻게 전개되었을까? 아마 그랬다면 내 강점을 발휘하는 과정이 속임수와 기만처럼 느껴졌을 것이다. 하이라이트 릴을 만들고 강점을 강조하는 방식이 현실적인 결과를 내기에는 지나치게 긍정적이라고 말하는 사람들이 많다. 하지만 뭔가를 얻기 위해 노력한다면, 소중한 시간과 에너지를 약점을 고치는 데 보람도 없이 쏟기보다는 자신이 가장 빛나는 분야에 투자해야 하지 않을까?

쉽지는 않아도 강점을 발휘하려고 노력하면 기분도 좋아진다. 긍정적인 추진력이 생기면서 선순환이 이뤄진다. 진정성을 느낄 때 그리고 주어진 시간을 자신의 빛나는 재능에 투자하고 있다고 생각할 때 더욱 에너지와 의욕이 생긴다.

⋮ 성취보다 성장을 위한 변화

변화를 추구하다 보면 어쩔 수 없이 불편함을 먼저 경험하게 된다. 그리고 나중에 가서야 그 변화가 자연스럽게 느껴진다. 이 불편함을 피할 방법은 없다. 하지만 다르게 해석할 수는 있다.[7] 스탠퍼드 대학교의 심리학 교수이자 《마인드셋》의 저자 캐럴 드웩 Carol Dweck 은 어떤 현상을 해석하는 방식에 따라 모든 것이 달라진다고 말한다.

마음 한편에서는 이 어색하고 불편한 감정을 '실수'라고 해석할 수도 있다. 평소 필기할 때 사용하지 않는 손으로 쓴 이름을 보라. 엉망이다. 평소보다 시간도 오래 걸렸고 어색한 기분도 든다. 늘 사용하던 손으로 썼다면 훨씬 더 잘 썼을 것이다. 이렇게 학습 과정에서 느끼는 불편함을 '망쳤다'고 해석하는 방식을 '성취 위주 사고방식'이라고 한다. 성취 위주 사고방식에서 가장 중요한 것은 자신의 능력을 증명할 수 있도록 일을 제대로 하는 것이며, 이미 잘 알고 있는 분야에서 성공하는 것이다.

수십 년 동안 과학은 이런 성취 위주의 사고방식을 가지고 있으면 새로운 습관이 불편하게 느껴질 때마다 과거의 낡은 습관으로 퇴행한다는 사실을 입증해왔다. 당연한 결과다. 학습을 실패로 해석하면 더 이상 새로운 것을 배우려 하지 않고 예전부터 늘 해왔던 것만 하려고 한다. 그러다 보면 그 일이 점점 더 편하게 느껴진다. 사람들은 당황스러운 상황과 실패의 위험을 피하려고 익숙한 행동을 고수한다. 즉 성취 위주의 사고방식은 지지 않기 위해 경기를 하는 것과 같다.

안타깝게도 과거의 낡은 습관으로 퇴행하다 보면 더 이상 새로운 도전을 하지 않게 된다. 뇌의 뉴런들이 가소성을 발휘하지 않는다. 런던의 택시 운전사의 뇌에서 일어났던 물리적 변화가 일어나지 않는다. 결국 새로운 습관을 자신의 것으로 만들지 못한다.

앞서 8장에서 언급한 런던 경영대학원의 허미니아 아이바라는 '진정성의 함정'에 빠지지 말아야 한다고 경고한다.[8] 새로운 일을 시도할 때는 설령 그 일이 강점을 발휘하는 일이라 해도 완전히 숙달되기 전까지는 어색하고 서툴다. 아이바라는 습관에 사로잡히지 말고 연습을 즐겨야 한다고 말한다. 새로운 일을 시작할 때는 처음부터 완벽하게 하려고 하지 말고 호기심을 가지고 익숙해지는 과정을 즐겨야 한다. 대부분 사람이 잘하지 못하는 일이기도 하다.

언뜻 이상한 소리처럼 들리겠지만 더 나은 삶으로 나아가고 싶다면 성취 위주의 사고방식은 통하지 않는다. 다행히 더 좋은 방법이 있다. 아직 익숙하지 않아서 서툴고 불편한 느낌을 학습 과정의 일부로, 점점 더 잘하고 있다는 증거로 해석할 수도 있다. 이런 방식을 '성장 위주 사고방식'이라고 한다.

수십 년에 걸친 여러 과학적 증거들에 따르면 성장 위주의 사고방식을 받아들일 때 인내심이 더욱 강해진다. 학습 과정에서 생기는 어려움을 실패가 아닌 훈련으로 해석하면 그 과정을 꾸준히 하게 되고 뇌도 새로운 습관을 흡수하기 때문이다. 이런 방식으로 마음에 새로운 근육을 만들면 새로운 일을 할 때마다 자신감이 생기고 강점이 주는 좋은 점들을 모두 활용할 수 있게 된다.

성취 위주의 사고방식이 '안전한 경기'를 하게 한다면 성장 위주의 사고방식은 '최선을 다하는 경기'를 하게 해준다. 이 지점에서 사고방식에 관한 심리학과 뇌생물학이 만난다. 즉 뇌는 우리가 제시하는 요구 조건에 맞춰 새로운 뉴런 연결을 만드는데 이 과정이 처음에는 불편하다. 강점을 활용해 꾸준히 연습하면서 점점 더 나아질 수 있다는 성장 위주의 마음가짐으로 접근해야 하며, 서툴고 불편한 과정을 실패가 아니라 적응 과정으로 이해해야 한다.

⋮ 성공한 자기 모습을 상상하라

최선을 다해 목표를 이루고 싶다면 그 목표 지점에 도달했을 때 가장 되고 싶은 모습이 어떤지 선명하게 그려야 한다. 이번에는 미래의 자기 모습을 그리는 법을 배워보자. 그다음에 뇌가 여기에 적응하도록 연습해서 그 모습에 이르는 법을 배울 것이다.

미시간 대학교의 교수이자 자기 연구 분야의 권위자인 헤이즐 마커스Hazel Markus에 따르면 인간은 일시적인 어려움을 맞닥뜨렸을 때 과거에 성공했던 기억을 떠올리고 미래에 최고의 자기 모습을 상상하면서 회복력을 얻는다고 한다.[9] 마커스는 노트르담 대학교의 앤 루볼로Ann Ruvolo와 함께 실험을 진행했는데 한 집단에게는 열심히 일한 결과로 미래에 성공한 자신의 모습을 그려보라고 말했다.[10] 다음은 첫 번째 집단에게 제시된 요구 사항이다.

미래의 자신의 모습을 상상해보자. 모든 일이 잘 이뤄졌다. 열심히 일했고 목표들을 이뤄냈다. 상상 속 당신은 어떤 모습인가? 무슨 일을 하고 있는가? 어떤 환경에 살고 있는가? 주위에는 어떤 사람들이 있는가? 상상 속 장면에서 당신의 감정은 어떤지 설명해보자. 상상 속 평범한 일상에서 당신은 무엇을 하고 있는가?

루볼로와 마커스는 두 번째 집단에게는 열심히 일했지만 성공하지 못한 모습을 상상해보라고 했다. 정말 열심히 일했으나 목표를 이루는 데는 실패한 모습을 그려보라고 했다. 그리고 첫 번째 집단에게 했던 질문과 똑같은 질문을 했다. 세 번째 대조군 집단에게는 별과 태양에 관한 기사를 읽게 하고 긍정적 분위기를 유도하기 위해 사탕 한 봉지씩을 주었다. 이후 모든 참가자는 두 가지 과제를 수행했는데 하나는 노력이 필요한 일이었고 또 다른 하나는 인내심이 필요한 일이었다. 어느 집단이 이 과제를 가장 잘 해냈을까?

미래에 성공한 자신의 모습을 상상한 참가자들이 나머지 두 집단보다 월등히 좋은 결과를 보였다. 열심히 일해서 성공한 모습을 상상한 사람들은 긍정적인 자기개념을 갖게 되었고 이로써 주어진 업무를 수행할 때 자신의 능력에 대한 확신과 동기를 갖출 수 있었다.

이 연구는 미래에 성공한 모습을 그리는 훈련이 어떻게 현재의 업무 수행 능력을 발전시키는지를 보여주지만, 이 훈련이 신체적 건강도 좋게 해준다는 연구 결과도 있다. 미주리 대학교의 심리학 교수 로라 킹 Laura King 은 학부생들을 네 집단으로 나누고 각 집단의 학생들에게

매일 20분씩 사흘 동안 한 가지 주제에 관해 글을 쓰도록 했다.[11]

첫 번째 집단 학생들은 루볼로와 마커스 교수의 방식과 동일한 접근 방식을 적용해 미래에 성공한 자기 모습에 대해 글을 쓰도록 했다('여러분의 미래에 대해 생각해보세요. 모든 일이 다 잘되었을 경우 자신의 모습을 상상하세요'). 두 번째 집단 학생들에게는 인생의 충격적 사건에 대해 자세히 쓰도록 했고, 세 번째 집단 학생들에게는 두 주제에 대해 모두 글을 쓰도록 했다. 마지막으로 네 번째 집단은 통제집단으로 하루 계획을 상세히 쓰게 했다.

3주 후 킹은 미래에 성공한 모습을 글로 쓴 학생들이 다른 학생들보다 삶의 만족도가 더 증가했다는 사실을 발견했다. 당연한 결과다. 더 놀라운 것은 신체 건강이 좋아졌다는 결과였다. 미래에 성공한 모습을 상상한 학생들은 통계적으로 질병에 덜 걸렸고, 글쓰기 과제 이후 5개월 동안 대학 내 진료소를 찾은 횟수도 상대적으로 적었다.

정말 놀랍지 않은가. 이 글쓰기 훈련의 장기적 효과는 정말 놀랍다. 글쓰기에 들인 시간도 그리 길지 않았다. 하루 20분씩 나흘 동안만 글을 쓰면 큰 성취감을 얻고 건강도 좋아진다. 킹의 실험을 한번 적용해보자.

· 하이라이트 릴 훈련법 ·

미래에 성공한 자기 모습 그리기

하루 20분씩 나흘만 투자해서 미래에 성공한 자기 모습에 관한 글을 써보자.

글의 형식은 '미래에서 내게 보낸 편지'가 좋다.

방법은 다음과 같다. 먼저 미래의 자기 모습을 상상해보라. 자신이 어떤 모습일지 묘사해보자. 편지는 '안녕, 나야' 정도로 시작해 이렇게 이어가면 된다. '내가 강점들을 활용해서 최선을 다해 살았더니 지금 이러이러한 모습이고 이러이러한 기분이야.'

내가 이 글쓰기 훈련을 한 것은 10년 전이었다. 항암 화학요법을 모두 끝내고 런던으로 처음 이사를 왔을 때였다. 나는 최선을 다해 살았을 때 가능한 내 미래가 어떤 모습일지 상상하며 글을 쓰고 또 썼다. 그렇게 몇 편의 글을 쓰고 나니 내가 삶을 여섯 가지 측면에서 생각하고 있음을 알게 되었다. 당신이 이 훈련을 하는 데 도움이 될까 해서 그 여섯 가지를 소개하려 한다.

- 사회적으로 나는 누구 곁에 있을까?
- 심리적으로 나는 어떤 기분일까? 어떤 사고방식을 갖고 있을까?
- 나는 어떤 직업 활동을 하고 있을까? 나는 어떤 일을 해냈을까?
- 어떤 여가 활동이 내게 도움을 주었을까? 나는 어떤 여가 활동을 즐기고 있을까?
- 나는 무엇을 배우고 어떻게 더 발전했을까?
- 내 몸은 어떤 상태일까? 그리고 어떤 활동을 하고 있을까?

내게는 이 과정 하나하나가 무척 큰 의미였다. 이 과정을 한꺼번에 하지 말고 나흘에 걸쳐 하라고 권하는 것도 그래서다. 삶의 다양한 면들을 생각하려면 어느 정도 시간이 걸린다.

이 훈련을 실제로 해보면 꽤 큰 노력이 든다. 아마 이 과정을 실제로 하지 않고 그저 읽고 넘기고픈 유혹도 들 것이다. 마치 헬스장에 가지 않고 운동법에 관한 책만 읽는 것처럼 말이다. 하지만 그냥 읽고 넘긴다면 아무 도움이 되지 않는다. 최고의 자신이 눈앞에 있다. 언제든 마음껏 펼쳐지길 기다리고 있다. 가능한 자기 모습을 시각화하는 이 훈련은 커다란 동기를 부여하고 원하는 미래에 성큼 다가서도록 도와줄 것이다.

이제 어떤 방해도 받지 않고 조용히 사색하고 성찰할 수 있는 시간과 공간을 마련하자. 아침에 신문을 읽는 시간을 이 글을 쓰는 시간으로 대체해도 좋을 것이다. 나는 식구들이 모두 잠든 밤을 택했다. 위 여섯 개 주제에 맞춰 써도 좋고 나름대로 주제를 정해서 써도 좋다. 좀 더 포괄적으로 써도 괜찮다. 과정을 모두 마친 후에는 쓴 글을 하이라이트 릴 폴더에 보관한다.

이 장을 쓰기 위해 나는 10년 전에 썼던 미래의 내 모습 글을 읽었다. 마치 타임캡슐을 여는 기분으로 펼친 글은 정말 재미있고도 강력했다. 그리고 글 끝부분에 쓴 내용이 정말 현실이 된 것을 보며 놀라지 않을 수 없었다.

이 글을 쓰다 보니 이 일이 내 삶의 목적이라는 사실을 새삼 느낀다. 사람들에게 단 한 번뿐인 생을 살고 있음을 일깨워주는 일. 최고의 자신이 될 한 번의 기회, 세상에서 가장 쉽고도 어려운 이 기회를 질식시키지 말자. 많은 사람이 진짜 좋아하는 일을 하기보다는 인생에서 평지풍파를 일으키지 않을 만큼만 일하며 살아간다. 다들 우발적 변수 없이 삶을 매끄럽게 통과해 나가기만을 바라고 있다. 가진 것을 잃지 않으려 아등바등 살아간다.

지금까지 몰랐는데, 이미 10년 전부터 나는 이 책을 쓰기 시작한 것 같다. 미래의 자기 모습 훈련을 마친 후에는 반드시 잘 보관해두길 바란다. 나처럼 10년이나 기다릴 필요는 없다. 1년에 한 번 혹은 생일이나 새해에 한 번씩 읽어봐도 좋다. 꿈과 목표를 구체적으로 다듬고 지금 하는 일이 미래의 내 모습과 관련이 있는지 살펴보는 최고의 방법이다. 또한 자신을 점검할 수 있는 가장 좋은 방법이기도 하다.

⋮ 목표가 아닌 과정을 생각하라

캘리포니아 대학교 로스앤젤레스 캠퍼스의 리엔 팜 Lien Pham 과 샐리 테일러 Shalley Taylor 의 연구를 소개하고자 한다. 두 사람은 심리학 중간고사를 준비 중인 대학생들을 대상으로 연구를 진행했다.[12] 먼저 모든 참가자에게 일간 계획표를 준 뒤 시험공부 계획을 일 단위, 시간 단위로 적게 하고 공부할 장소와 방법도 적게 했다.

일부 학생들에게는 마음속으로 공부하는 자신의 모습을 시뮬레이션해보도록 했다. "중간고사에 대비해 공부하는 자신의 모습을 상상해보세요. 오늘을 포함해 남은 며칠 동안 심리학 중간고사에서 높은 점수를 받을 수 있는 방식으로 공부하는 자신의 모습을 그려보세요. 공부하는 모습을 실제처럼 구체적으로 상상하고 마음속에 사진처럼 또렷하게 그 모습을 남기는 것이 매우 중요합니다."

다른 학생들에게는 시험에서 아주 높은 점수를 받는 자신의 모습을 시각화해보도록 했다. "이번 심리학 중간고사에서 아주 높은 점수를 받는 자신의 모습을 그려보세요. 그때 기분이 어떨지도 상상해보세요. 여기서는 심리학 시험에서 고득점을 받은 자신을 실제처럼 구체적으로 상상하고 마음속에 사진처럼 또렷하게 그 모습을 남기는 것이 매우 중요합니다."

마지막으로 통제집단 학생들에게는 시험 준비를 한 시간만 기록하도록 했다.

지금까지 배운 내용을 토대로 생각해보자. 어떤 학생들이 가장 높은 점수를 받았을까? 아마 다들 예상했겠지만 시험공부 방법을 차근차근 시뮬레이션한 집단이 나머지 두 집단보다 현저히 높은 점수를 받았다. 이들은 시험공부 방법을 명확하고 구체적으로 계획했다. 또 공부 시간도 꼼꼼히 계획해서 시험에 대한 불안이 줄고 자신감이 커졌다. 덕분에 안정된 마음가짐으로 시험에 임할 수 있었다. 시각화 훈련 덕분에 계획을 더 성실히 세웠던 이들은 다른 두 집단 학생들보다 더 많은 시간 동안 공부했고 불안과 걱정에도 유연하게 대처했다.

여기서 분명히 밝혀두어야 할 점이 있다. 오직 최고의 성적만을 머릿속에서 그렸던 학생들의 성적이 가장 낮았다! 이 학생들은 통제집단보다도 낮은 점수를 받았다. 그들의 평균 공부 시간은 다른 집단에 비해 다섯 시간 적었다. 마치 성공을 상상한 것이 그 목표에 도달하기 위해 열심히 공부하는 걸 훼방하기라도 한 것처럼 말이다.

비슷한 결과를 보여주는 다른 연구도 있다. 펜실베이니아 대학교의 가브리엘레 외팅겐Gabriele Oettingen과 토머스 와든Thomas Wadden 교수는 체중 감량 프로그램에서 막연히 긍정적 환상을 가진 이들은 성공 확률이 감소했고 그 효과가 1년 동안 지속되었다는 사실을 발견했다.[13] 체중 감량을 위한 구체적 실천 방법을 상상하는 것이 아니라 감량 결과에만 환상을 품은 참가자들은 이미 그 목표에 도달한 것 같은 감정을 느꼈고 그 결과 동기와 추진력이 감소한 것이다.[14]

구체적인 행동의 변화가 수반되지 않으면 높은 성적이나 체중 감량을 상상하는 것은 아무 도움이 되지 않는다. 미래의 자기 모습 훈련을 할 때도 막연히 자신이 10년 후에는 행복하리라고 생각만 하는 경우도 마찬가지다. 하지만 지금까지 우리는 단순히 행복한 자신을 상상하는 데 그치지 않았다. 행복한 삶에 도움이 될 만한 계획과 행동들을 구체적이고 신중하게 그려봤다.

목표를 이룰 방법을 구체적으로 그려보는 훈련은 꼭 필요하다. 필요한 일들을 마음속으로 미리 준비할 수 있고, 계획을 세워두었기 때문에 자신감도 충만해지기 때문이다. 팜과 테일러의 연구에서 학생들이 좋은 성적을 거두기 위해 공부하는 모습을 상상하며 정신적 자극을 받은 것과 비슷한 원리다. 대표 강점을 발휘해 새로운 일을 하는 나의 모습을 구체적으로 상상해야 한다. 나의 강점이 어떻게 반복적인 일상과 조화를 이룰지, 더 나은 결과로 이어질지 단계적으로 상상하며 뇌를 단련시켜야 한다.

⋮ 새로운 습관을 들이는 시간, 66일

새로운 습관에 익숙해지려면 얼마나 오랜 시간 연습하고 단련해야 할까? 유니버시티 칼리지 런던의 필리파 랠리Phillippa Lally 교수와 동료들에 따르면 꾸준히 연습할 경우 약 두 달 정도 걸린다. 랠리 교수와 연구팀은 새로운 습관을 길들이는 데 관심 있는 사람들을 대상으로 실험을 진행했다. 참가자들은 점심에 과일 한 쪽씩 먹기라든지, 매일 15분씩 달리기 같은 습관을 들이고 싶어 했다.[15] 참가자들은 12주 동안 매일 새로운 습관을 실천했는지 보고했다. 그리고 그 새로운 습관이 얼마나 익숙하고 자연스럽게 느껴지는지도 함께 보고했다.

참가자들이 안정적인 단계에 진입하기까지는 평균적으로 약 66일이 걸렸다. 다시 말해 두 달 정도만 연습하면 새로운 습관이 자연스럽게 몸에 익어서 진짜 습관이 된다는 말이다. 물론 습관의 종류에 따라 다소 차이는 있을 수 있다. 매일 물 한 잔씩 마시기 같은 습관은 상대적으로 금방 익숙해진다. 아침 식사 전 윗몸 일으키기 50개 하기 같은 습관은 상대적으로 오랜 시간과 노력이 필요하다. 가장 큰 성과는 새로운 습관이 가장 어렵게 느껴지는 처음 몇 주 동안에 일어난다.

다음 장에서는 각자 대표 강점을 활용해 미래의 자기 모습을 향해 나아가는 데 도움이 되는 행동 계획을 만들어볼 것이다. 랠리의 연구팀이 사용했던 접근 방식에 따라 강점을 이용해 새로운 습관을 만드는 과정을 차근차근 살펴본다. 또한 이 행동 훈련에서 생기는 변화도 집중적으로 살펴볼 것이다. 이 변화가 당신의 삶을 변화시키는 핵심이기 때문이다.

CHAPTER 10

인생
다시 조각하기

"더 잘 알게 될 때까지 최선을 다하라. 더 잘 알게 되면 더 잘하라."

_마야 안젤루

일상에 과도한 책임감과 해야 할 일이 넘치지는 않는가? 자신에게 유익해 보이는 습관이 있어도 이미 꽉 찬 일정 때문에 새로운 습관이나 활동을 추가하기가 도저히 불가능할 수도 있다. 어렵게 시간을 낸 후에는 이런 의문이 든다. '이 새로운 활동을 의미 있는 방식으로 하려면 어디서 어떻게 에너지를 얻지?'

사실 원하는 모든 것을 이룰 시간은 영원히 충분하지 않을지도 모른다. 짧은 인생을 살면서 새로운 습관이 완벽하게 목표에 딱 들어맞을 때까지 기다릴 여유는 없다. 게다가 주어진 재능을 활용할 완벽한 때를 기다린다면, 어쩌면 9장에서 만들어본 미래의 내 모습은 영영 경험하지 못할 수도 있다. 그래서 강점을 발휘하는 데 필요한 일들을 우선순위에 맞춰 구성하는 법을 알아야 한다.

최고의 재능과 영감을 주는 일들을 중심으로 삶을 재배치하는 것을 '인생 조각하기life crafting'라고 한다. 이 장에서는 강점을 자주 활용하는 습관을 만들고 최고의 자기 모습을 활성화하는 방향으로 인생을 조각하는 법을 배울 것이다.

이 과정을 단거리 경주가 아닌 마라톤이라 생각하길 바란다. 인생 조각하기는 모든 걸 한꺼번에 바꾸는 게 아니다. 당신의 삶에 새로운 행동이나 강점을 하나씩 소개한다고 생각하라. 그 행동이 습관이 되면 또다시 새로운 행동을 길들이는 연습을 시작하는 것이다.

현재 당신의 에너지는 어느 정도 수준인가? 어쩌면 당신은 이번 주에 해야 할 일들을 간신히 할 수 있을 정도의 에너지만 있을 수도 있다. 어쩌면 당신이 원하는 건 고단한 하루 뒤에 주문해서 먹는 피자나 TV 프로그램이 전부일 수도 있다. 하지만 포기하기에는 아직 이르다. 상승효과, 즉 작은 긍정적 변화가 에너지 수준과 회복력을 높여 거대한 결과로 이어지는 현상에 기대를 걸어볼 수 있다. 반직관적인 말 같지만 당신을 빛나게 해줄 일에 에너지를 투자하면 더 큰 에너지가 생긴다.

브라질 상파울루 출신의 안토니아 이야기를 다시 해보자. 안토니아는 밤늦게까지 공부하는 아버지의 모습을 보며 미국에서 대학을 다니는 꿈을 품었다. 그리고 정말로 미국에서 대학을 다니고 컨설팅 기업의 파트너이자 워커홀릭으로 변신했다. 그런 그녀에게 꽤 많은 노력을 요하는 변화는 쉽지 않았다. 오랜 세월 그녀는 삶을 풍요롭게 해줄 것들을 위한 시간을 따로 마련하지 않고 살아왔다.

예를 들면 안토니아는 춤을 추러 가거나 친구들 또는 마음이 잘 맞는 사람들과 시간을 보내면 기분도 좋아지고 활력도 더 많이 생긴다는 사실을 알고 있었다. 무엇보다도 그녀는 춤에 타고난 재능이 있었다. 대학 동창들이 써준 하이라이트 릴을 읽은 후 그녀는 이 강점이 얼마나 소중한지 깨달았고 매주 춤 수업에 참여하기로 했다. 몇 달 후 안토니아는 좋아하는 술집에서 격주에 한 번씩 친구들을 만나 춤을 추게 되었다.

> 누군가는 제게 이렇게 묻습니다. "어떻게 그렇게 할 수 있죠? 잠도 안 자요?" 하지만 좋아하는 사람들을 만나 이야기를 나누고 시간을 보내면 활력이 넘치는 기분이 들었습니다. 새로운 사람들을 만날 때도 마찬가지고요. 지금은 저처럼 춤추고 이야기하는 걸 좋아하는 사람들을 여럿 사귀었어요. 정말 좋아요. 활력이 넘쳐요.

춤을 좋아하든 좋아하지 않든 삶에서 더 많은 의미와 기쁨을 발견하려면 자신을 풍요롭게 해주는 일에 시간과 에너지를 투자해야 한다.

한 걸음 물러서서 안토니아의 작지만 중요한 투자를 곰곰이 생각해보면 그것이 삶의 변화를 상징한다는 사실을 알 수 있다. 하이라이트 릴을 읽기 전까지 그녀는 춤처럼 즐기는 활동을 용납하지 않았다. 왜일까? 안토니아가 자신을 벌주는 중이라고 했던 것을 기억하는가? 그녀는 자신의 약점을 개선하고 다른 사람들의 기준에 맞추는 데 집중했다. 자신은 좋아하는 일에 시간을 쓸 자격이 없다고 생각했다.

> 제 인생의 어느 시점에서 문득 '나는 나 자신을 위한 시간을 가질 자격이 없다'고 느꼈어요. 아마 저처럼 생각하는 사람들이 꽤 많을 거예요. 요즘은 다른 사람이 좋아하는 것보다 제가 좋아하는 것에 몰두하며 살아요.

타고난 재능을 무시했을 때는 그녀의 잠재적 에너지도 오랫동안 허비되었다. 잘하는 일에 시간과 에너지를 투자한 후에야 그녀는 비로소 더 좋은 친구, 더 유능한 리더가 되었다. 활력과 성취감이 더욱 커졌기 때문에 가능했던 일이다. 안토니아는 에너지의 우물에 다가갔더니 삶에 대한 열정이 더 풍부해진 기분이라고 표현했다.

생에 한 번뿐인 유일한 기회를 놓치지 않으려면, 원하는 일을 하려면 용기와 노력이 필요하다. 좀 더 현실적으로 말하면 다른 활동들을 밀어내려는 적극적 노력이 필요하다. 둥지에서 어미 새에게 먹이를 달라고 짹짹거리는 새끼 새들처럼 시간과 관심을 구걸하는 수많은 일을 밀쳐내야 한다. 모든 사람의 기준에 하나하나 다 집착하고 연연하면 온전히 나로 살아갈 수 없다. 좋은 삶에 관한 자신만의 기준을 만들고 거기에 집중해야 한다.

어느 날 나는 10년 전에 썼던 미래의 내 모습을 읽다가 이런 글귀를 발견했다.

나는 앨리슨과 더없이 유쾌하고 좋은 관계를 유지할 것이다. 우리는 둘 다 좋아하는 일, 둘 다 재미있는 일을 함께할 것이며 여전히 뭔가를 열심히 배울 것이다.

그 후 앨리슨과 나는 새로운 활동 중 하나로 소설 배우기 과정을 우리 삶에 추가했다. 우리는 문학 수업에서 처음 만났고 문학 작품을 읽고 배우는 것을 무척 좋아했다. 하지만 살다 보니 어느 지점에서인가 문학에 대한 열정을 잃어버렸다.

6년 전 이웃 중에 문학 교사가 있으며 그 사람이 자기 집 거실에서 수업을 진행하고 있다는 사실을 알게 되었다. 우리는 함께 수업에 참여해서 위대한 소설 작품들을 만났다. 지난 2년간 우리는 마이클 온다치의 《잉글리시 페이션트》, 제임스 조이스의 《율리시스》, T. S. 엘리엇의 《황무지》를 비롯해 많은 작품을 읽었다.

한편으로는 문학 수업과 더불어 문학에 대한 우리의 애정에도 불이 붙었다. 앨리슨과 나는 둘 다 새로운 걸 배우는 것이 대표 강점이다. 우리는 매주 기분 전환을 할 수 있는 다양한 프로그램에 참석해 건강한 자극을 받고 있으며 서로에게 더 깊이 공감하고 사람들과도 보편적인 공감대를 형성한다. 그러고 나서 집으로 가는 길에는 세상이 더 밝아 보인다. 앨리슨과 나의 관계는 더욱 돈독해졌고 마치 우리 둘이 비옥한 토양을 일구는 것 같은 기분을 느낀다.

사실 바쁜 삶에 이런저런 배움을 추가하는 일이 쉽지는 않았다. 빼곡한 일정에 두 시간 수업을 끼워 넣기도 어렵지만 미리 책을 읽어가야 했기에 시간을 따로 내야 했다. 이 시간 동안에는 아이들을 돌보지 못했다. 이런 희생은 기본이었다. 더 나은 삶을 만들기 위한 변화에는 희생과 노력이 들어간다. 하지만 문학을 배우면서 나누는 지적인 교감이나 집으로 오는 길에 끊임없이 떠오르는 아이디어들은 그런 시간을 들일 가치가 있었다.

⁝ 새로운 활동으로 강점을 확장하라

안토니아의 하이라이트 릴 이야기들을 보면 삶을 대하는 활기찬 태도가 강점임을 알 수 있다. 그녀는 이런 대표 강점을 단련하기 위해 다양하고 새로운 방법들을 찾기 시작했다. 춤 수업도 듣고 친구들과 다양한 사교 활동에도 참여했다. 이것들은 안토니아의 삶을 풍요롭게 해주었고 그 풍요로움은 다른 영역에까지 흘러넘쳤다.

긍정심리학 연구에서는 삶에 대한 만족도를 높이려면 자신의 강점을 활용할 새로운 길을 찾아야 한다는 점을 분명히 밝히고 있다. 사실 강점을 매일 같은 방식으로 활용하다 보면 단순한 반복 행위가 될 수도 있고 자칫 또다시 몽유병 환자처럼 삶을 흐릿하게 지나칠 수도 있다. 하지만 대표 강점을 활용하는 새로운 방법을 찾다 보면 끊임없이 성장하고 싶은 의욕이 생긴다.

강점이 점점 확장되고 깊어질 때 주위 사람들과 공동체에 긍정적 영향력을 크게 미칠 수 있는 잠재력에 다가가게 된다. 인생은 덧없이 스러지는 것이다. 오늘이 시작하기 가장 좋은 날이다. 아직 시간이 있으니 무엇으로 영향력을 미칠 수 있는지 찾아보자.

이제 강점을 새로운 방식으로 확장하는 훈련을 해볼 것이다. 여기서 제안하는 모든 방법을 다 하지 않아도 되며 특정 순서를 따르지 않아도 된다. 이는 그저 당신이 최고의 자기 모습에 맞게 삶을 조각하도록 돕는 여러 옵션일 뿐이다.

· 하이라이트 릴 훈련법 ·

강점을 새로운 활동으로 옮기기

이제 최고의 내 모습이 되어가는 과정을 추적 관찰하는 훈련 일지를 작성할 차례다. 디지털 파일도 좋고 공책도 좋다. 강점을 어떤 방식으로 단련했는지, 언제 했는지를 기록할 공간만 있으면 된다. 이 훈련을 하려면 7장에서 파악했던 자신의 강점을 다시 확인해야 한다.

한 가지 강점을 골라 거기에 집중해보자. 이 강점으로 당신의 삶을 어떻게 만들어갈 것인가?

이제 빈 페이지 맨 위에 집중하고 싶은 대표 강점 하나를 적어보자. 그리고 그 강점을 활용할 수 있는 새로운 방법들을 10~15가지 정도 적어보자. 여기에 적었다고 해서 반드시 그대로 해야 하는 것은 아니니 부담 없이 적길 바란다. 여기서는 최고의 자질을 발휘하게 해줄 구체적인 방법에 관한 아이디어들이 필요할 뿐이다. 내가 선택한 문학 수업이나 안토니아가 선택한 춤 수업처럼 본능적으로 관심이 가는 수업을 듣는 것도 방법이다.

다음은 강점을 새로운 활동과 조화시키는 몇 가지 방법으로서, 마틴 셀리그만의 《마틴 셀리그만의 플로리시》에서 아이디어를 얻었다.[1]

- 대표 강점이 창의력이라면 시나리오, 그림, 미술 작업, 작곡 등을 위해 매주 두 시간씩을 따로 마련하라. 창의력을 발휘하고 확장해주는 일이면 무엇이든 시도해보고 자신을 표현해보라.
- 낙천적 성격이 대표 강점이라면 그런 성향을 공유할 활동을 찾아보거나 다른 사람에게 긍정적 변화를 줄 수 있는 일을 시도해보라. 매일 자전거를 타는 사람이라면 자전거 도로 개선에 뜻이 맞는 사람들을 모아 청원을 해볼 수도 있다. 아니면 자신이 특별히 좋아하는 분야에 관한 블로그를 만들어 다른 이들에게 영감을 주는 것도 방법이다.
- 아름다움을 감상하는 능력이 대표 강점이라면 출근길이 20분 더 길어지더라도 더 아름다운 길을 택하라. 한 시간 정도는 산책이나 자연을 탐구하는 시간으로 따로 확보해두자. 지역 미술관에 가고, 좋아하는 그림을 가만히 들여다보고, 새로운 전시도 찾아다니자.
- 자원봉사는 타고난 강점과 관계없이 최고의 자신이 되는 새로운 방법이 될 수 있다. 자원봉사의 장점은 관심 분야에 맞는 봉사 활동을 선택할 수 있고 이를 자신의 강점을 단련하는 장으로 활용할 수 있다는 점이다. 핵심은 강점을 다양한 방식으로 활용할 새로운 환경을 만드는 것이다.

종이나 파일에 적은 새로운 활동 중에 가장 마음을 끄는 활동 한 가지를 골라보자. 10분 정도 시간을 들여 그 활동을 언제, 어디서, 어떤 방식으로 할 수 있을지 구체적으로 생각해보자. 주위에 그 활동과 관련된 사람은 누구인지, 이 활동의 물꼬를 터줄 행사나 환경에는 무엇이 있는지 적어보자.

이제 달력을 보고 오늘부터 66일째 되는 날에 표시하자. 훈련 일지에 날짜를 적고 블로그 운영이나 자원봉사 등 새로운 활동을 적는다. 훈련 기간에 새로운 활동을 최대한 자주 시도하고 연습해보자. 가장 이상적인 방법은 이 훈련을 매일 하는 것이다.

마지막으로 하루를 마치고 잠자리에 들기 전 10분 정도 시간을 내서 훈련 일지에 새로운 활동을 했는지 안 했는지 기록한다. 안 한 날은 왜 안 했는지, 내일은 그 활동을 어떻게 적용할지를 적는다. 활동을 했다면 그날 어땠는지를 기록한다. 기분이 좋았는지, 누가 영향을 주었는지, 어떻게 주었는지, 그 활동이 얼마나 자연스러웠는지 등을 적는다.

매일 훈련했다면 몇 주 후 새로운 활동 덕분에 활기가 생기고 특별한 사람이 된 것 같은 기분이 들 것이다. 어쩌면 다른 사람에게 미친 영향이 더욱 특별하게 느껴져 더 자주 영향을 미치려고 할 수도 있다. 혹은 이 강점을 더 많은 영역에서 발휘하고 싶다는 생각이 들어 새로운 활동을 시작하고 싶은 마음이 들수도 있다.

새로운 활동이 습관이 되면 낡은 습관은 밀려나게 된다. 새로운 활동을 더할 때마다 최고의 자기 모습과 가장 잘하는 일에 맞춰 삶을 만드는 과정에 더 깊숙이 다가서게 된다.

⋮ 지금 이 문을 여는 나는 누구인가

새로운 활동 외에도 태도의 변화를 통해 특별한 나를 만들어 갈 수 있다. 하루 중 아무 때나 자신에게 이렇게 물어보라. '지금의 나는 누구인가?' 이는 대단히 강력한 질문이 될 수 있다. 지금 나는 어떤 사람인지 선택할 수 있다는 사실을 상기시키기 때문이다. 배우자나 친구, 동료, 자녀와 교감을 나눌 때 어떤 내가 가장 뚜렷하게 드러나는지 시험해보라. 나는 최고의 내 모습을 활성화하고 있는가?

앞서 만난 가브리엘라의 사례를 살펴보자. 보고타에 거주하며 컨설팅 기업의 파트너로 일하는 가브리엘라는 어린 시절 낙마 사고를 당한 후 TV를 보며 영어를 공부했다. 사실 그녀는 내가 이 책을 쓰게 된 이유 중 하나였다. '특별한 나'의 개념을 배우기 전 가브리엘라는 그런 생각을 해본 적도 없었고 이를 표현할 언어조차 알지 못했다. 즉 충분히 강점을 활용하고 있으면서도 그 사실을 인지하지 못했고 최고의 자기 모습을 활성화하기 위해 의도적으로 자기 모습을 선택할 수 있다는 생각도 해본 적이 없었다.

그런 가브리엘라를 보며 나는 많은 사람이 최고의 자기 모습이 이미 자기 안에 있다는 사실을, 그저 그 버전의 자신을 밖으로 꺼내기만 하면 된다는 사실을 모른다는 생각이 들었다. 우리를 정말 특별하게 만들어줄 강점의 스위치를 켜줄 긍정의 도구도 이미 나와 있는데 말이다.

가브리엘라는 하이라이트 릴을 통해 자신의 잠재력을 깨달았고 언제 최고의 자기 모습이 드러나는지에 점점 관심이 생겼다. 덕분에 지금 이 순간에 충실하게 되었고 더 강한 영향력을 갖게 되었다. 매 순간 자신의 강점을 활용하기 위해 적극적인 선택을 내리기 때문이다.

'지금 나는 누구인가?'라고 묻지 않는다면, 그런 태도를 갖지 않으면 생각 없이 살아가기 쉽다. 특히 잘하는 일에 익숙해질 때, 그 활동을 하는 데 딱히 큰 노력과 힘이 들지 않을 때 더욱 그렇다. 가브리엘라도 비슷한 사실을 깨달았다. 단순히 자신을 들여다보는 간단한 행위만으로도 강점에 더 깊이 몰두하게 되고 이를 더욱 즐겁게 활용할 수 있다는 사실을 깨달은 것이다.

모든 일을 적당히 하는 것은 별로 어렵지 않았어요. 적당히 일하고, 적당히 돈 벌고, 적당히 좋은 부모가 되는 일들이요. 그런데 그 일을 의식적으로 하느냐 아니냐에 따라 결과가 크게 달라져요. 저만 그 차이를 느끼는 게 아니라 다른 사람들도 모두 느끼죠. 물론 어떤 일을 괜찮게 해낼 때, 그것도 좋아요. 제가 매사에 의욕적이다 보니 대체로 일들이 잘 풀리는 편이에요. 하지만 문제는 제가 그냥 잘하고 싶지는 않다는 거예요. 그 일을 즐기면서 잘하고 싶어요.

우리 안에는 수많은 자아가 있고 우리는 어떤 상황에서 어떤 자아를 활성화할지 매일 선택한다. 최고의 자기 모습을 알면 학교에서, 집에서, 직장에서 어떤 나를 꺼낼지 판단하는 통찰력이 생긴다.

나는 내가 사람들과 관계를 맺는 방식이 무척 다양하다는 사실을 알게 되었다. 하이라이트 릴에서도 내가 사람들에게 자신의 모습을 있는 그대로 드러내도록 용기를 주어 더욱 활기차게 해준다는 점이 강점으로 언급되었다. 특유의 개방성과 의욕으로 감정을 솔직하게 드러내다 보면 종종 유머를 발휘할 때도 있다. 이 유머는 누군가 처한 상황을 유쾌한 방식으로 보도록 도와주기도 한다.

하지만 나는 이 강점을 활성화하려면 의도적으로 꺼내야 했다. 이 강점을 생각하지 않을 때는 이것을 활성화하는 스위치를 켜는 걸 잊곤 했다. 스위치가 꺼져 있으면 나는 모든 일이 별로 재미도 없고 활기를 느끼지도 않으며 다른 사람에게 에너지를 준다는 기분도 들지 않는다.

'지금 나는 누구인가'를 확인해 나와 다른 사람의 삶에 큰 변화를 줄 수 있다는 사실을 깨달은 두 번의 구체적인 사례가 있다. 첫 번째는 회의 시간이었다. 나는 회의 시간에 수동적인 사람이 되기 쉽고 자주 딴 생각을 한다. 사실 회의를 별로 좋아하지 않는데 직장에서는 10명 혹은 그 이상의 사람들이 참석하는 회의가 많다. 신입사원을 뽑거나 등급 시험에 필요한 새로운 과정을 만들 때는 회의 규모도 커진다. 회의 규모에 따라 내가 그 회의에 얼마나 적응할지가 결정되곤 한다.

하지만 내 핵심 역량을 적극적으로 발휘한다면 특유의 개방성과 의사 표현 능력을 활용해 회의 시간을 훨씬 더 활기차게 만들 수 있다. 입다물고 앉아 잡념에 빠진 채 회의 시간을 보내지 않아도 된다. 유머로 분위기를 전환하고, 사람들의 기분을 좋게 해주면서 내 기분도 좋아질수 있다. 이렇게 할 때 회의에 열심히 참여하고 있다는 기분이 들며 사람들과 나 자신에게 최선을 다하고 있다는 생각이 든다. 오직 나만이 회의 시간마다 어떤 내가 될지 선택할 수 있으며, 오직 나만이 이 선택이 주는 강점을 누리겠다고 결정할 수 있다.

내가 최고의 내 모습 스위치를 켜서 큰 변화를 줄 수 있는 두 번째 영역은 퇴근 후 집이다. 종일 글쓰기며 강의, 이런저런 회의를 하느라 온통 다른 곳에 정신이 팔렸다가 집에 들어설 때면 종종 공허함을 느끼곤 한다. 문을 열고 들어가면 아이들과 앨리슨이 있는데, 이때 의식하지 않으면 다른 곳에 마음을 빼앗기곤 한다. 휴대폰으로 이메일과 문자를 확인하느라 식구들에게 말 시키지 말라고 말하기도 한다. 내 강점을 활성화하지 않으면 나는 가족을 최고의 내 모습으로 대하지 못한다.

어떻게 잘 알지도 못하는 사람에게는 대표 강점을 활용해 최선을 다하다가, 가장 소중한 가족이 있는 집에 와서는 갑자기 동면 상태가 될수 있단 말인가? 이 역시 몽유병에 걸린 듯 삶을 흘려보내는 방식이다.

자신을 빛나게 해주는 성격과 자질을 사랑하는 사람들 앞에서 발휘할 때 유대감이 깊어지고 의미 있는 관계가 쌓인다. 사랑하는 사람과 최고의 내 모습을 공유해야 한다.

내 경우는 집에서든 직장에서든 내 강점을 활성화하고 그 강점들 위주로 삶을 만들려면 의도적으로 노력해야 한다. 매 순간 더 많은 에너지를 써야 한다. 결과는 내가 쓴 에너지보다 훨씬 더 가치 있다. 내 에너지 수준이 높아지고 주변 사람들에게 긍정적인 영향을 미친다. 이제 나는 '지금 나는 누구인가?'하고 묻는 것이 새로운 습관이 되었다.

· 하이라이트 릴 훈련법 ·

모든 문을 활용하라

'지금 나는 누구인가'를 생각하는 데 도움이 되는 방법을 소개한다. 모든 문을 지날 때마다 그 문을 실제로 만지면서 이렇게 물어보라. '지금 이 문을 열고 들어가는 나는 누구인가?'

이 방법을 사용하면 다른 공간에 들어설 때마다, 다양한 활동 분야에 들어설 때마다 자연스럽게 자신을 점검할 수 있다. 이 습관의 변화는 작지만 강력하다. 계획과 실천 방식을 다양하게 조정하도록 도와주며, 모든 상황마다 자신만의 강점을 적용할 수 있게 해주고 어떤 나로 존재할 것인지 성찰하게 해준다.

이제 훈련 일지에 '출입문 훈련'을 페이지 맨 위에 쓰고 오늘부터 66일째 되는 날을 표시한다. 이 훈련 기간 동안 문을 지나칠 때마다 꼭 연습해보자. 최대한 자주 하는 것이 좋다. 그리고 잠들기 전 훈련 일지를 펼쳐 5분 정도 시간을 내서 이 방법이 자신에게 미친 영향을 적어보자. 어느 문을 지날 때 가장 큰 영향을 받았는지도 적어보자. 최고의 나를 소환하는 데 가장 많은 에너지가 필요했던 문은 어디인가? 의도적으로 자신의 강점을 발휘했을 때 그 공간에 어떤 변화가 생겼는가? 다른 사람의 반응, 당신이 성취한 일, 당신이 느낀 감정 등을 관찰하며 놀란 적이 있는가?

: 관계의 우선순위를 재정비하라

2장에서 좋은 인간관계가 우리 삶에 얼마나 중요한지 언급하면서 나쁜 인간관계는 흡연이 몸을 상하게 하듯 우리 삶에 해악을 끼친다고 말했다. 견실한 인간관계는 장수와 건강, 충만한 삶으로 가는 최고의 요소 중 하나다. 그렇기에 내가 시간을 투자하는 사람이 누구인지, 누구와 함께 시간을 보내는지 꼼꼼히 들여다봐야 한다.

대부분은 그냥 그 사람과 늘 어울리다 보니 계속 어울리는 경우가 많다. 그가 내게 최선인지 최악인지는 별로 생각하지 않는다. 단순히 오랜 시간 함께했다는 이유로 어울리는 것 역시 몽유병 같은 삶이다.

그런가 하면 이상적인 내 모습을 발휘하게끔 해주는 사람들도 있다. 도전 정신을 발휘하게 해주는 사람도 있고 힘을 주는 사람, 긍정적 에너지를 만들도록 부추기는 사람도 있다. 당신은 이들이 어떤 사람인지 잘 알고 있다. 이 사람들과 시간을 보내고 나면 더욱 진정성 있는 사람이 되고 싶은 의욕을 느끼기 때문이다. 그들은 거울처럼 당신의 잠재력을 투영하고 성찰하게 해준다.

함께 있으면 주눅이 들고 위축감을 느끼는 사람도 있다. 그들과 시간을 보내면 금방 지루하고 무기력해지며 심하면 화가 나고 불안해지기도 한다.

우리는 주변 사람들과 환경의 영향에 동화되기 쉽다. 삶을 조각하기 위해서는 함께하고 싶은 사람, 좋은 영향을 미치고 싶은 사람을 신중하게 선택하고 적극적으로 결정해야 한다. 강점을 연습할 상황과 공간을 마련한 후 생각해보자. 당신의 삶에서 우선순위에 두고 싶은 관계는 어떤 관계인가? 반드시 함께하고 싶은 사람은 누구인가? 다음 훈련은 이 질문을 생각해보는 데 도움이 될 것이다.

· 하이라이트 릴 훈련법 ·

관계 성찰하기

20분 정도 시간을 마련하자. 약속이나 행사를 기록해둔 달력이나 일정표를 펼쳐 지난 두 달간 일정을 살펴보자. 훈련 일지의 새 페이지 상단에 '관계 조정하기'라고 적고 지난 두 달 동안 만난 사람, 통화한 사람, 영상 통화를 한 사람 등을 모두 적어보자. 그리고 각각의 사람에게 쓴 시간을 대략 적어보자.

어떤 흐름이 보이는가? 가장 시간을 많이 보내는 사람은 누구인가?

다음은 이렇게 자문해보자. '나를 더 좋은 사람으로 만들어주는 사람은 누구인가? 내 강점을 활성화하는 사람은 누구인가?' 여기서는 냉정하게 생각해야 한다. 당신의 강점을 발휘하게 해주지 않았다고 해서 그 사람이 문제가 있다는 의미는 아니다. 다만 누군가는 당신의 삶을 더 행복하게 해주고 당신이 더 좋은 사람이 되도록 도와주지만, 누군가는 그렇게 해주지 않는다는 사실을 솔직하게 인정해야 한다.

이제 오늘부터 66일째 되는 날에 표시해두자. 이후 약 두 달 동안 최고의 내가 되는 데 도움이 되는 사람과 나를 주눅 들게 하는 사람이 누구인지 세심히 관찰해보자. 잠들기 전 5분 정도 시간을 내서 훈련 일지에 관찰한 내용을 기록해보자. 이제 최고의 내 모습을 발휘하게 해주는 사람과 더 많은 시간을 보내고 에너지와 행복을 빼앗는 사람은 멀리하자. 이 장 앞부분에서 언급한 새로운 활동을 하다 보면 새로운 사람들을 만날 수도 있다. 새로운 관계가 최고의 내 모습을 활성화하는 것 같다면 그 사람을 더 잘 알아갈 수 있도록 시간을 투자하라.

지난 두 달간 만났던 사람들을 살펴보다 보면 자신이 그다지 사교적이지 않다는 사실을 깨달을 수도 있다. 즉 자신이 인간관계에 그다지 시간을 많이 투자하지 않는 사람이라는 걸 알게 될 수도 있다. 그렇다면 당신은 어디에 주로 시간을 썼는가? 이 '사회적 캘린더social calendar' 훈련은 대부분 시간과 에너지를 일에만 쏟는 사람들에게 도움이 된다. 인간관계보다는 넷플릭스에 대부분 시간을 보내는 사람에게도 도움이될 것이다.

물론 시간을 어떻게 쓸지는 오직 당신만이 정할 수 있다. 하지만 잊지 말아야 할 것이 있다. 우리는 이 세상에 잠시 머물다 가는 존재다. 훗날 인생의 황혼기에 이르러 살아온 날들을 되돌아볼 때 혼자 좋아하는 TV 프로그램을 보며 지낸 나날들보다 좋은 인간관계를 맺으며 지낸날들이 훨씬 더 의미 있게 느껴질 것이다. 이를 입증하는 과학적 연구도 많다.

하이라이트 릴은 관계의 가치와 의미를 다시 생각하게 해준다는 점에서 진정한 장점이 있다. 그 통찰력을 제대로 활용할 방법은 긍정적 관계에 에너지를 더 투자하는 것이다. 식물을 건강하게 기르려면 물을 잘 주어야 하듯 관계를 견고하게 지속하려면 의미 있는 유대감을 끊임없이 주고받아야 한다.

이제 막 직장 생활을 시작한 사람이나 성공을 꿈꾸는 사람 중에는 만사를 제쳐두고 오직 일에만 매달리는 이들이 많다. 그러다 보면 인간관계는 뒷전으로 밀려나기 쉽다. 앞서 언급한 샬럿에 사는 엠마는 컨설팅 회사의 파트너가 된 후 자신이 지금까지 그런 인생을 살아왔다는 사실을 깨달았다.

오랜 세월 제 삶은 온통 마감과 업무, 주말 근무, 야근뿐이었어요. 그러다 보니 이것도 건너뛰고 저것도 건너뛰었죠. 경력이 쌓일수록 일만 강조하는 사람이 되었어요.

엠마는 하이라이트 릴을 하고 나서 가족과 친구, 동료들이 자신에게 얼마나 큰 의미였는지 깨달았다. 그래서 소중한 관계에 더 많은 시간을 투자하기로 마음먹었다. "우선순위를 다시 정했다고 해서 일이 필요악이 되었다는 말은 아니에요. 일과 관련 없는 관계나 일 외의 삶을 가꾸는 방법을 더 진지하게 고민하게 되었다는 의미죠."

하이라이트 릴 과정을 도우면서 가장 흐뭇한 순간이 바로 이런 순간이다. 하이라이트 릴을 통해 소중한 사람들과 더 가까워지는 모습을 볼 때면 나도 마음이 좋아진다. 사람과 사람 사이의 유대감이 삶과 행복에 얼마나 소중한지 깨닫는 것만으로도 그 가치는 충분하다.

내 인생의 명장면을 자주 떠올리면

이제 자기 의심에서 벗어나 자기 확신의 수단으로 하이라이트 릴을 활용해보자. 이 과정은 자신이 귀중한 사람이라는 사실을, 원하기만 하면 언제든 강점을 발휘할 수 있다는 사실을 상기시킨다. 이 하이라이트 릴 재생이 쉽고 뻔하게 느껴질 수도 있다. 하지만 이 이야기를 하는 이유는 내가 인터뷰를 했던 사람 절반 정도는 이후 하이라이트 릴을 다시 읽지 않으며 성찰할 시간을 갖지 않기 때문이다. 그들은 하이라이트 릴을 일회성 경험으로 여긴다. 정말 안타까운 일이다.

운동선수가 하이라이트 릴을 활용하는 방법을 생각해보라. 그들에게는 하이라이트 릴이 끊임없는 준비이자 훈련이다. 큰 대회를 앞둔 프로 선수들이 하듯 직장 면접이나 프레젠테이션, 근사한 데이트를 하기 전에 하이라이트 릴을 다시 읽는다면 귀중한 경험을 할 수 있다.

왜 하이라이트 릴을 다시 읽기가 중요할까? 1장에서 언급한 대로 자신감이 올라가고 도파민이 분비되어 기분이 좋아지기도 하지만 또 다른 장점들이 있다. 내 인생의 명장면, 최고의 자기 모습에 관한 구체적인 기억을 다시 떠올리면 마음이 환하게 밝아진다. 뇌의 세포 연결이 강화되어 최고의 자기 모습에 언제든 접근할 수 있게 된다.

자기 확신

중요한 일을 앞두었을 때 하이라이트 릴을 다시 읽어보자. 훈련 일지를 펼쳐 10분 정도 시간을 내서 느낀 점을 적어보자. 혹시 새로운 아이디어나 통찰력이 떠오르는가? 인생을 조각하는 훈련을 시작한 이후 강점들을 단련하면서 더 나아진 부분이 있는가?

⋮ 긍정적 시선으로 타인의 삶을 비춰라

이제 당신은 하이라이트 릴이 얼마나 강력한 힘을 발휘하는지 경험했을 것이다. 새로 얻은 이 지혜로 주변 사람들의 삶도 환하게 밝혀줄 수 있다. 다른 사람에게 그 사람의 강점이 지닌 힘을 깨닫게 해줄 수도 있다.

앞서 칭찬 미루기라는 심리적 억압과 사회적 규범들로 자신의 긍정적 영향을 인정하지 못하고 심지어 무시한다는 사실을 살펴봤다. 하지만 우리는 누군가의 좋은 점을 칭찬하고 그 사람의 재능을 인정해주는 것이 형언할 수 없이 귀중한 일이라는 사실을 잘 알고 있다. 이로써 상대는 자신의 강점을 깨닫고 긍정적 자기 이미지를 만들어 인간관계도 더 좋아질 수 있다.

삶을 감사하는 태도로 살기로 선택하지 않으면 우리는 삶을 풍요롭게 해준 이들에게 고마움을 표현해야 한다는 사실도 잊은 채 예전의 낡은 습관으로 퇴행할 것이다.

나는 앨리슨과 오랜 시간을 함께해왔다. 하지만 오랜 세월 함께 지내다 보니 그가 나를 얼마나 행복하게 해주는지, 얼마나 좋은 사람인지 간과하곤 했다. 우리에겐 두 자녀가 있고 각자 직업도 있다. 둘 다 정신없이 바쁘게 산다. 나는 순조롭게 흘러가는 우리 가족의 삶 중심에 앨리슨이 있다는 사실을 잘 안다. 하지만 모든 일이 순탄하게 흘러가다 보면 그 사실을 종종 잊어버리곤 한다. 특별히 신경 쓰지 않으면 그가 나와 우리 가족을 위해 한 일들을 잊고 지낸다. 그러다 뭔가 일이 잘못되었을 때 그의 노력을 알아채곤 한다.

인간이 자신의 약점만 들여다보는 것도 모자라 타인의 잘못한 일, 불완전한 부분만 본다는 사실이 참 재미있지 않은가? 하루를 보내며 누군가의 좋은 점에 집중한다고 생각해보라. 온종일 그 사람의 나쁜 점에 몰두하는 것보다 하루가 훨씬 좋아질 것이다. 다음 날에는 다른 사람을 선택해 그의 좋은 점에 집중하고 그다음 날에는 또 다른 사람의 선행에 집중해보자. 이는 우리가 사는 세상을 천천히, 우아하고 친절한 곳으로 만드는 방법이다.

어느 날 나는 실험 삼아 앨리슨이 없는 가족의 삶이 얼마나 달라질지 확인해봤다. 하루가 거의 다 지나고 나서 나는 그의 부재로 달라질 수 있는 점들을 이야기하고 그에게 고맙다고 말했다. 고작 하루 고마움을 표현한다고 해서 이것이 새로운 습관이 되는 것은 아니다. 하지만 시작이 반이라는 말도 있지 않은가!

다음 주에는 친구인 브루스에게 똑같이 해보기로 했다. 브루스는 이 책 원고를 읽어준 친구다. 바쁜 일정 중에도 일부러 시간을 내서 내 원고를 꼼꼼히 읽어주고 솔직한 피드백을 주었다. 그의 날카로운 비판 능력에 집중할 수도 있었지만 나는 그가 내준 시간과 에너지에 집중하기로 했으며 자신의 의견을 솔직하게 표현하는 능력을 대표 강점으로 인정했다. 나는 브루스에게 이렇게 글을 써주었다.

> 너는 강점이 많지만 그중 하나는 생각을 확실히 표현하는 능력이라고 생각해. 우리 나이대 사람들이나 전문직에 종사하는 사람들은 대부분 두루뭉술하게 말하는 경우가 많더라고. 의견을 강하게 표현하지도 않고 표현하는 능력조차 없는 경우가 많지. 언젠가 네가 인디 음악을 싫어하고 카니예 웨스트와 팝 음악을 좋아한다고 말했던 때가 기억나. 만난 지 7분 만에 너의 취향을 확실히 알게 되었지. 솔직한 네 모습과 이를 기꺼이 드러내는 태도 덕분에 무척 즐거웠어. 그런 네 모습이 대화에 활기와 힘을 주고 삶을 더욱 재미있게 만들어준다고 생각해.

브루스는 이 짧막한 칭찬 편지를 받고 무척 놀라워했다. 진심으로 감동한 듯 보였다. 이 편지가 진심이며 특별히 자신을 위해 쓴 글이라는 사실이 그의 마음을 움직였으리라 생각한다. 이 글을 써서 보내는 데는 겨우 10분 정도밖에 들지 않았지만 그 10분 덕분에 우리 사이는 훨씬 더 돈독해졌다.

배우자, 가족, 친구에게 고마움을 표현해야 한다는 사실은 알지만 직장 동료나 학교 동기들에게는 감사나 칭찬에 인색한 사람도 있다. 내가 인터뷰했던 많은 사람이 하이라이트 릴을 통해 다른 사람의 공로를 인정하고 고마움을 표현함으로써 업무적인 관계가 더 좋아질 수 있었다고 말했다.

앞서 언급한 런던 출신의 앤드루를 기억하는가? 크리스마스 날 고속도로 휴게소에서 자동차가 고장 난 장인과 장모님을 데리러 갔던 앤드루 말이다. 그는 내게 다음과 같이 말했다.

저는 누군가에게 보답하는 방식을 바꿨어요. 그 사람을 생각하며 짤막한 쪽지를 보내게 되었죠. 누군가 어떤 일을 아주 잘했을 때 그 사람에게 해줘야 할 말을 기억해둡니다. 오늘 아침에도 한 시간 정도 시간을 내서 팀원들 한 사람 한 사람에게 그들이 했던 일을 적고 도움을 주어 고맙다는 편지를 썼어요.

생각해보면 누군가가 그들만의 방식으로 일군 변화를 알아채고 그 가치를 인정해주는 일은 아주 작은 일이다. 하지만 그 일을 한 당사자에게는 매우 큰 의미다. 앤드루와 다른 많은 사람이 그랬듯, 업무적 관계가 좋아지면 업무 능력도 좋아진다. 사람들이 와서 진심으로 감동했다고 표현할 것이다.

이제 최고의 자기 모습과 감사의 힘에 대해 더 잘 알게 되었으니 우리의 삶과 주변 사람들의 삶을 더 좋게 만들어주는 방법을 터득한 셈이다. 누군가 잘못하고 있는 일을 지켜보며 꼬투리 잡기보다는 잘하는 일을 알아주고 인정해주면 일과 삶에 훨씬 더 긍정적인 전환점을 만들 수 있을 것이다.

고마움 표현하기

한 주 동안 누군가의 선행과 성과를 알면서도 은근슬쩍 넘어갔던 일이 얼마나 많은가? 얼마나 자주 누군가의 잘못이나 완벽하지 못한 부분에 집중했는가? 이제 고마움을 표현할 사람 한 명을 골라보자. 이제까지 감사의 편지를 쓰지 않은 한 사람을 선택한다. 자녀나 친구도 좋고 직장 동료도 좋다. 이번 주에는 그 사람의 점에 집중해보자. 훈련 일지의 빈 페이지를 펼치고 1분 정도 시간을 내서 그 사람의 좋은 점을 기록해보자. 지난 며칠 혹은 몇 주 동안 그 사람의 좋은 행동에 고마웠던 적이 있는가? 있다면 무엇인가? 되도록 그 사람의 대표 강점이 드러나는 일이면 더 좋다. 매일 그 사람의 좋은 점을 기록해두면 구체적으로 고마움을 표현할 수 있어서 더 좋다. 이는 결점과 단점이 아닌 긍정적인 면에 집중하도록 뇌를 훈련하는 과정이다.

그다음에는 그 사람에게 편지나 이메일, 전화 등 편한 수단을 골라 그 내용을 전달하라. 당신이 알아차린 사실을 구체적으로 적어야 하며, 그 일이 왜 당신에게 소중하게 느껴졌는지를 상세히 적어야 한다. 이것을 '약식 하이라이트' 정도로 생각해도 좋다. 짧막하게 적어 보내라.

편지를 보낸 후 그 사람의 피드백에 귀를 기울이자. 10분 정도 시간을 내서 훈련 일지에 이 훈련을 통해 깨달은 점을 적어보자. 무엇에 놀랐는가? 그 사람에게 편지를 쓸 때 내 감정은 어땠는가? 그 사람의 반응은 어땠는가? 이 과정이 어려웠는가? 어떤 기분이 들었는가?

이 활동을 습관으로 만들려면 두 달 동안 지속해야 한다. 매주 좋은 점을 관찰할 사람을 한 명씩 골라보자. 매번 모든 사람에게 광범위하게 이 훈련을 적용할 필요는 없다. 그냥 하루 몇 분 정도 시간을 내서 누군가의 긍정적 특징을 간단히 표현해도 좋다. 그 사람에게 고마운 마음이 이전보다 훨씬 더 많이 들 것이다. 그리고 두 사람의 관계도 훨씬 돈독해질 것이다.

강점을 과용하지 마라

이 장에서는 강점을 자주 활용하는 방법을 이야기하고 있다. 그렇다면 여기서 이런 질문을 해보자. 강점을 지나치게 많이 사용할 수도 있을까? 과도한 강점 남발은 아킬레스건이 되지 않을까?

아킬레스건은 온갖 강점에도 불구하고 그 사람을 무너뜨릴 수 있는 결정적 약점을 뜻한다. 이 표현은 그리스 신화에서 유래했다. 아킬레스가 아기였을 때 그의 어머니는 그를 강철처럼 강하게 만들기 위해 하데스를 감싸고 흐르는 스틱스강에 데리고 갔다. 스틱스강에는 영험한 힘이 있어서 강에 몸을 적시면 몸이 불사신처럼 강해지기 때문이다. 어머니는 아킬레스의 발목을 잡고 강물에 그의 몸을 담갔다. 하지만 그를 물에 빠트리지 않기 위해 두 발목을 붙잡았기 때문에 발목은 강에 담글 수 없었다.

스틱스강은 아킬레스를 무적으로 만들었다. 그를 죽일 수 있는 것은 아무것도 없었기에 그는 전장에서 수많은 위험을 딛고 살아남았으며 전설이 되었다. 하지만 한 전투에서 누군가 쏜 독화살이 그의 발목 뒷

부분에 꽂혔다. 독화살을 맞은 아킬레스는 온몸을 마법의 힘으로 무장했음에도 불구하고 죽고 말았다.

이 지점에서 이렇게 생각하는 사람도 있을 것이다. '재밌는 이야기네. 그런데 저 이야기가 나랑 무슨 상관이지?' 이 이야기는 강점을 활용하는 방식을 논하기 위해 소개한 것이다. 아킬레스처럼 아무리 대단한 강점이라 해도 현명하게 사용하지 못하거나 과용하면 오히려 치명적일 수도 있는 이면이 존재하는지도 모른다.

가브리엘라의 사례를 다시 살펴보자. 가브리엘라는 평생 열심히 노력해서 목표 그 이상을 성취했다. 그리고 이 점 때문에 그녀는 모든 기준점이 높아졌고 주위 친구들에게도 기준점을 높이도록 독려하고 도와주었다. 이 점은 가브리엘라의 대표 강점이다. 하지만 만일 가브리엘라가 친구들을 독려하는 것을 넘어 더 높은 기준을 강요한다면 어떨까? 아마 친구들은 그녀를 지나치게 까다로운 사람 혹은 완벽주의자로 생각할 것이다. 쉴 틈도 없이 밀어붙이는 그녀가 더 이상 삶의 활력소로 느껴지지 않을 것이다.

강점을 극단적으로 사용하면 생길 수 있는 문제를 보여주는 사례는 또 있다. 앞서 언급한 스톡홀름 출신의 오스카는 하이라이트 릴을 통해 자신의 확고한 언변이 다른 사람에게 강점으로 인정받고 있다는 사실을 알게 되었다. 그렇다면 오스카가 이 사실에 힘을 얻어 친구와 가족들에게 강점을 마구 남발한다면 어떻게 될까? 모든 대화마다 일방적으로 자신의 의견을 밀어붙일 것이다. 결과적으로 사람들은 그를 지나치게 목소리가 큰 사람, 자기주장이 너무 강한 사람으로 생각하고 그와 함께 있으려 하지 않을 것이다. 자기 이야기만 하는 그 앞에서 다른 말을 꺼낼 틈이 없기 때문이다.

강점을 활용하는 방식은 매우 중요해서 아킬레스건 이야기를 대충 얼버무리고 넘어갈 수는 없다. 사실 강점이 과하게 사용된 사례들도 더러 있다. 후이 레 Huy Le 와 그의 연구팀은 양심과 업무 수행 사이의 연관성을 알아보는 연구를 진행했다.[2] 양심적인 사람들은 믿을 수 있고 책임감이 강하며 이런 점은 업무에 큰 도움이 될 것이라고 흔히들 생각한다. 하지만 연구 결과에 따르면 '어느 정도까지만' 좋다.

중간 정도의 양심 수준을 지닌 사람은 양심이 낮은 사람보다 업무 수행 능력이 더 좋았다. 다만 양심 수준이 과하게 높은 경우는 문제가 될 수 있다. 양심 점수가 가장 높은 사람들이 중간인 사람들보다 업무 수행 능력이 모두 낮게 나왔기 때문이다. 극도로 양심적이라는 말은 모든 일을 하나하나 세세하게 집중한다는 의미가 될 수도 있으며 그러면 일을 제대로 하지 못할 수도 있다.

확고함과 관련해 비슷한 연구 결과도 있다. 컬럼비아 대학교의 대니얼 에임스 Daniel Ames 는 스탠퍼드 대학교의 프랭크 플린 Frank Flynn 과 팀을 이뤄 연구를 진행했다. 두 사람은 확고한 성향이 강한 리더가 팀을 잘 이끌며 업무도 잘 수행한다는 결과를 얻었다. 당연한 결과다. 리더라면 변화를 주도하고 사람들이 업무를 더 잘하도록 해야 하기 때문이다. 하지만 확고함 역시 어느 정도까지만 효과가 있었다.[3] 확고한 성향이 아주 강한 리더가 이끄는 팀의 생산성은 오히려 더 안 좋았다. 융통성이 없는 상사를 좋아하는 사람은 별로 없기 때문이다.

이처럼 과유불급이 문제가 되는 경우가 이따금 있다. 나 역시 살면서 그런 경험을 몇 번 했다. 앞서 언급했다시피 내 대표 강점 중 하나는 사람들과 유대감을 빨리 형성해서 즐거운 분위기를 잘 만드는 것이다. 나는 대단히 외향적인 사람이며 누군가와 공감대를 형성할 수 있는 주제를 찾을 때 진심으로 짜릿함을 느낀다.

이런 성격은 다방면으로 도움이 되었다. 친구도 잘 사귀고 학생들과 관계도 좋았다. 나는 식당 직원이나 바텐더, 출퇴근 길에 지하철에서 만난 사람, 여권 발급을 받기 위해 줄을 서 있다가 만난 사람 등 누구와도 쉽게 대화를 튼다. 이 강점은 내게 힘을 준다. 사람들과 유대감을 쌓을 때 내 삶이 더욱 즐거워지기 때문이다.

하지만 조심하지 않으면 이 강점이 누군가에게 상처가 되기도 한다. 예컨대 앨리슨과 데이트를 할 때 가끔 나는 우리 대화보다는 다른 사람과 대화에 지나치게 몰두할 때가 있다. 앨리슨과 나는 이런저런 아이디어를 주고받으며 새로운 경험을 궁리하길 좋아한다. 그런데 막상 데이트 중에 혼자 덩그러니 앉아서 다른 사람과의 수다에 여념이 없는 나를 지켜봐야 한다면 정말로 짜증이 날 것이다.

스포츠에서도 강점을 과하게 사용하는 현상을 볼 수 있다. 테니스에서 포핸드(라켓을 쥔 손 방향으로 공을 받아치는 기술—옮긴이)가 강한 사람이 있다고 생각해보자. 포핸드 기술이 강점인 그는 이 기술이 통할 때마다 기분이 좋았고 이 기술을 더 발전시키려고 더 많이 노력했다. 하지만 다른 기술, 가령 백핸드 같은 기술은 개발하지 않았다면 결국 수많은 경기에서 질 것이 뻔하다.

여기서 이런 의문을 제기할 수 있다. 강점에 집중하면 그 강점을 더 확장해서 새로운 능력을 개발할 수 있지 않을까? 강점이 아킬레스건이 되지 않도록 하면서 활용할 수 있는 방법은 무엇일까?

이 장에서 언급한 몇 가지 아이디어를 적용하면 강점을 다양하게 활용할 수 있는 여러 활동을 시험 삼아 해볼 수 있다. 이 과정은 동기부여와 즐거움을 관장하는 신경전달물질인 도파민을 폭발적으로 분비하게 해줄 뿐 아니라 특별한 통찰력과 관점을 갖게 해 당신을 재미있는 사람으로 만들어줄 것이다. 무엇보다도 당신이 잘하는 분야들에 시간과 에너지를 적절히 분배하게 해주어 한 가지 강점을 과용하지 않도록 도와준다. 여기서 목표는 경험과 관점의 레퍼토리를 만드는 것이다. 강점을 발휘해 독창적이고 가치 있는 기여를 하는 레퍼토리를 만든다.

강점을 남발하는 걸 줄인다고 해서 그 강점을 발휘하지 못한다는 의미가 아니다. 오히려 그 강점이 미칠 수 있는 영향력을 명료하게 만든다는 뜻이다. 일단 자신의 대표 강점을 현명하게 사용해보면 사람들과 사회에 미치는 효과를 이해할 수 있다.

예컨대 개인 코치가 내게 이렇게 말한다고 생각해보자. "댄, 당신은 사람들과 유대감을 쌓는 능력이 정말 굉장해요. 그 능력치 점수가 1에서 10까지 있다고 하면 당신은 11점이에요. 그 능력을 7 정도로 낮출 필요가 있어요." 그러나 이렇게 나를 제지하는 조언은 내 동력을 떨어뜨리고 나는 이 강점을 사용할 때마다 지나치게 의식하며 조심하게 된다. 내 강점을 의도적으로 사용하려 하면 행동하는 즐거움은 점점 줄어들고 내가 미치는 영향력의 크기도 쪼그라든다.

차라리 이렇게 말하는 것이 효과적이다. "댄, 당신은 다른 사람과 유대감을 쌓는 능력이 정말 뛰어나요. 그 강점을 더욱 살려보도록 해요. 하지만 그 강점이 자신의 내면을 향하는 게 아니라, 다시 말해 '사람들을 만나는 건 신나!' 하고 끝날 게 아니라 바깥을 향하게 하면 어떨까요? '어떻게 하면 다른 사람들도 대화에 참여시키지?' 하는 식으로요. 성취하고 싶은 결과에 초점을 맞추고 강점을 활용해 그 결과를 향해 나아가세요."

레스토랑에서 앨리슨과 재미난 대화에 집중하는 내 모습과 강연장에서 600명을 앞에 두고 강연할 때 집중하는 내 모습은 다르다. 하지만 '다른 사람을 대화에 참여시키려고' 마음먹는다면 내 강점을 균형 있게 활용할 수 있다.

마커스 버킹엄은 저서 《위대한 나의 발견 강점 혁명》에서 약점을 고치려고 골몰하기보다는 강점을 개발하는 데 집중해야 한다는 개념을 강조했다. 언젠가 그는 영향력이 매우 큰 저자이자 강사인 애덤 그랜트 Adam Grant와 함께 강점을 묻어두어야 하는가에 관한 주제로 대화를 나눴는데, 그때 그가 한 말을 살펴보자.

강점은 아무리 많아도 지나치지 않습니다. 문제는 그 강점을 형편없이 사용할 수 있다는 점이에요. 여기서 중요한 것은 지혜예요. 강점을 지혜롭지 못한 방식으로 사용하는 사람도 있어요. 만일 스스로 강점이 지나치게 많다고 생각한다면 당신의 코칭 본능은 이렇게 말할 겁니다. "겸손해져라."[4]

한편 애덤 그랜트는 학생들과 진로 상담을 했을 때 있었던 이야기를 했다. 그랜트와 상담을 마친 학생은 이렇게 말했다. "선생님은 논리 깡패네요." 그랜트가 그 말뜻을 묻자 학생은 이렇게 대답했다. "선생님은 이성적이고 논리적인 말들로 저를 압도했지만 저는 선생님 의견에 동의하지 않아요. 하지만 딱히 반박하지도 못하죠."

그랜트는 처음에는 이 말이 칭찬인 줄 알고 이렇게 말했다. "그게 내가 하는 일인 걸, 뭐." 그러자 학생이 말했다. "아니요. 선생님이 하는 일은 제가 최고의 결정을 내리도록 도와주는 것이지, 선생님의 결정을 설득시키는 게 아니잖아요." 그랜트는 이 대화 덕분에 자신이 틀렸다는 사실을 깨달았다고 했다. 최소한 직업 상담 선생님으로서는 실패한 것이다.

어떤 사람들은 그랜트가 자신의 의견을 관철하려는 의지와 논리를 내려놓고 대화해야 한다고 생각할 수도 있다. 하지만 버킹엄은 그에게 이렇게 말했다.

> 강점을 없애지 마세요. 오히려 더 발휘해야죠. 많은 사람이 당신에게 끌리는 이유는 당신이 바로 당신이기 때문이에요. 그리고 시간이 흐르면 당신이 더욱 지혜로워질 것이라고 기대하기 때문이죠.

이제 그랜트는 자기 생각을 강요하지 않으면서 학생들이 문제를 해결할 수 있도록 도와준다. 강점을 지혜롭게 사용한다면 마구 남발하거나 잘못 활용하는 문제를 겪지 않고도 얼마든지 계속 사용할 수 있다. 그랜트를 아는 사람이라면 누구나 그가 논리력을 포기하지 않았다는 사실을 안다. 하지만 그는 만들고자 하는 결과에 집중함으로써 이 강점을 다른 방식으로 적용했다. 예를 들면 그가 운영하는 팟캐스트 워크라이프WorkLife가 그렇다. 여기서 그는 어려운 문제를 단순화하고, 뭔가를 배우려는 사람들을 돕고, 학생들이 스스로 결정을 내리도록 돕는 멘토 역할을 한다.

자신의 최고 강점을 널리 뻗쳐 삶을 새로이 조각하는 훈련을 시작하자. 스스로 강하다는 느낌이나 만족감을 느끼려는 것이 아니라 잠재력을 추구하고 특별한 결과를 만들기 위해서다. 공동체에 미치는 영향력을 더 발전시키고 자랑스러운 인생을 만들려면 강점을 최대한 활용해야 한다.

CHAPTER 11

일
조각하기

강점을 활용해 삶을 조각하려면 그 강점을 삶의 모든 분야에서, 특히 가장 많은 시간을 보내는 곳에서 시도해봐야 한다. 아마 많은 사람이 일에 가장 많은 시간과 에너지를 쏟을 것이다. 일반 직장인들은 보통 일터에서 9만 시간 이상을 보낸다.[1] 무려 생의 3분의 1에 이르는 시간이다. 직장이나 일에서 강점을 활용하는 게 중요한 이유다. 강점을 활용해 일하면 인생에서 큰 부분을 차지하는 시간을 의미 있게 보낼 수 있다.

하지만 대부분 사람이 일을 이런 식으로 생각하지 않는다. 내가 만난 세계 각지의 직장인 약 80퍼센트가 일터에서는 최고의 자기 모습을 발휘할 수 없으며 그러려면 직장을 그만두어야 한다고 생각한다.[2] 최고의 자기 모습을 발휘하려면 정말 직장을 그만두고 처음부터 다시 시작해야 할까?

일단 결정을 내리기 전에 매일 조금씩이라도 장점을 발휘할 수 있도록 직장 일을 재구성하는 방법을 생각해보자. 삶을 조각하듯, 일도 조각하는 것이다.[3] 아마 대부분 사람에게 새로운 개념일 것이다. 예전에는 직장인들이 목표 완수를 위해 일했다. 그런데 요즘은 업무에 빠르게 적응해야 하는 경우가 많다. 외부 환경과 고객의 요구가 빠르게 변하다 보니 조직도 그 변화 속도를 따라잡아야 하기 때문이다.

그 결과 직무 내용이 점점 더 유연해지고 개인화되고 있다. 이제 주어진 일을 가장 잘하는 방법은 고유의 역량과 관심사를 더 많이 발휘하는 것이다. 같은 업무라도 직원마다 혹은 팀마다 일하는 방식이 완전히 달라질 수 있다.

하지만 한 개인으로서 일을 하다 보면 어떻게 해야 자신의 강점과 업무를 조화시킬지 애매할 때가 많다. 많은 사람이 직업을 유지하기 위해, 돈을 벌기 위해 일하다 보니 특정 방식으로만 일해야 한다고 생각한다. 그러다 보니 일일이 허락을 구하지 않아도, 굳이 자신의 직업 경력을 위태롭게 하지 않아도 업무를 조정할 수 있다는 사실을 잊어버리곤 한다. 직장에서도 얼마든지 강점을 활용해 업무를 할 수 있으며 이렇게 할 때 일도 훨씬 더 의미가 있다. 일에서 느끼는 의미와 즐거움이 커지면 조직에도 도움이 된다.[4]

이 책 서두에서 내가 연구팀과 함께 기술 업체의 콜센터 직원과 데이터 입력 업무를 하는 직원들이 강점에 더욱 집중하도록 도왔을 때 그들이 더욱 일에 진심을 담게 되었고 직업 만족도도 높아졌다고 언급했다. 하지만 이런 방식은 개인뿐 아니라 회사에도 도움이 된다.[5] 퇴사율이 줄고 고객 만족도가 높아지기 때문이다.

그렇다면 어떻게 해야 일터를 나의 강점을 활용할 무대로 만들 수 있을까?

⋮ 주어진 업무에서 조금 벗어나보라

직장을 다니면 일을 배우게 된다. 그리고 자신에게 주어진 일을 능숙하게 처리하는 방법을 배운다. 하지만 오직 주어진 일만 해야 하는 건 아니다. 기존 업무에 시키지도 않은 일을 더 하라는 말이 언뜻 이해되지 않을 것이다.[6] 하지만 연구에 따르면 많은 직장인이 동기부여가 되는 일을 더 했을 때 직업 만족도와 성취감이 증가하고 아침 출근 시간이 더욱 즐거워지는 것을 경험했다.

이를 구체적으로 보여주는 사례를 하나 들어보겠다. 영국의 한 맥주 회사에서 일하는 영업 담당자 찰스의 이야기다. 찰스를 만난 것은 몇 년 전 런던 경영대학원에서 진행하는 리더십 워크숍에서였다. 찰스는 직장 생활을 처음 시작하면서 영업 일을 하게 되었고 그 일을 매우 잘했다. 사람들과 만나 제품을 판매하면 신이 났고 활기가 생겼다. 하이라이트 릴을 통해 드러난 그의 강점은 나와 마찬가지로 사람들과 유대감을 쌓는 것이었다.

영업을 잘하다 보니 승진도 빨랐다. 영업사원으로 입사한 지 18개월 만에 그는 네 명의 부하직원을 관리하는 팀장이 되었다. 주로 하는 일은 영업이었지만 팀장이 되다 보니 새로운 일이 더해졌다. 채용 면접을 보고, 신입사원이 업무를 빠르게 익힐 수 있도록 돕고, 맥주 생산 회의에도 참석해야 했다. 하지만 이런 일들이 크게 방해가 되지는 않았고 그는 여전히 자기 일을 즐겼다. 그리고 2년 후 그는 또다시 승진해서 영업부장이 되었다. 이제는 그에게 업무 보고를 하는 직원이 20명으로 늘어났다.

좋은 소식은 찰스가 처음 이 일을 시작할 때보다 월급이 세 배 늘어났다는 점이다. 최신형 벤츠와 크고 좋은 사무실도 생겼다. 하지만 이제 찰스는 그 일을 좋아하지 않게 되었다. 업무 시간 대부분을 그의 표현대로라면 '망할 놈의 회의'를 하거나 책상에 앉아서 보내야 했다. 그는 자신이 의미 없는 일들을 처리하는 '결재 기계'처럼 느껴졌다.

찰스는 다시 자신의 장점을 발휘해보기로 했다. 매주 현장에 나가 고객들을 직접 만났다. 제품을 팔려는 목적이 아니라 사람들을 만나기 위해서였다. 첫 주에는 슈퍼마켓에 가서 담당자를 만나 판매 근황과 신제품 이야기, 새로운 소식과 유행 이야기를 나눴다. 다음 주에는 대리점 담당자를 만나 최근 맥주 업계 흐름과 대량으로 판매되는 제품들 이야기를 나눴다. 이런 일은 그의 공식적인 업무가 아니었다. 하지만 그는 모든 업무 중 이 일을 가장 우선순위에 두었다.

고객들과 소통하고 교류하면서 찰스는 다시 일을 즐기게 되었고 놀랍게도 그동안 해왔던 일들에서도 의미를 찾았다. 예를 들어 채용 면접을 볼 때면 최신 근황이나 새로운 사례 이야기를 하며 활기를 찾았다. 영업팀과 성과 회의를 할 때도 영업팀이 거래하는 업체들에 대해 잘 알고 있어 회의에 적극적으로 참여할 수 있었다. 신제품 출시 회의를 할 때는 슈퍼마켓 주인들과 나눴던 이야기에 최신 흐름을 접목했다.

또한 찰스는 제품을 판매하는 것만이 최선의 영업이 아니라는 사실도 깨달았다. 그가 좋아하는 현장에 나가 사람들이 겪는 문제에 진심으로 관심을 가지고 이야기를 나눴을 뿐인데 그와 거래하고 싶어 하는 업체들이 점점 늘었다.

이렇게 주어진 업무에서 벗어난 행동 덕분에 그는 고객들과 돈독한 관계를 쌓았고 이는 회사의 매출 상승으로 이어졌다. 찰스는 가장 잘하는 일을 통해 고갈된 열정을 재충전했다.

・ 하이라이트 릴 훈련법 ・

원하는 일 만들어서 하기

현재 직장에서 하는 일과 업무 환경을 생각해보자. 나의 대표 강점을 활성화하는 일은 무엇인가? 최고의 역량을 발휘하지 못하게 억누르는 일은 무엇인가? 이제 훈련 일지를 펼쳐 빈 페이지의 맨 위에 '일 조각하기'라고 적고 그 아래에 직장이나 일에서 강점을 발휘할 방법을 적어보자. 다음은 시작을 도와줄 몇 가지 아이디어다.[7]

핵심 역량을 발휘할 수 있는 업무 분야를 모두 적어보자. 중요하지 않은 업무라도 상관없다. 이 업무들을 확장해 강점을 더욱 활성화할 방법이 있는가? 처음에는 확장된 업무를 가장 우선순위에 두고 시간과 노력을 더 투자해야 할 수도 있다. 그래도 괜찮다. 그 업무를 통해 에너지를 충전하고 일하는 의미가 더욱 커질 것이기 때문이다.

나의 강점을 발휘하게 해주는 사람들에 대해서도 생각해보자. 직장에서 영감을 주는 사람이 있는가? 앞으로 그 사람들과 더 많은 일을 할 방법이 있는가? 몇 주 정도 시간을 들여 업무 일정에 활동을 추가해보자. 그다음 상사와 함께 당신의 강점을 업무에 활용할 수 있는 방법을 논의해보자. 상사에게 당신이 이미 이 일을 시작했다는 사실을 말하고, 그 일이 조직에 도움이 되는 이유를 설명한다. 시도하고 싶은 새로운 일이나 기존에 하던 업무를 확장할 방법을 제대로 설명한다면 고용주나 상사도 당신이 제안한 내용을 업무 발전 계획으로 여겨 관심을 가질 것이다.

이 모든 일이 한꺼번에 되지 않는다는 사실을 명심하라. 강점을 업무에 적용하는 일이 순식간에 이뤄지지는 않는다. 1~2년 정도 시간을 두고 천천히 조정하며 균형을 맞춰나가야 한다. 중요한 점은 강점을 더 자주 활용하기 위해 새로운 활동을 시작하는 것이다.

훈련 일지에 오늘부터 66일째 되는 날을 표시하자. 이제 두 달 동안 매일 연습할 새로운 일을 한두 개 선택해 적어보자. 그리고 잠들기 전 5분 정도 시간을 내서 훈련 일지에 그날 훈련한 내용을 적는다. 업무를 조정하기가 수월했던 일은 무엇이고 어려웠던 일은 무엇인가? 놀라운 일이 있었는가? 활력을 주는 일이 있었는가?

일하라, 다만 자신만의 방식으로

'일을 일이라 부르는 데는 그만한 이유가 있다'는 말이 있다. 강점과 상관없는 일은 늘 있기 마련이다. 그리고 이런 일은 에너지를 잡아먹는다. 하지만 강점을 이용해 상황을 '재해석'할 수도 있다. 에너지가 소진되는 상황을 활력과 힘을 주는 상황으로 만들 수도 있다는 의미다.

앞서 언급한 마커스 버킹엄과 애덤 그랜트의 대화를 살펴보자. 버킹엄은 그랜트가 강점을 새로운 활동으로 전환할 수 있도록 도와주었다. 버킹엄은 사실 내향적인 사람이다. 그는 소소한 수다도, 사람들과 어울리는 것도 싫어한다.[8] 하지만 작가이자 강사이므로 사람들과 어울리는 것 또한 그의 일이다. 그는 직장 동료들과 회식을 할 때면 늘 지금 대화하고 있는 사람에게 집중하지 못하고 다음 대화를 해야 할 사람을 흘끗거리곤 했다고 한다. 또한 대화를 시작하자마자 얼른 끝내고 다음 대화로 넘어갈 생각을 했다. 지극히 소모적인 방식이다.

하지만 버킹엄의 대표 강점은 호기심이다. 버킹엄이 인터뷰 진행을 뛰어나게 잘하는 이유도 이 호기심 때문이다. 그는 업무로 사람들을 만나 인터뷰하는 것을 무척 좋아했고 누군가 일을 잘하게 된 이유를 탐구하는 것도 좋아했다. 그래서 그는 사람들과 어울리는 행위를 인터뷰하는 것으로 틀을 바꾸기로 했고 몇 년에 걸쳐 그 방법을 연구했다.

이제 버킹엄은 회식 자리나 파티에서 세 명의 사람들을 골라 세 가지 질문을 한다. 이런 접근 방식 덕분에 그는 사람들과 어울리면서 기운이 빠지는 요소를 대폭 줄일 수 있었다. 사람들과 진심으로 교류하게 되었고 회식 후 집에 오는 길에도 에너지가 고갈되는 것이 아니라 오히려 더 채워졌다고 느꼈다.

데이비드 홈즈의 사례도 살펴보자. 사우스웨스트 에어라인스의 승무원으로 일하는 데이비드는 이륙 전 탑승객들 앞에서 비행 안전 수칙 안내 방송하는 일에 점점 싫증을 느꼈다. 암기한 내용을 하루에 여섯 번씩 말해야 할 때도 있다 보니 설명은 점점 무미건조해졌다. 나중에는 로봇처럼 기계적으로 안전 수칙을 전달하게 되었다.

그러다 그는 자신의 대표 강점을 이용해 안전 수칙을 전달하기로 하고 안내 방송 원고를 고쳤다.[9] 톡톡 튀면서도 재미있는 방식으로 전달하기로 한 것이다. "일단 흥을 좀 돋우겠습니다. 승객 여러분의 참여가 약간 필요합니다. 도와주시지 않으면 아무 의미가 없습니다."

처음에 승객들은 데이비드의 말에 관심을 두지 않았다. 늘 그래왔듯 그의 말을 귀담아들으려 하지 않았다. 사실 이렇게 외면당한다는 느낌이 그를 가장 힘들게 했던 요인이었다. 하지만 그가 승객들에게 박자에 맞춰 발을 구르고 손뼉을 치게 한 다음 랩으로 안내 방송을 하자 승객들은 서서히 호응하며 그의 말에 귀를 기울이기 시작했다. 승객과 승무원 사이에 공감대가 형성된 것이다.

평소 그가 읽던 안내 방송은 이런 내용이었다. "잠시 후 저희 승무원들이 승객 여러분께 시원한 음료나 따뜻한 차를 제공해드릴 예정입니다. 주류도 저렴한 가격으로 제공됩니다." 이것을 데이비드는 다음과 같은 랩으로 바꿨다. "이륙하면 일단, 먼저 줄게, 일단/목마름을 채워줄 음료, 지루함을 채워줄 커피/이도 싫고 저도 싫으면 말해/속 시원히 채워줄 술이 4달러!"

데이비드는 왜 이렇게 했을까? 그는 이렇게 말했다. "하루에 다섯 번씩 비행해요. 그런데 매일 지루한 안내 방송만 할 수는 없더라고요. 저조차 지루해서 잠들 지경이었으니까요."

항공 업계는 규정이 매우 많다. 데이비드가 설명해야 할 조항들이 많고 이를 승객들에게 공지하지 않으면 항공사는 벌금을 물어야 한다. 그래서 그는 규정을 어기지 않는 범위 내에서 자신의 강점을 발휘하는 방법을 찾기 위해 노력했고, 실제로 승객들에게 전달해야 하는 모든 내용을 빠짐없이 전달했다. 다만 자신만의 방식으로 전했을 뿐이다.

데이비드는 새로운 기회를 열기 위해 자신의 핵심 역량을 사용했고 열정과 짜릿함을 느꼈다. 이런 감정에는 전염성이 있다. 처음에는 심드렁했던 승객들도 슬며시 미소를 짓다가 함박웃음을 지으며 손뼉을 치고 발을 굴렀고, 자신만의 독특한 스타일로 업무를 수행하는 데이비드에게 호응하기 시작했다.

나는 강의하는 일에 지루함을 느낀 교수들이 강의 시간에 기타를 연주하고 노래를 하는 모습도 봤다. 거리에서 교통정리를 하는 경찰이 춤을 추며 수신호를 주는 모습도 봤다.[10] 찰스, 마커스, 데이비드와 더불어 이런 사람들이 기운 빠지고 반복적인 업무에 새로운 지평을 열 수 있었던 것은 판을 바꿨기 때문이다. 이들은 자기만의 강점을 활용해 싫어하는 일을 새롭게 조각하는 길을 찾았다.

· 하이라이트 릴 훈련법 ·

규칙 다시 정하기

지금 하는 일에 대해 생각해보자. 훈련 일지의 빈 페이지를 열고 맨 위에 '판을 바꿔라'라고 적어보자. 그리고 20분 정도 시간을 내서 에너지를 고갈시키는 지루한 업무를 자신만의 강점을 살리는 일로 바꿀 방법을 고민해보자.

이제 오늘부터 66일째 되는 날에 표시하자. 이 기간에 고민해서 얻은 새로운 활동 한두 가지를 꾸준히 연습해보자. 그리고 잠들기 전 5분 정도 시간을 내서 훈련 일지에 오늘 활동 내용을 적어본다. 잘 진척되는 일은 무엇이며 생각보다 어려운 일은 무엇인가? 이 훈련을 하면서 놀라운 점이 있었는가? 평소 기운 빠지던 업무였는데 활력과 열정이 생긴 일이 있는가?

⁝ 나의 본질을 설명하는 직함 만들기

직함은 처음 만나는 사람에게 자신이 어떤 위치에 있는지 가장 먼저 말해준다. 당신이 어떤 사람인지, 무슨 일을 할 수 있는지 알려주는 강력한 징표다. 상대방은 직함을 보고 당신이 하는 일을 추측한다.

하지만 보통 직함은 권위적인 경우가 많으며 대부분 직함을 중요하지 않게 여기거나 자신의 진정한 가치를 반영하지 않는다고 생각한다. 나는 애덤 그랜트와 조직행동학 교수 저스틴 버그Justin Berg 와 함께 직함이 자기 확신에 영향을 미칠 수 있는지에 관한 연구를 진행했다. 이 연구를 통해 우리는 평범한 직함을 최고의 자기 모습에 대한 정보를 전달해주는 직함으로 만들 수 있다는 사실을 알게 되었다.[11]

노스캐롤라이나주 노반트 헬스Novant Health 병원에서 일정 상담사로 일하는 팀의 사례를 살펴보자. 팀은 환자와 가족, 의사, 직원들의 일정을 조율하는 데 탁월한 능력이 있다. 그는 사람들이 최대한 신속하고 효율적으로 만날 수 있도록 자신의 대표 강점인 공감 능력을 활용하기로 했다. 그는 직함을 상담사에서 '연결자'로 바꿨고 자신을 연결자로 소개하기 시작했다. 우리가 진행한 연구에 따르면 팀을 포함해 자신의 강점을 드러내는 직함을 만든 사람들은 직장에서 번아웃 증상을 덜 겪는다. 여러 이유가 있겠지만 직함이 자신의 대표 강점을 투영하는 것도 한몫한다.

팀이 자신의 강점을 표현한 직함을 사용하면서 그 자신도 만족감이 커졌지만 병원의 이미지도 더불어 좋아졌다. 직원들의 업무를 배려하는 특별한 곳이라는 인상을 심어주었기 때문이다. 그래서 몇몇 기업들은 직원들에게 특별한 직함을 만들도록 적극적으로 권장하기도 한다.[12] 당신이 다니는 회사가 그렇지 않다고 해도 누군가에게 직함을 말할 때 당신의 장점을 잘 드러내는 비공식 직함으로 설명할 수는 있다.

테레사의 이야기를 들어보자. 테레사 역시 노반트 헬스 병원에서 근무하며 우리가 진행한 직함 연구에 참여했다. 테레사는 비공식 직함을 '사내 댄스 코디네이터'로 지어 자신을 그 직함으로 소개하기 시작했다. 평소 볼룸 댄스에 관심이 있던 그녀는 팀워크가 마치 춤과 비슷하다고 느껴 이런 직함을 만들었다. 새로운 팀원들과 회의를 할 때나 직장 외부에서 사람들을 만날 때면 그녀의 이 비공식 직함은 사람들의 관심을 끌었다. 그녀는 이 직함 덕분에 자신의 가장 본질적인 모습을 드러낼 수 있다고 말했다.

직장 문화가 직함 문제에 까다로운 편이라면 비공식적으로 새로운 직함을 만들어 직장 밖에서 만나는 사람들이나 가까운 사람들과 공유하는 것도 좋은 방법이다. 주된 목적은 자신의 대표 강점을 드러내 자신에 관한 긍정적 이야기를 전달하는 것이다.

직함으로 표현하기

훈련 일지를 펼쳐 10~15분 정도 브레인스토밍 시간을 가진 후 내가 사용할 직함을 고민해보자. 직함에는 내가 팀에 기여할 수 있는 고유한 가치가 반영되어야 한다. 개인적인 가치, 정체성, 관점뿐 아니라 강점과도 잘 어울리는 직함을 찾아보자.

생각한 직함 중 하나를 골라 몇 달 동안 시험 삼아 사용해보자. 동료나 친구들에게 새 직함을 소개하고 그들에게도 각자 어떤 직함을 원하는지 물어보라. 또 처음 만난 사람에게 새 직함으로 자신을 소개하고 상대에게 무슨 일을 하는지 물어보라. 새 직함 덕분에 자신의 진짜 업무가 무엇인지에 관한 긍정적이고 흥미로운 논의가 오갈 것이다.

새로운 일상으로 활력 불어넣기

하이라이트 릴에서 가족이나 친구가 언급한 당신의 대표 강점 중 직장에서는 발휘하지 않는 강점이 있는가? 8장에서 만난 독일 출신의 벤을 다시 떠올려보자. 직장 밖에서 만난 사람들은 벤의 최고 장점을 호기심으로 꼽았으며 어린 시절부터 그가 여러 가지에 관심이 많았다고 언급했다. 하지만 벤은 그 강점을 잊고 있었고 가장 많이 활용해야 할 직장에서는 전혀 활용하지 못하고 있었다.

이런 현실은 벤에게 장기적으로 영향을 미쳤다. 하이라이트 릴을 접하기 전 벤은 이른바 '일요일병 the Sunday blues'을 앓고 있었다. 일요일만 되면 새로 시작할 한 주가 두렵고 싫어서 무기력해지는 증상이었다. 월요일 아침이면 잠자리에서 일어나기조차 힘들었다. 아마 많은 사람이 이런 증상을 경험했으리라. 나와 앨리슨도 직장 생활을 하면서 일요일 저녁에 불쾌감과 우울함을 느낄 때가 있다. 이 우울감은 우리가 지금 하는 일에서 마음이 멀어지고 있다는 조기 경고다.

벤은 하이라이트 릴 이후 그의 대표 강점을 정작 직장에서는 발휘하지 않고 있다는 사실을 깨달았다. 그래서 주중 업무에 강점을 활용할 새로운 방법을 만들었다. "일요일에 작은 일상이 생겼어요. 다가올 한 주 동안 궁금하고 설레는 일 세 가지를 생각하는 거죠." 벤은 세 사람을 정해 그들과 나눌 고무적이고, 이야깃거리가 풍부하고, 생각을 일깨울 대화를 생각한다. 그리고 이 세 번의 대화를 중심으로 한 주를 구성하기 위해 적극적으로 노력한다.

벤은 이 훈련을 하면서 일요일이 더욱 활기차게 느껴졌고 월요일도 신나게 맞이하게 되었다. 그리고 그의 호기심을 자극하지 않는 일, 종일 지치게만 하는 업무가 무엇인지 찾기 시작했다.

가만히 보니 제가 일상적으로 하는 행정 업무를 잘하지 못하더군요. 그 일이 정말 부담스럽게 느껴졌어요. 늘 이런 생각을 했죠. '아,

이런. 업무 일지 제출해야 하는데 늦겠네.' 프로젝트 예산안도 항상 늦게 제출했어요. 이 모든 일이 힘들게만 느껴졌어요. 어깨에 무거운 짐을 짊어진 기분이었죠.

그래서 벤은 자신의 강점을 더욱 효과적으로 활용해 회사에 더 보탬이 될 방법을 떠올렸고, 이를 상사에게 이야기했다. 상사와의 상담 결과 그는 업무 보조 형식으로 회사에 필요한 도움을 주기로 하고 가장 잘하는 일에 시간과 에너지를 투자하기로 했다. 호기심과 공감 능력이 최고의 장점인 그는 이제 고위경영진과 함께 문제 해결을 위한 의미 있는 대화를 더 많이 나누게 되었다.

또한 벤은 하이라이트 릴에서 깨달은 장점인 호기심을 팀 회의 시간에 적극적으로 활용하기 시작했다. 그는 지난 몇 년간 업무 효율성에 뛰어난 집중력을 발휘했고 일의 핵심을 정확하게 파악하는 능력을 길러왔다. 여기에 호기심을 적용한 새로운 업무 수행 방식을 더함으로써 타고난 강점을 살리기로 했다. 이제 그는 팀 회의 시간에 동료들에게 질문도 하고 새로운 지식도 배우고 있다. 그 질문과 답이 프로젝트를 완수하는 데 필요한 것이 아니어도 된다.

벤은 일을 더욱 즐기게 되었고 진심으로 열심히 했다. 업무 성과와 고객 만족도가 그 어느 때보다도 높게 나왔고, 팀원들도 벤을 이전보다 훨씬 더 뛰어난 리더로 생각하게 되었다. 이처럼 강점을 우선순위에 두면 의무감에 억지로 하던 일도 즐기며 하게 된다.

강점을 업무에 적용하기

당신은 어떤가? 강점을 활용해 업무에 더 많은 활력을 불어넣을 수 있는가? 7장에서 진행한 하이라이트 릴 분석에서 개인적인 삶에는 잘 드러나는데 직장에서는 드러나지 않는 강점이 있는가? 20분 정도 시간을 들여 브레인스토밍해보자. 직장에서 드러나지 않는 중요한 강점이 있는지 생각해보고, 있다면 훈련 일지에 적어보자. 직장에서 드러나지 않은 강점이 있다면 이를 자주 발휘하는 방향으로 업무 환경을 재구성할 방법을 고민해보자.

몇 달 동안 이 새로운 습관을 꾸준히 단련해보자. 그리고 잠들기 전 5분 정도 시간을 내서 훈련 일지에 강점을 업무에 적용한 내용과 느낌을 정리한다. 과거에는 왜 이 강점을 업무 외 환경에서만 발휘했는가? 업무 환경에서 이 강점을 활용하는 것에 대해 어떤 전제를 했는가? 그 전제에서 잘못된 부분은 없었는가? 강점을 업무에 활용했을 때 긍정적인 점 혹은 부정적인 점이 있었는가? 있다면 어떤 점이었는가? 놀라운 점도 있었는가?

당신의 평생 직업은 무엇인가

이제는 좀 더 중요한 주제에 집중해보자. 당신의 평생 직업은 무엇인가? 당신이 일하는 직장이 과연 당신에게 좋은 곳인지, 정말 당신에게 맞는 일을 하는 것인지 어떻게 알 수 있는가? 그 일이 가장 열정적으로 할 수 있는 일인지, 귀한 시간을 투자할 만한 일인지, 더러는 인생을 걸 만한 일인지 어떻게 알 수 있는가?

일본에서는 충만한 기쁨을 주는 일, 아침에 잠자리를 박차고 나올 정도로 설레는 일을 두고 '이키가이 生き甲斐'라고 말한다. 일본의 전통 철학인 이키가이는 잘하는 일, 좋아하는 일, 세상에 돌려줄 만한 가치가 있는 일, 의미 있는 삶의 경험 등이 조화를 이루는 삶의 방식이다.

우리는 직업에서 목적의식을 느낄 때 더 건강하고 오래 산다. 그렇다면 세상에서 가장 장수하는 사람들이 사는 공동체를 살펴보면 뭔가 배울 수 있을지도 모른다. 댄 뷰트너 Dan Buettner 는 정말로 그렇게 생각하고 장수 마을을 찾아다녔다. 그의 저서 《블루존: 세계 장수 마을》에는 세계에서 가장 장수하는 사람들이 사는 일본의 마을들이 나온다. 대체로 이곳에 사는 여성의 평균수명은 87세, 남성은 81세다. 그중에서도 가장 외딴 섬마을인 오키나와에는 100세 이상 장수하는 사람들이 가장 많다.

뷰트너는 오키나와 사람들의 장수 비결에는 이키가이 철학도 한몫한다고 믿는다. 이키가이라는 말을 정확히 번역할 단어는 없지만 그 의미를 구체화하면 '삶의 행복' 정도가 된다. 뷰트너에 따르면 이키가이는 오키나와 사람들에게만 있는 철학이 아니다.[13] 그가 찾아다닌 블루존인 코스타리카의 니코야 반도, 이탈리아의 사르데냐, 미국의 로마 린다, 그리스의 이카리아 등 장수촌에도 이런 철학이 스며 있었다. 프랑스어로는 '존재 이유 raison d'etre'로 표현할 수 있고 덴마크 말로는 '휘게 hygge'라고 표현할 수도 있다.

이키가이는 다음 네 가지 특징의 교차점에 있는 놀랍고도 깊은 만족감이다.

1. 좋아하는 일(특별한 이유나 근거 없이 그냥 좋아서 하는 일)

2. 잘하는 일(타고난 재능이 있는 일)

3. 가치 있는 일(내게 가장 중요한 일)

4. 대가가 있는 일(외부에서 내게 대가를 주는 일)

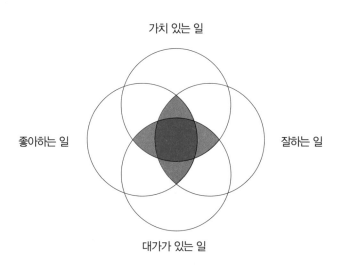

이키가이는 사람마다 지닌 독창적인 재능을 사용해 하루하루를 의미 있게 보내도록 해준다. 당신의 직업이 이 네 가지 영역에 모두 걸쳐 있다면 즐거움과 목적의식을 주는 일을 하며 사는 것이다. 그 일은 삶에 활력을 주고 추진력을 더하며, 인생을 최고의 자기 모습으로 살게 해준다. 그리고 그 여정은 보상이 된다.

이 책을 읽었다면 이 중 두 가지 요소는 친숙해야 한다. 7장에서 이미 좋아하는 일과 잘하는 일의 교차점에 있는 대표 강점을 이야기했기 때문이다. 우리는 이 책의 상당 부분을 통해 이런 강점을 연마했다.

그렇다면 이제 여기에 가장 가치 있는 것을 더해보자. 당신의 인생에서 가장 결정적인 것은 무엇인가? 특별히 중요한 것은 무엇인가? 아마 대부분은 왜 당신에게 그토록 소중한지조차 알지 못할 것이다. 그냥 소중하다. 소중한 데는 이유가 없다. 이런 면에서 보면 그 소중함은 인식이라기보다는 감정에 가깝다. 예를 들면 나는 재미있고 웃음을 주는 것을 가치 있게 생각한다. 그래서 수업 시간이나 연구 회의 시간에 이 요소를 넣으려고 늘 노력한다.

마지막으로, 그 일을 해서 어떤 대가를 받을 수 있는가? 어떤 면에서 보면 이 부분이 가장 분명한 요소일 수도 있다. 그 일을 해서 먹고살아야 하기 때문이다. 이를 균형의 측면에서 생각해보자. 보상을 받을 수 있는 다양한 범주의 활동들이 있다. 스스로 더 발전하면서 돈을 벌려면 어떻게 해야 할까? 물론 그런 일을 찾아서 하는 것이 가장 이상적이지만 어떻게 하면 세상이 필요로 하는 일, 자신에게 가치 있는 일을 하면서도 충분한 대가를 받을 수 있을까?

이 네 가지 요소가 교차하는 지점이 당신의 이키가이다. 좋아하는 일, 잘하는 일, 가장 중요한 일에 맞춰 일하면 삶이 명료해지고 더 나은 선택을 하게 된다. 직장에서 일을 할 때도 이 기준을 따르면 어떤 프로젝트를 추구해야 하는지, 어떤 기술과 교육에 시간을 투자해야 하는지, 어떤 직장을 구해야 하는지, 어떤 업계에 있어야 하는지가 분명해진다. 무엇보다도 자신만의 이키가이를 찾아 삶을 조각할 때 일상에서 훨씬 더 큰 의미와 행복을 맛본다. 댄 뷰트너에 따르면 건강하게 오래 살 가능성이 커진다.

⋮ 특별한 삶은 나눔으로써 완성된다

> 인생의 목적은 재능을 발견하는 것이다.
> 인생의 일은 그 재능을 발전시키는 것이다.
> 인생의 의미는 그 재능을 나눠 주는 것이다.[14]

이 책에서 소개한 훈련을 잘 마쳤다면 아마도 이미 대표 강점을 발견해 활용하고 있을 것이다. 지금쯤이면 하이라이트 릴의 핵심이 강점과 능력에 만족하고 안주하는 것이 아니라는 건 확실히 인지했을 것이다. 게다가 특별한 자신이 되는 일이 오직 자신의 삶을 행복하고 충만하게 만드는 데 그치지 않는다는 사실도 알 것이다.

특별한 삶은 다른 사람의 삶도 환하게 비추는 삶이다. 이제 주어진 모든 재능과 선물을 나눠 주어야 한다. 자신의 강점을 활용해 사람들이 잘될 수 있도록 도와주고, 자신에게 가장 소중한 세상의 한 귀퉁이를 더 나은 곳으로 만들어야 한다. 이키가이를 따르다 보면 삶을 충만하게 해주는 일, 나만의 독창적인 영향력을 미치도록 사람들을 돕는 일에 삶의 에너지를 쏟게 된다.

삶을 조각하고 일을 조각하는 것도 다 같은 맥락이다. 강점을 더 자주 활용하도록 지금 하는 일의 구조를 재편하고 주변 사람들에게 긍정적인 영향력을 더 크고 넓게 확대해야 한다.

시작하려면 오늘 당장 하는 것이 좋다. 대부분 사람이 영원히 산다고 착각한다. 마치 휴가라도 받은 것처럼, 오늘이 한 주의 시작인 것처럼 생각한다. 세상의 모든 시간을 혼자 다 가진 것처럼 행동한다. 그러다 어느 날 갑자기 떠나는 날이 오면 당신은 이렇게 자문할 것이다. '그 많던 시간이 다 어디 갔지?'

아래는 살날이 얼마 남지 않은 환자들이 삶을 되돌아보며 가장 자주 하는 말이다.[15]

"좀 더 용기를 내서 진짜 내 모습으로 살걸. 다른 사람의 기대대로 살 게 아니라."
"좀 더 용기를 내서 내 감정을 솔직하게 표현할걸."
"친구들과 더 자주 연락하며 지낼걸."

매일 자신을 표현할 새로운 기회가 있다. 매일 솔직하게 살 수 있는, 사랑하는 사람들과 만날 기회가 있다. 이를 회피하며 살 수도 있고 한 걸음씩 다가가며 살 수도 있다. 무엇을 망설이는가?

마치며

삶을 긍정하는 힘

"죽음은 삶의 적이 아니라 친구다.
끝이 있기에 삶을 더욱 소중히 여길 수 있다."

_조슈아 로스 리브먼

스탠퍼드 대학교의 심리학자 로라 카스텐슨Laura Carstensen과 동료들은 인간이 자신의 수명이 얼마나 된다고 생각하는지를 알아보는 연구를 진행했다. 그중에는 영원히 살 것처럼 생각하는 사람도 있었고, 인생이 짧다는 사실을 편안하게 받아들이는 사람도 있었다. 100개 이상의 연구 문헌에서 밝혀진 자료에 따르면 삶의 허무함을 받아들일 때 미래의 계획을 구상하느라 시간을 보내기보다는 바로 지금, 자신이 머무는 현재에 마음을 집중하게 된다고 한다. 글 쓰는 의사로 유명한 아툴 가완디Atul Gawande는 저서 《어떻게 죽을 것인가》에서 이렇게 말한다.

젊은이들은 대체로 뭔가를 성취하고, 이루고, 가지고 싶어 한다. 나이가 들어 삶이 허무하다는 걸 알게 되면 친구나 가족처럼 작은 집단에 집중한다. 깊은 우정과 교류에 더 집중하게 되고 삶에 목적의식을 느끼게 해주었던 일들에 더 몰두한다.[1]

삶이 덧없다는 사실을 더 편하게 받아들일수록 일상에서 만나는 사람들을 최고의 자기 모습으로 대하게 된다. 인간은 가장 소중한 사람들과의 관계를 더욱 돈독히 하고 싶어 한다.[2]

거동도 불편하고 살날도 얼마 남지 않은 노인들이 젊은이들보다 정서적으로 훨씬 더 긍정적이라는 사실을 입증하는 연구가 그토록 많은 이유도 이 때문이다.[3] 카스텐슨은 이런 현상을 '긍정 효과positivity effect'라고 불렀다. 하지만 다양한 국가와 문화에 걸쳐 진행된 이 연구에 따르면 사람들의 우선순위와 집중 분야를 변화시키는 것은 그들의 실제 나이가 아니라 유한한 시간에 대한 '관점'이다.

언뜻 잘 와닿지 않을 수도 있지만, 나이를 떠나서 주어진 시간이 제한되어 있다고 생각하면 정보를 긍정적 방식으로 처리할 가능성이 커진다. 한 실험에서는 참가자들에게 글쓰기를 하게 했는데 한 집단에게는 주어진 시간이 제한적인 것처럼 느끼도록 유도했고 다른 집단은 시간이 많다고 생각하도록 유도했다. 그리고 참가자들에게 사진들을 보여주었는데, 몇몇 사진은 (웃는 얼굴처럼) 긍정적 정서가 담겨 있었고 일부 사진은 (자동차 사고처럼) 부정적 느낌을 주었다.

이후 실험에서 봤던 사진을 회상하게 했더니 시간이 제한되어 있다고 생각하며 글쓰기를 했던 사람들은 긍정적 사진을 더 많이 기억했다. 반면에 시간이 많다고 생각했던 사람들은 부정적 사진을 더 많이 기억했다. 이후 이 실험을 똑같이 수행한 실험에서는 이런 효과가 참가자의 기분 때문이 아니라 인간의 뇌가 시간이 제한되어 있다는 사실을 인지할 때 긍정적 환경을 더 많이 받아들인다는 사실을 보여주었다.[4]

카스텐슨은 장수와 시간에 대한 관념, 동기부여 분야에서 뛰어난 학자다. 하지만 그가 젊었을 때의 삶은 그리 평탄치 않았다. 다음은 카스텐슨이 내게 들려준 말이다.

1970년대에 고등학교를 졸업했어요. 하지만 저는 그런 성취에 일말의 관심도 없었어요. 대학에도 관심이 없었죠. 대학은 부모들의 관심사였으니까요. 고등학교를 졸업하자마자 결혼했어요. 임신을 한것도 아닌데 서둘러 결혼했죠.

3년 후 카스텐슨은 자신이 고졸에 이혼한 사람이 되었다는 걸 깨달았다. 원래 그녀는 좋은 회사의 비서가 되고 싶었다. 그런데 지금 자신의 처지는 알코올 중독에 빠진 식당 종업원에 더 가까운 것 같아 덜컥겁이 났다. 그리고 주어진 인생이 한 번뿐이라는 사실을 깨닫는 사건을 경험했다. 그 사건 이후로 모든 것이 달라졌다.

어느 날 밤 카스텐슨은 뉴욕에서 열린 핫 튜나HOT TUNA 콘서트를 보고 집으로 돌아오던 중 타고 있던 폭스바겐 미니버스가 제방 아래로 굴러떨어지는 사고를 당했다. 이 사고로 내출혈이 생기고 뼈가 20개 이상

부러졌으며 머리에 심각한 외상을 입었다. 거의 넉 달 동안 병원에 입원해 있었고 몇 주 동안 의식과 무의식 상태를 오갔다.

> 어느 정도 몸이 회복되어 제가 정말 죽음 가까이 다녀왔다는 사실을 알게 되자 정말 중요한 것이 무엇인지 깨달았어요. 제 삶에서 가장 중요한 것은 사람들이었어요.[5]

삶의 덧없음을 깨달은 카스텐슨은 더 나은 길을 택했다. 그녀의 표현을 빌리자면 거친 세상에서 잔뜩 웅크리고 있던 어린아이였던 그녀는 일어나 바랐던 일을 했다. 로체스터 대학교에 입학해서 학위를 받았고, 웨스트버지니아 대학교에서 심리학 박사 학위까지 받았다. 이후 30년 동안 열심히 일하고 연구를 발표했으며 노화에 관한 사회심리학 분야에서 세계적인 석학이 되었다.

수십 년의 연구가 보여주는 결과는 명백하다. 삶이 짧다는 사실을 깨달으면 두 가지 의욕이 생긴다. 첫째, 가장 소중한 이들과의 관계를 더욱 견고히 다지고 싶어 한다. 둘째, 최고의 자기 모습을 더 큰 곳에서 펼치고 싶어 한다. 삶의 유한성을 받아들인 사람들 혹은 삶의 마지막에 가까워진 사람들은 교사나 멘토, 지도자, 조직 책임자, 발명가 등의 일을 추구하면서 다른 사람의 행복, 다음 세대의 번영을 위해 더 힘을 쏟는다.[6] 우리에게 주어진 삶이 언젠가 끝난다는 사실을 인정하면 자신의 삶에 투자하고 자신을 초월해 일하고 싶은 열망이 강해진다.

카스텐슨은 삶이 무한대로 길다고 생각하면 정반대의 상황이 생긴다고 말했다. 삶이 영원하다고 생각하면 삶을 전진시키던 페달에서 발을 떼게 된다. "인간이 불멸의 존재였다면 모든 의지가 소멸되었을 거예요. 삶의 유한성이 우리에게 죽기 전에 이뤄야 할 일들을 생각하게 해주니까요. 그래서 소중한 사람들과 더 가깝게 지내고 살아 있음을 더욱 귀하게 여기게 되죠."

내가 이 책을 쓴 이유는 하이라이트 릴이 긍정적 트라우마를 만들어준다고 생각하기 때문이다. 이 긍정적 트라우마를 경험하면 굳이 죽음에 가까이 가는 극단적인 경험을 하지 않더라도 삶의 유한성을 깨닫는다. 자신의 빛나는 모습에 관해 칭찬을 듣는다는 것은 대단히 의미 있고 감동적인 경험이다. 가족과 친구들과 함께한 기억들은 당신의 강점을 보여줄 뿐 아니라 삶과 인간관계에 가졌던 막연한 생각을 바꿔주고 어떻게 하면 세상에 더 좋은 영향력을 미칠지 판단하도록 도와준다.

자, 귀를 기울여보자. 당신에게만 있는 그 강점은 당신의 삶뿐 아니라 소중한 사람들의 삶도 밝게 비춘다. 그 재능을 발휘할 시간은 제한되어 있다. 물론 당신이 이 지구상에서 유구히 산다면 그냥 약점이나 들여다보고 사는 게 나을 수도 있다. 무한히 살다 보면 언젠가는 그 약점들도 초능력처럼 거대한 힘이 될 테니까.

하지만 혹시 알고 있는가? 당신에게 주어진 시간은 정해져 있다. 다시 맨 처음에 했던 중요한 질문을 해보겠다. 이제 당신은 하이라이트 릴을 다 마친 상태이고 자신의 잠재력에 한 걸음 다가가는 중이다. 그런 당신에게 다시 묻는다. 삶이 유한하다는 점을 생각할 때 당신이 이번 생에서 만들어낼 수 있는 최고의 영향력은 무엇인가?

과학은 이 질문의 답에 조언을 준다. 약점만 파고든다면, 자신감을 계속 억누른다면 최고의 영향력은 절대 생기지 않는다. 한계만 들여다보면 의욕이 꺾인다. 창의력의 문을 닫고 의사결정 능력을 막아버린다.

당신에게만 있는 그 특별한 강점에 확신을 가질 때, 인생 최고의 순간을 떠올릴 때 비로소 에너지가 생긴다. 삶에 긍정적 변화를 일으키고 최고의 모습이 되는 데 필요한 회복력이 생긴다. 이 긍정적 방식은 일회성에 그치지 않는다. 대표 강점을 사용할 새로운 방법을 단련하고 숙지했다면 이제 다음 갈 길을 찾아야 한다. 역량을 발휘해 사람들에게 도움을 줄 방법을 찾아야 한다.

바로 이것이 특별한 삶을 사는 방법이다.

잘할 수 있는 바로 그 일을 하면서 더 충만한 삶, 더 나은 삶을 일구기 시작해야 한다. 오늘도 이렇게 살고, 내일도 그렇게 살아라. 그렇게 진정한 나를 향해 나아가라.

···

주

들어가며 삶의 유한성을 깨달았을 때 얻게 된 것들

1. 레베카에 관한 이야기는 다음에서 인용했다. Sacks, O. 1998. *The Man Who Mistook His Wife for a Hat: And Other Clinical Tales*. New York: Simon & Schuster.

2. "When Strength Becomes Weakness," *WorkLife with Adam Grant*, NPR, April 23, 2019, https://one.npr.org/?sharedMediaId=716233761: 716233763.

3. Cable, D. M., Gino, F., Staats, B. 2013. "Breaking Them in or Eliciting Their Best? Reframing Socialization Around Newcomers' Authentic Self-Expression." *Administrative Science Quarterly*, 58: 1-36.

4. Weinberg, R. 2008. "Does Imagery Work? Effects on Performance and Mental Skills," *Journal of Imagery Research in Sport and Physical*

Activity. DOI: https://doi.org/10.2202/1932-0191.1025.

5. Nicklaus, J., McQueen, J. 2005. *Golf My Way*. New York: Simon & Schuster.

6. Gould, D., Guinan, D., Greenleaf, C., Medberry, R., Peterson, K. 1999. "Factors Affecting Olympic Performance: Perceptions of Athletes and Coaches from More and Less Successful Teams." *Sport Psychologist*, 13: 371-394.

CHAPTER 1 잘하는 일에서 시작하라

1. Kim, Y. J., Kim, J. 2020. "Does Negative Feedback Benefit (or Harm) Recipient Creativity? The Role of the Direction of Feedback Flow." *Academy of Management Journal*, https://doi.org/10.5465/amj.2016.1196; Seligman, M. 2011. *Flourish*. Boston: Nicholas Brealey, 72-73.

2. Seligman, M. E. P., Steen, T. A., Park, N., Peterson, C. 2005. "Positive Psychology Progress: Empirical Validation of Interventions." *American Psychologist*, 60: 410-421.

3. Roberts, L. M., Dutton, J. E., Spreitzer, G. M., Heaphy, E. D., Quinn, R. E. 2005. "Composing the Reflected Best-Self Portrait: Building Pathways for Becoming Extraordinary in Work Organizations." *Academy of Management Review*, 30: 712-736.

4. Baumeister, R. F., Bratslavsky, E., Finkenauer, C., Vohs, K. D. 2001. "Bad Is Stronger Than Good." *Review of General Psychology*, 5: 323-370.

5. Waterman, A. S. 1993. "Two Conceptions of Happiness: Contrasts of Personal Expressiveness (Eudaimonia) and Hedonic Enjoyment." *Journal of Personality and Social Psychology*, 64: 678-691.

6. Dutcher, J. M., Creswell, J. D., Pacilio, L. E., Harris, P. R., Klein, W. M. P., Levine, J. M., Bower, J. E., Muscatell, K. A., Eisenberger, N. I. 2016. "Self–Affirmation Activates the Ventral Striatum: A Possible Reward–Related Mechanism for Self–Affirmation." *Psychological Science*, 27(4): 455–466.

7. Cable, D. M. 2018. Alive at Work. Brighton, MA: Harvard Business Review Press; Panksepp, J., Wright, J. S., Döbrössy, M. D., Schlaepfer, T. E., Coenen, V. A. 2014. "Affective Neuroscience Strategies for Understanding and Treating Depression: From Preclinical Models to Three Novel Therapeutics." *Clinical Psychological Science*, 2: 472–494.

8. Fredrickson, B. 2009. *Positivity*. New York: Random House.

9. Achor, S. 2010. *The Happiness Advantage: How a Positive Brain Fuels Success in Work and Life*. New York: Penguin Random House.

10. Lee, J., Gino, F., Cable, D. M., Staats, B. 2020. "Best–Self Activation and Team Processes." Working paper. *Academy of Management Journal*.

11. Grandey, A. A. 2003. "When 'the Show Must Go On': Surface Acting and Deep Acting as Determinants of Emotional Exhaustion and Peer–Rated Service Delivery." *Academy of Management Journal*, 46: 86–96.

12. King, L. A., Hicks, J. A., Krull, J. L., Del Gaiso, A. K. 2006. "Positive Affect and the Experience of Meaning of Life." *Journal of Personality and Social Psychology*, 90(1): 179–196; Baumeister, R. F., Landau, M. J. 2018. "Finding the Meaning of Meaning: Emerging Insights on Four Grand Questions." *Review of General Psychology*, 22(1): 1–10; Heintzelman, S. J., Trent, J., King, L. A. 2013. "Encounters with Objective Coherence and the Experience of Meaning in Life."

Psychological Science, 24(6): 991−998.

13. Cheung, C. S. S., Pomerant, E. M. 2012. "Why Does Parents' Involve
    ment Enhance Children's Achievement? The Role of Parent−Oriented
    Motivation." *Journal of Educational Psychology*, 104: 820−832;
    McPherson, G. E. 2008. "The Role of Parents in Children's Musical
    Development." *Psychology of Music*, 37: 91−110.

14. Conger, J. A. 1991. "Inspiring Others: The Language of Leadership."
    Academy of Management Executive, 5: 31−45.

CHAPTER 2 무엇이 우리 자신을 가로막는가

1. "The Month I Died: Reading My Own Eulogies," *Medium*, December
   20, 2016, https://medium.com/dose/the−month−i−died−reading−my−
   own−eulogies−f8d83b8d07f2.

2. Ruvolo, A., Markus, H. 1992. "Possible Selves and Performance: The
   Power of Self−Relevant Imagery." *Social Cognition*, 10: 95−124.

3. Kumar, A., Epley, N. 2018. "Undervaluing Gratitude: Expressers
   Misunderstand the Consequences of Showing Appreciation." *Psycholo-
   gical Science*, 29: 1423−1435.

4. Diener, E., Seligman, M. E. P. 2002. "Very Happy People." *Psychologi-
   cal Science*, 13: 81−84.

5. Holt−Lunstad, J., Smith, T. B., Layton, J. B. 2010. "Social Relationships
   and Mortality Risk: A Meta−Analytic Review." *PLOS Medicine*, 7(7),
   Article e1000316. doi:10.1371/journal.pmed.1000316.

6. Solomon, S., Greenberg, J., Pyszczynski, T. 2015. *The Worm at the
   Core*. New York: Penguin; Becker, E. 1973. *The Denial of Death*. New
   York: Free Press.

7. Wilson, T. D. 2002. *Strangers to Ourselves: Discovering the Adaptive Unconscious*. Cambridge, MA: Belknap Press of Harvard University Press.

8. Lucas, M. 2004. "Existential Regret: A Crossroads of Existential Anxiety and Existential Guilt." *Journal of Humanistic Psychology*, 44: 58–70.

9. "The Month I Died: Reading My Own Eulogies," *Medium*, December 20, 2016, https://medium.com/dose/the–month–i–died–reading–my–own–eulogies–f8d83b8d07f2.

10. Andrews, E. "Did a Premature Obituary Inspire the Nobel Prize?" *History*, December 9, 2016, https://www.history.com/news/did–a–premature–obituary–inspire–the–nobel–prize.

11. Fant, K. 2006. *Alfred Nobel: A Biography*. New York: Arcade Publishing.

12. Brooks, D. "Should You Live for Your Resume—Or Your Eulogy?" TedTalk, March 2014, https://www.ted.com/talks/david_brooks_should_you_live_for_your_resume_or_your_eulogy?language=en.

13. Walls, B. L. "Haven't Done a Will Yet?" AARP, February, 24, 2017, https://www.aarp.org/money/investing/info–2017/half–of–adults–do–not–have–wills.html.

CHAPTER 3 나는 무엇이 될 수 있는가

1. Harari, Y. N. 2014. *Sapiens: A Brief History of Humankind*. London: Random House.

2. Streep, P. "The Enduring Pain of Childhood Verbal Abuse," *Psychology Today*, November 14, 2016, https://www.psychologytoday.com/us/blog/tech–support/201611/the–enduring–pain–childhood–verbal–

abuse.

3. Markus, H., Wurf, E. 1987. "The Dynamic Self–Concept: A Social Psychological Perspective." *Annual Review of Psychology*, 38(1): 299–337.

4. Thoits, P. A. 1991. "On Merging Identity Theories and Stress Research." *Social Psychology Quarterly*, 54: 101–112.

5. Markus, H., Nurius, P. 1986. "Possible Selves." *American Psychologist*, 41: 954–969.

6. Oyserman, D., Bybee, D., Terry, K. 2006. "Possible Selves and Academic Outcomes: How and When Possible Selves Impel Action." *Journal of Personality and Social Psychology*, 91(1): 188–204.

7. Thomas, D., Townsend, T., Belgrave, F. 2003. "The Influence of Cultural and Racial Identification on the Psychosocial Adjustment of Inner–City African American Children in School." *American Journal of Community Psychology*, 32: 217–228.

8. Kao, G. 2000. "Group Images and Possible Selves among Adolescents: Linking Stereotypes to Expectations by Race and Ethnicity." *Sociological Forum*, 15: 407–430.

9. Anderson, J. R. 1983. The Architecture of Cognition. Cambridge, MA: Harvard University Press; Wyer, R. S., Srull, T. K. 1989. "Person Memory and Judgment." *Psychological Review*, 96: 58–83.

10. Storr, W. "You Can Think Your Way into Changing—But There Are Limits," *Quartz*, December 15, 2015, https://qz.com/581044/you–can–think–your–way–into–changing–who–you–are–but–there–are–limits.

11. Brownell, K. D., Marlatt, G. A., Lichtenstein, E., Wilson, G. T. 1986.

"Understanding and Preventing Relapse." *American Psychologist*, 41: 765-782.

12. Stephens, N. M., Hamedani, M. Y. G., Destin, M. 2014. "Closing the Social-Class Achievement Gap: A Difference-Education Intervention Improves First-Generation Students' Academic Performance and All Students' College Transition." *Psychological Science*, 25: 943-953.

13. Selk, J. 2008. *10-Minute Toughness*. New York: McGraw-Hill Education. 셀크는 프로 선수들과 올림픽 출전 선수들의 정신력을 훈련하는 코치다. 또한 미국 메이저리그 팀인 세인트 루이스 카디널스 팀이 6년 동안 두 번의 월드 챔피언십에서 우승했을 때 정신력 훈련 감독이었다.

14. Lord, R. G., Hall, R. J. 2005. "Identity, Deep Structure, and the Development of Leadership Skill." *Leadership Quarterly*,16(4): 591-615; Oyserman D., Smith, E. K. G. 2012. "Self, Self-Concept, and Identity." In M. R. Leary and J. P. Tangney (Eds.), *Handbook of Self and Identity* (pp. 69-104). New York: Guilford Press.

CHAPTER 4 긍정적 트라우마를 일으켜라

1. 고샬은 런던 경영대학원의 교수였다. 그의 말은 다음에서 찾아볼 수 있다. "The Smell of the Place," YouTube, March 3, 2010, https://www.youtube.com/watch?v=UUddgE8rI0E.

2. "The Room of Requirement," *This American Life*, December 28, 2018, https://www.thisamericanlife.org/664/the-room-of-requirement.

3. Tedeschi, R., Calhoun, L. 2004. "Posttraumatic Growth: Conceptual Foundations and Empirical Evidence." *Psychological Inquiry*, 15: 1-18; "Crucibles of Leadership," *Harvard Business Review*, September 2002, https://hbr.org/2002/09/crucibles-of-leadership.

4. Jayawickreme, E., Blackie, L. E. R. 2016. *Exploring the Psychological Benefits of Hardship: A Critical Reassessment of Posttraumatic Growth*. Cham, Switzerland: Springer.

5. Mangelsdorf, J., Eid, M., Luhmann, M. 2018. "Does Growth Require Suffering? A Systematic Review and Meta-Analysis on Genuine Posttraumatic and Postecstatic Growth." *Psychological Bulletin*, 145(3): 302-338.

6. Foley, B. "What You Own, Owns You: Minimalism for People Who Love Things," *Medium*, June 8, 2017, https://medium.com/personal-growth/what-you-own-owns-you-minimalism-for-people-who-love-things-5a083a7e14f3.

7. Park, C. L., Cohen, L. H., Murch, R. L. 1996. "Assessment and Prediction of Stress-Related Growth." *Journal of Personality*, 64: 71-105; Janoff-Bulman, R. 1992. *Shattered Assumptions: Towards a New Psychology of Trauma*. New York: Free Press.

8. Mangelsdorf, J., Eid, M., Luhmann, M. 2018. "Does Growth Require Suffering? A Systematic Review and Meta-Analysis on Genuine Posttraumatic and Postecstatic Growth." *Psychological Bulletin*, 145(3): 302-338.

9. Roepke, A. M. 2013. "Gains without Pains? Growth after Positive Events." *Journal of Positive Psychology*, 8: 280-291; Taubman-Ben-Ari, O., Findler, L., Sharon, N. 2011. "Personal Growth in Mothers: Examination of the Suitability of the Posttraumatic Growth Inventory as a Measurement Tool." *Women & Health*, 51: 604-622.

10. Baumeister, R. F., Bratslavsky, E., Finkenauer, C., Vohs, K. D. 2001. "Bad Is Stronger Than Good." *Review of General Psychology*, 5: 323-

370.

11. Roberts, L. M., Dutton, J. E., Spreitzer, G. M., Heaphy, E. D., Quinn, R. E.. 2005. "Composing the Reflected Best-Self Portrait: Building Pathways for Becoming Extraordinary in Work Organizations." *Academy of Management Review*, 30: 712–736.

12. Sheldon, K. M., Lyubomirsky, S. 2006. "How to Increase and Sustain Positive Emotion: The Effects of Expressing Gratitude and Visualizing Best Possible Selves." *Journal of Positive Psychology*, 1: 73–82.

13. Spreitzer, G. M. 2006. "Leading to Grow and Growing to Lead: Leadership Development Lessons from Positive Organizational Studies." *Organizational Dynamics*, 35: 305–315.
CHAPTER 5 모든 낯선 일에는 불편함이 숨어 있다

1. Steele, C. M. 1988. "The Psychology of Self-Affirmation: Sustaining the Integrity of the Self." *Advances in Experimental Social Psychology*, 21: 261–302; Cohen, G. L., Sherman., D. K. 2014. "The Psychology of Change: Self-Affirmation and Social Psychological Intervention." *Annual Review of Psychology*, 65: 333–371.

2. "Pride," Lexico, https://en.oxforddictionaries.com/definition/pride.

3. Arcia, E., Reyes-Blanes, M. E., Vazquez-Montilla, E. 2000. "Constructions and Reconstructions: Latino Parents' Values for Children." *Journal of Child and Family Studies*, 9(3): 333–350.

4. Anderson, C., Srivastava, S., Beer, J. S., Spataro, S. E., Chatman, J. A. 2006. "Knowing Your Place: Self-Perceptions of Status in Face-to-Face Groups." *Journal of Personality and Social Psychology*, 81: 1094–1110.

5. Fredrickson, B. L. 2013. "Positive Emotions Broaden and Build." In P. Devine and A. Plant (Eds.), *Advances in Experimental Social Psychology* (vol. 47, pp. 1–53). Burlington, VT: Academic Press.

6. Dyson, M. E. "The Seven Deadly Sins: Pride," NPR, February 13, 2006, https://www.npr.org/templates/story/story.php?storyId=5203925.

7. Oyserman, D., Bybee, D., Terry, K. 2006. "Possible Selves and Academic Outcomes: How and When Possible Selves Impel Action." *Journal of Personality and Social Psychology*, 91(1): 188–204.

8. King, L. A. 2002. "Gain without Pain? Expressive Writing and Self-Regulation." In S. J. Lepore and J. M. Smyth (Eds.), *The Writing Cure: How Expressive Writing Promotes Health and Emotional Well-Being* (119–134). Washington, DC: American Psychological Association.

9. Rose, T., Ogas, O., "How Can You Uncover Your Best Self? Start by Judging Other People—Really," Ideas.Ted.com, October 30, 2018, https://ideas.ted.com/how-can-you-uncover-your-best-self-start-by-judging-other-people-really.

10. Redirect, W. T., Pennebaker, J. W. 2004. *Writing to Heal: A Guided Journal for Recovering from Trauma and Emotional Upheaval.* Oakland, CA: New Harbinger Press.

11. Harari, Y. N. 2014. *Sapiens: A Brief History of Humankind.* London: Random House; Boris, V. "What Makes Storytelling So Effective for Learning," *Harvard Business Publishing*, December 20, 2017, https://www.harvardbusiness.org/what-makes-storytelling-so-effective-for-learning.

12. Burton C. M., King, L. A 2004. "The Health Benefits of Writing about Intensely Positive Experiences." *Journal of Research in Personality*,

38(2): 150−163; King, L. 2001. "The Health Benefits of Writing about Life Goals." *Personality and Social Psychology Bulletin*, 27: 798−807; Pennebaker, J. W., Seagal, J. D. 1999. "Forming a Story: The Health Benefits of Narrative." *Journal of Clinical Psychology*, 55(10): 1243−1254.

13. Wood, J. V., Perunovic, W. Q. E., Lee, J. W. 2009. "Positive Self-Statements: Power for Some, Peril for Others." *Psychological Science*, 20: 860−866.

14. Cohen, G. L., Sherman., D. K. 2014. "The Psychology of Change: Self-Affirmation and Social Psychological Intervention." *Annual Review of Psychology*, 65: 333−371.

CHAPTER 6 하이라이트 릴 작업을 시작하라

1. McCullough, M. E., Emmons, R. A., Tsang, J. 2002. "The Grateful Disposition: A Conceptual and Empirical Typology." *Journal of Personality and Social Psychology*, 82: 112−127.

2. Kesebir, P., Kesebir, S. 2012. "The Cultural Salience of Moral Character and Virtue Declined in 20th Century America." *Journal of Positive Psychology*, 7: 471−480.

3. Emmons, R. A., McCullough, M. E. 2003. "Counting Blessings versus Burdens: An Experimental Investigation of Gratitude and Subjective Well-Being in Daily Life." *Journal of Personality and Social Psychology*, 84: 377−389; Seligman, M. E. P., Steen, T. A., Park, N., Peterson, C. 2005. "Positive Psychology Progress: Empirical Validation of Interventions." *American Psychologist*, 60: 410−421; Mongrain, M., Anselmo?Matthews, T. 2012. "Do Positive Psychology Exercises Work?

A Replication of Seligman et al. (2005)." *Journal of Clinical Psychology*, 68(4): 382–389.

4. Miller, B. J. "How to Give a Eulogy That Truly Celebrates the Person You Are Honoring," Ideas.Ted.com, July 23, 2019, https://ideas.ted.com/how—to—give—a—eulogy—that—truly—celebrates—the—person—youre—honoring.

CHAPTER 7 최고의 자신을 발견하는 법

1. Wammes, J. D., Meade, M. E., Fernandes, M. A. 2016. "The Drawing Effect: Evidence for Reliable and Robust Memory Benefits in Free Recall." *Quarterly Journal of Experimental Psychology*, 69: 1752–1776.

2. Herrera, T. "A Simple Way to Remember Things: Draw a Picture," *New York Times*, January 6, 2019, https://www.nytimes.com/2019/01/06/smarter—living/memory—tricks—mnemonics.html.

3. Battey, S. "The VIA Survey: 7 Ways to Recognize Your Strengths and Act on Them," *Positive Psychology*, April 7, 2019, https://positive psychology.com/via—survey.

4. "When Strength Becomes Weakness," *WorkLife with Adam Grant*.

5. Seligman, M. 2011. *Flourish*. Boston: Nicholas Brealey, 72–73. 다음도 참고하라. Battey, S., "The VIA Survey: 7 Ways to Recognize Your Strengths and Act on Them," *Positive Psychology*, April 7, 2019, https://positivepsychology.com/via—survey.

6. Seligman, M. E .P., Steen, T. A., Park, N., Peterson, C. 2005. "Positive Psychology Progress: Empirical Validation of Interventions." *American Psychologist*, 60: 410–421.

CHAPTER 8 최고의 자신을 발견하면서 알게 되는 것들

1. "When Strength Becomes Weakness," *WorkLife with Adam Grant*.

2. Swann, W. B. 1983. "Self–Verification: Bringing Social Reality into Harmony with the Self." In J. Suls and A. G. Greenwald (Eds.), *Psycho-logical Perspectives on the Self* (vol. 2, pp. 33–66). Hillsdale, NJ: Erlbaum; Cable, D. M., Kay, V. 2012. "Striving for Self–Verification during Organizational Entry." *Academy of Management Journal*, 55: 360–380.

3. Clance, P. R., & Imes, S. A. 1978. "The imposter phenomenon in high achieving women: Dynamics and therapeutic intervention." *Psychotherapy: Theory, Research & Practice*, 15(3), 241–247.

4. Johnson, W. B., Smith, D. G. "Mentoring Someone with Imposter Syndrome," *Harvard Business Review*, February 22, 2019, https://hbr.org/2019/02/mentoring–someone–with–imposter–syndrome.

5. "Tom Hanks Says Self–Doubt Is a 'Hire–Wire Act That We All Walk,'" NPR, April 26, 2016, https://www.npr.org/2016/04/26/475573489/tom–hanks–says–self–doubt–is–a–high–wire–act–that–we–all–walk?t=1550934665484.

6. Richards, C. "Learning to Deal with the Imposter Syndrome," *New York Times*, October 26, 2015, https://www.nytimes.com/2015/10/26/your–money/learning–to–deal–with–the–impostor–syndrome.html.

7. Ibarra, H. 2015. *Act Like a Leader, Think Like a Leader*. Brighton, MA: Harvard Business Review Press.

8. Dweck, D. S. 2006. *Mindset: How We Can Learn to Fulfill our Potential*. New York: Ballantine Books.

9. Johnson, W. B., Smith, D. G. "Mentoring Someone with Imposter

Syndrome."

10. Seligman, M. E .P., Steen, T. A., Park, N., Peterson, C. 2005. "Positive Psychology Progress: Empirical Validation of Interventions." *American Psychologist*, 60: 410−421.

11. 여기서 그 목록을 찾을 수 있다. "The VIA Character Strengths Survey," http://www.viacharacter.org/www/Character−Strengths−Survey.

12. Mongrain, M., Anselmo−Matthews, T. "Do Positive Psychology Exercises Work?"

CHAPTER 9 진정한 변화를 위한 습관 만들기

1. Maguire, E. A., Woollett, K., Spiers, H. J. 2006. "London Taxi Drivers and Bus Drivers: A Structural MRI and Neuropsychological Analysis." *Hippocampus*, 16: 1091−1101.

2. Gravitz, L. "The Forgotten Part of Memory," *Nature*, July 24, 2019, https://www.nature.com/articles/d41586−019−02211−5; https://qz.com/581044/you−can−think−your−way−into−changing−who−you−are−but−there−are−limits.

3. Sapolsky, R. M. 2017. *Behave: The Biology of Humans at Our Best and Worst*. New York: Penguin Press.

4. Bargh, J. A. 1997. *The Automaticity of Everyday Life*. Mahwah, NJ: Lawrence Erlbaum Associates.

5. Ibarra, H. *Act Like a Leader, Think Like a Leader*.

6. Cable, D. M. "How Humble Leadership Really Works." *Harvard Business Review*, April 23, 2018, https://hbr.org/2018/04/how−humble−leadership−really−works.

7. Dweck. *Mindset: How We Can Learn to Fulfill Our Potential*.

8. Ibarra, H. *Act Like a Leader, Think Like a Leader.*

9. Markus, H., Nurius, P. 1986. "Possible Selves." *American Psychologist*, 41: 963.

10. Ruvolo, A., Markus, H. 1992. "Possible Selves and Performance: The Power of Self-Relevant Imagery." *Social Cognition*, 10: 95-124.

11. King, L. 2001. "The Health Benefits of Writing about Life Goals." *Personality and Social Psychology Bulletin*, 27: 798-807.

12. Pham, L. B., Taylor, S. E. 1999. "From Thought to Action: Effects of Process- versus Outcome-Based Mental Simulations on Performance." *Personality and Social Psychology Bulletin*, 25: 250-260. 성공을 상상하는 것이 성공을 이끈다는 걸 보여주는 또 다른 좋은 사례는 다음과 같다. Sherman, S. J., Skov, R. B., Hervitz, E. F., Stock, C. B. 1981. "The Effects of Explaining Hypothetical Future Events: From Possibility to Actuality and Beyond." *Journal of Experimental Social Psychology*, 17: 142-158.

13. Oettingen, G., Wadden, T. A. 1991. "Expectation, Fantasy, and Weight Loss: Is the Impact of Positive Thinking Always Positive?" *Cognitive Therapy and Research*, 15: 167-175.

14. Oettingen, G., Wadden, T. A. 1991. "Expectation, Fantasy, and Weight Loss."

15. Phillippa, L., van Jaarsveld, C. H. M., Potts, H. W. W., Wardle, J. 2010. "How Are Habits Formed: Modelling Habit Formation in the Real World." *European Journal of Social Psychology*, 40: 998-100.

CHAPTER 10 인생 다시 조각하기

1. Seligman, M. 2011. *Flourish: A Visionary New Understanding of*

Happiness and Well-Being. New York: Atria.

2. Le, H., OH, I.-S., Robbins, S. B., Ilies, R., Holland, E., Westrick, P. 2010. "Too Much of a Good Thing? The Curvilinear Relationships between Personality Traits and Job Performance." *Journal of Applied Psychology*, 95: 1-21.

3. Ames, D. R., Flynn, F. J. 2007. "What Breaks a Leader? The Curvilinear Relation between Assertiveness and Leadership." *Journal of Personality and Social Psychology*, 92: 307-324.

4. "When Strength Becomes Weakness," *WorkLife with Adam Grant*.

CHAPTER 11 일 조각하기

1. "One Third of Your Life Is Spent at Work," *Gettysburg*, https://www. gettysburg.edu/news/stories?id=79db7b34-630c-4f49-ad32-4ab9ea48e 72b&pageTitle=1%2F3+of+your+life+is+spent+at+work.

2. Cable, D. M. 2018. *Alive at Work: The Neuroscience of Helping Your People Love What They Do*. Boston, MA: Harvard Business School Press.

3. Wrzesniewski, A., Dutton, J. E. 2001. "Crafting a Job: Revisioning Employees as Active Crafters of Their Work." *Academy of Management Review*, 26: 179-201; Tims, M., Derks, D., Bakker, A. B. 2016. "Job Crafting and Its Relationships with Person-Job Fit and Meaningfulness: A Three-Wave Study." *Journal of Vocational Behavior*, 92: 44-53.

4. Cable, D. M. 2018. *Alive at Work*.

5. Cable, D. M., Gino, F., Staats, B. 2013. "Reinventing Employee Onboar-ding." *MIT Sloan Management Review*, 54: 23-28. Reprint 54321.

6. Wrzesniewski, A., LoBuglio, N., Dutton, J. E., Berg, J. M. 2013. "Job

Crafting and Cultivating Positive Meaning and Identity in Work. In A. B. Bakker (Ed.), *Advances in Positive Organizational Psychology* (pp. 281–302). Bingley, UK: Emerald Group Publishing.

7. 만일 이 과정을 더 깊이 알아보고 싶다면 다음 사이트를 방문하라. "The Business of +," Center for Positive Organizations, http://www.bus. umich.edu/Positive/POS–Teaching–and–Learning/JobCraftingExercise. htm.

8. "When Strength Becomes Weakness," *WorkLife with Adam Grant*.

9. "Rapping Flight Attendant," YouTube, June 13, 2009, http://www. youtube.com/watch?v=U_yW1zdQzaY.

10. "Dancing Policeman, Philippines," YouTube, October 31, 2008, http:// www.youtube.com/watch?v=344U4zbYqHU.

11. Grant, A., Berg, J., Cable, D. M. 2014. "Job Titles as Identity Badges: How Self–Reflective Titles Can Reduce Emotional Exhaustion." *Academy of Management Journal*, 57: 1201–1225.

12. "Creative Job Titles Can Energize Workers," *Harvard Business Review*, May 2006, https://hbr.org/2016/05/creative–job–titles–can–energize– workers.

13. Mitsuhashi, Y. "Ikigai: A Japanese Concept to Improve Work and Life," *BBC Worklife*, August 7, 2017, https://www.bbc.com/worklife/ article/20170807–ikigai–a–japanese–concept–to–improve–work– and–life.

14. Viscott, D. 1993. *Finding Your Strength in Difficult Times: A Book of Meditations*. Chicago: Contemporary Books.

15. Ware, B. 2011. *The Top Five Regrets of the Dying*. Sydney, Australia: Hay House.

마치며 삶을 긍정하는 힘

1. Klein, E. "9 Lessons a Physician Learned about Dying," *Vox*, March 26, 2015, https://www.vox.com/2014/10/21/7023257/atul-gawande-taught-me-dying-being-mortal.

2. Carstensen, L. L. 2006. "The Influence of a Sense of Time on Human Development." *Science*, 312: 1913–1915.

3. Carstensen, L. L., Turan, B., Scheibe, S., Ram, N., Ersner-Hershfield, H., Samanez-Larkin, G. R., Nesselroade, J. R. 2011. "Emotional Experience Improves with Age: Evidence Based on over 10 Years of Experience Sampling." *Psychology and Aging*, 26(1): 21–33.

4. Barber, S. J., Opitz, P. C., Martins, B., Sakaki, M., Mather, M. 2016. "Thinking about a Limited Future Enhances the Positivity of Younger and Older Adults' Recall: Support for Socioemotional Selectivity Theory." *Memory and Cognition*, 44: 869–882.

5. Pomerantz, D., "Rethinking Old Age," *Forbes*, November 10, 2007, https://www.forbes.com/forbes/2007/1126/122.html#10710f0c5d88.

6. Grant, A. M., Wade-Benzoni, K. M. 2009. "The Hot and Cool of Death Awareness at Work: Mortality Cues, Aging, and Self-Protective and Prosocial Motivations." *Academy of Management Review*, 34(4): 600–622; McAdams, D. P., de St. Aubin, E. 1992. "A Theory of Generativity and Its Assessment through Self-Report, Behavioral Acts, and Narrative Themes in Autobiography." *Journal of Personality and Social Psychology*, 62: 1003–1015.

옮긴이 **박여진**

번역가이자 작가이며, 여행 칼럼니스트로 활동 중이다. 주중에는 파주 작업실에서 번역을 하고, 주말에는 여행을 다닌다. 지은 책으로 《토닥토닥, 숲길》이 있고, 옮긴 책으로 《익스트림 팀》, 《내가 알고 있는 걸 당신도 알게 된다면》 외 수십 권이 있다.

인생 전환 프로젝트

초판 1쇄 발행 2021년 8월 16일
초판 2쇄 발행 2021년 9월 13일

지은이 대니얼 케이블
옮긴이 박여진
발행인 이종원
발행처 ㈜도서출판 길벗
브랜드 더퀘스트
주소 서울시 마포구 월드컵로 10길 56(서교동)
대표전화 02-332-0931 | **팩스** 02-322-0586
출판사 등록일 1990년 12월 24일
홈페이지 www.gilbut.co.kr | **이메일** gilbut@gilbut.co.kr

기획 및 편집 송은경(eun3850@gilbut.co.kr) 유예진 오수영 | **제작** 이준호 손일순 이진혁
마케팅 정경원 최명주 김진영 장세진 | **영업관리** 김명자 | **독자지원** 송혜란 윤정아

본문디자인 디자인 유니드 | **교정교열** 김순영
CTP 출력 및 인쇄 금강인쇄 | **제본** 금강인쇄

ISBN 979-11-6521-624-5 03190 (길벗 도서번호 090143)

정가 16,000원